스승

국립중앙도서관 출판시도서목록(CIP)

스승 / 김태준, 소재영 엮음. -- 서울 : 논형, 2008

P. ; cm

ISBN 89-90618-93-1 03900 ₩ 14,000

한국 인물[韓國人物]

991.1-KDC4

920.0519-DDC21   CIP2008001305

김태준 · 소재영 엮음

스승

엮은이 김태준 · 소재영

초판 1쇄 인쇄 2008년 4월 24일
초판 1쇄 발행 2008년 5월 1일

펴낸이 소재두
펴낸곳 논형
편 집 최주연, 김현경

등록번호 제2003-000019호
등록일자 2003년 3월 5일
주 소 서울시 관악구 봉천2동 7-78 한립토이프라자 5층
전 화 02-887-3561
팩 스 02-887-6690

ISBN 978-89-90618-93-1 03900
값 14,000원

스승 이야기

우리가 지금도 즐겨 부르는 「스승의 노래」에는 "스승은 마음의 어버이시라"는 구절이 있어서, 육친의 어버이와 같은 존경과 함께, 마음을 길러주신 스승을 기리는 고마운 뜻을 되새긴다. 이 노래는 스승의 날이나 졸업식에 선생님 앞에서 불러서 정신을 길러 주시는 그 은혜를 기리고, 사제(師弟)로 맺어진 인연을 마음에 새겨 제자 된 도리를 다잡는 뜻이 크다. 개인적으로 나는 이 노랫말을 지은 강소천 선생을 찾아 배운 인연이 있어서, 선생의 이 '마음의 어버이'란 노래 말에서 천생 어린이로 사신 그분의 진정어린 마음을 감동으로 만난다. 이 스승의 노래는 우리가 즐겨 부르는 「어머니 노래」(양주동 지음)와 함께, 우리 시대의 여러 세대가 길러 주신 은혜를 되새기며 스스로를 다잡는 우리 '마음'의 역사의 한 자락이다.

"인생을 보려거든 선생을 보라"는 말이 있다. 이때 '선생'이란 말은 나를 초월한 존재를 말하며, 원리를 가지고 살아가는 사람을 가리킨다(김홍호, 『길을 찾은 사람들』). 그러니까 나의 본체, 나의 진면목이 곧 선생의 모습일 터이지만, 한편으로 "선생은 많으나 스승은 없다"는 말도 있는 것은 그만큼 좋은 스승,

참 선생이 적음을 가리키는 뜻일 터이다. 좋은 스승을 우리 모두의 마음의 어버이로, 사회의 등불로 받들어 모시고 싶다는 사회적 요구를 나타내는 뜻일 터이다. 그런 점에서 특히 존경하여 마음의 어버이로 받들 수 있는 스승들을 많이 가지면 가질수록, 우리 사회는 마음이 따뜻한 사람들의 사회로 될 것에 틀림없다.

되돌아보면 우리는 시대마다 지역마다 참으로 훌륭한 스승님을 많이 가져왔고, 그런 훌륭한 스승님들의 가르침과 희생 위에서 오늘의 우리가 있고, 우리의 역사문화와 민족과 나라를 이어올 수 있었다. 우리 민족의 역사만이 아니고, 세계의 역사와 문화를 이끌어 온 스승들은 수 없이 많을 터이다. 그 가운데서 특히 우리 시대의 스승들의 삶과 가르침을 정리하는 일은 우리의 스승을 기리고 그 가르침을 돌아보는 일인 동시에, 스스로를 돌아보아 마음과 삶을 다잡는 계기일 터이다. 어느 시대나 뛰어난 인물들은 신화를 남긴다. 시대는 인물을 낳고 인물은 시대를 만든다고 하지만, 우리 스승들의 시대는 신화를 남긴 인물들이 많았다. 그러나 신화로서가 아니고 우리 '마음'의 스승으로 그분들의 삶과 가르침은 그대로 우리 사회를 이끌어 주실 가르침일 터이다.

동아시아에서 교육과 스승의 상징으로 존경받아 온 공자(孔子)가 가장 아낀 수제자로 안회(顔回)는 스승을 가리켜 말하기를, "스승의 도는 우러러 볼 수록 더욱 높고, 꿰뚫어 볼수록 더욱 튼튼하며, 바라볼 때 앞에 있더니, 홀연히 뒤에도 있다"고 하였다. 스승의 도가 높고 튼튼하며, 사방에 넉넉함을 나타낸 뜻일 터이다. 앞에 말한 「스승의 노래」에서도 "스승의 은혜는 우러러 볼수록 높아만 진다"고 한 것이 이 고전에 이어져 있는 것이리라. 그런데 공자는 이 제자 안회에 대하여 말하기를, "회(回, 안회)는 나를 부모같이 대하여 주었는데, 나는 그를 아들같이 대하여 주지 못했구나"고 한탄하였다 한다. 스승과 제자가 가르치고 배우는 관계일 뿐 아니라, 자식처럼 친구처럼 가까운 관계이며 동시에 서로 배우는 사이임을 잘 드러낸 화제일 터이다. 이 서로 주체의 관계, '마음'이 있고, 믿음이 있는 이 '사람 사이'에 참 스승이 있고 제자가 있는 것이리라.

함석헌(咸錫憲) 선생의 『씨올의 옛글 풀이』에는 공자가 주(周)나라로 가서 노자(老子)를 스승으로 찾아뵙고 와서 제자들에게 말한 대목이 있어 인상 깊다. 공자나 노자라면 동아시아 역사의 스승상일 터이지만, 그러기에 공자가 노자를 만난 후일담이 관심거리가 아닐 수 없다. 공자는 말하기를, "새는 날 줄 아는 놈인 것을 내가 알고, 물고기는 헤엄칠 줄 아는 것을 내가 알고, 짐승은 달음질 할 줄 아는 것을 내가 안다. 달음질하는 놈은 그물이면 잡을 수 있고, 헤엄치는 놈은 낚시면 잡을 수 있고, 나는 놈은 활이면 쏠 수 있는 것을 알지만, 용이란 놈은 바람 구름을 타고 하늘 위를 나니, 내가 그 어떻게 할지를 알 수 없다. 내 오늘 노자를 보니 그는 용과 같다고나 할까?" 고 했다. 이것이 아마도 안회가 그 스승을 가리켜 "바라볼 때 앞에 있더니 홀연히 뒤에도 있다"고 한 스승의 경지일 터이다.

이렇게 공자와 그가 노자를 본 이야기를 하기 위해서 붓을 드는 것은 함 선생 스스로 노자 장자를 좋아하기 때문이며, 자기의 좋아하는 스승이나 친구에 대하여 두더지가 백두산 천지에 갔다 왔듯이 보고 들은 것을 이야기도 못하겠다면 이것은 우선 그들에 대한 도리가 아니리라고 그는 말했다. 직접 가르침을 받은 스승이 아니라도 그 덕을 사모하고 본을 받아 도나 학문을 닦는 사숙(私淑)의 경치가 이런 것일 터이다. 하물며 오늘의 나를 돌아보아 직접 가르침을 받은 스승을 이야기하는 것은 제자 된 도리가 아니고 무엇이랴? 그러나 옛 사람들은 스승과 벗이 얼마나 중요한지 알았기 때문에, 벗 '우(友)' 앞에 스승 '사(師)' 자를 붙여서 '사우(師友)'라고 했다. 그리고 그 스승과의 만남은 교장으로 오산(五山)학교에 왔던 다석 유영모(多夕 柳永模) 선생이 제자인 함석헌에게 남겼다는 말 한 마디처럼, "내가 이번에 오산학교에 왔던 것은 함(咸), 자네 한 사람 만나기 위해서였던가 봐" 했다는 그런 천재일우의 만남과 같은 감격일 터이다. 사제 사이의 좋은 만남은 두 사람의 만남의 감격에 그치지 않고, 역사의 만남이며 혹은 철학사의 사건인 보기가 적지 않다.

애초에 국학의 스승들을 중심으로 33분을 계획했으나 원고가 모인 27분의 스승상을 우선 한 책으로 묶었다. 글을 싣는 순서를 정함에 있어서도 여러 논의가 있었지만, 앞서 사셨던 분들이 후대 선생들의 스승이기도 하므로, 스승의 연보 순으로 차례를 정했다. 국학의 스승들이라고 윤곽을 정했지만, 대상인물은 물론 글 쓸 이를 정하는 일이 쉽지 않아서 이 계획 자체가 원점으로 돌아가는 지경에서 겨우 이 책이 마련되었다. 애초에 원고를 쓰기로 했던 필자가 사퇴하기도 했고, 누구와 누구를 어떻게 같은 책에 나란히 실을 수 있는가는 인물론으로 수십 년 사귄 학연이 위태로운 지경에서 겨우 봉합된 일도 없지 않았다. 그만큼 스승을 평가하는 생각이 다르고, 마음이 다르며, 선생을 바라보는 안목과 평가들이 다를 수밖에 없다. 공자가 노자를 뵈니 그는 용과 같아서 어떻게 할지를 몰랐다는 말처럼, 각자가 그 스승을 본 평가가 하나같을 수 없을 터이다. 그러나 수집된 글 한편 한편에서 스승과 제자의 아름다운 '관계'에 감동했고, 편집자로서 참으로 많은 것을 배웠다. 원고 청탁에 기쁘게 응해 주신 학계의 원로 여러 선생께 깊이 감사드리며, 아름다운 스승상과 사제의 관계가 우리 사회의 한 귀감이 될 것을 기대해 마지않는다.

2008년 4월 초순
김태준 씀

차례

자비와 거울 마음으로 영혼을 씻겨주던

석전 박한영 선생

● 김상일

박한영(朴漢永, 1870~1948)

전라북도 완주군 출생
출가 후 백양사 환응에게 사교를 배우고 1892년 선암사 경운에게 대교를 마침
불교유신운동, 임제종 설립 운동 등을 전개
불교고등강숙, 불교중앙학림, 불교전문학교에서 강의
중앙불교전문학교 교장, 태고·조계종 교정 역임
대표 저서로『석전시초』『석전문초』『계학약전』등 다수

영혼의 뼈를 씻겨주던 천진 도인

'기미독립선언서'를 기초한 육당 최남선이 어느 날 한 절의 산문을 두드렸다.

"석전 선생님 계시오? 저 육당입니다."

안에서 심드렁한 목소리가 들려왔다.

"육당이라! 내가 알던 육당은 이미 죽은 지가 오래 됐는데……."

일제 강점기 말이었다. 이 글의 주인공인 석전 박한영(石顚 朴漢永) 스님이 일제에 의해 중앙불교전문학교(동국대학교 전신) 교장에서 물러나 바깥출입을 삼가고 있을 때, 육당이 문안을 갔는데 석전이 이처럼 외면하며 돌아앉더라는 이야기이다(정광호,『지조 높은 고승 박한영』, 월간중앙, 1977). 일찍이 육당은 석전과 교유하면서 우리 역사와 문화에 대해서 수많은 정보와 가르침을 받은 적이 있었다. 육당의 저서인『조선상식문답』이나『천자고사』를 보면 석전의 지적 시혜와 덕을 적지 않게 본 것을 알 수 있다. 그리고『백두산근참기』『금강예찬』『풍악유기』『심춘순례』등 육당의 거의 모든 여행기 또한 석전의 자문과 인도로 함께한 여행의 결과물이었다. 육당은 이에 석전의 한시를 뽑은 『석전시초』를 간행해 보답하기도 했다. 그런 육당이 일제 말기에 들어서 일제의 회유에 결국 무릎을 굽혀 친일을 하고 있었던 것이다. 육당의 방문에 이렇게 대응한 것을 두고 세상에서는 만해 한용운이 그랬다고 하고 또는 위당 정인보가 그랬다는 말이 있다. 그런데 이런 이야기는 확실하게 목격하지 않은 이상 꼭 누가 그러했는지는 확인하기 어렵다. 그러나 석전이나 만해, 위당 모두가 다 그럴 만한 지사(志士)였기 때문에 이들 모두에게 해당되는 말일 것이다.

조선 말기 전라도 완주에서 태어나 일제 강점기를 살았던 박한영은 전통적인 유교 교육과 불교 교육을 통해 입신한 불교 승려이며 구지식인이었다. 그런데 우리 근대기의 천재들로 일컬어지는 만해 한용운·위당 정인보·벽초 홍명희·산강 변영만·육당 최남선·춘원 이광수 등이 선생의 문전을 드나들며 모르는 것을 묻고 가르침을 받았다고 한다. 뿐만 아니라 신석정·조종현·김어수·서정주·김동리·조지훈 등도 그의 인도와 구호로 전통에 대한 훈습과 근대 지식을 쌓고 문단의 거수가 되었다. 석전은 그들의 문학적 젖줄 노릇을 한 것이다.

1948년 석전 선생이 내장사에서 그 마지막 호흡을 거두고 적멸에 든 지도 이제 60년이 흘렀다. 선생에게 직접 가르침을 입은 이들은 이제 거의 세상을 뜨고 팔구십 세의 노객 한 두 분이 살아계실 뿐이다. 그리고 선생의 체취가 배었을 유적지도 많이 사라졌다. 선생이 가르침을 폈던 사찰의 강석이나 학교 의 교단은 전쟁으로 또는 소위 근대화 등으로 사라져 한 두 곳 말고는 찾아보기 힘들다. 그러나 선생이 남긴 글이나 선생의 가르침을 받았던 이들의 기억이 자리 잡은 말과 글을 보면 선생은 아직도 살아서 자비의 소리와 거울 마음으로 우리들의 영혼을 씻겨주고 있는 듯하다.

1930년대 중반 중앙불교전문학교 재학생으로 석전의 강의를 들었던 철학자 정종은 석전을 이렇게 기억한다.

"석전 선생은 어린아이와 같은 천진 도인이었지! 특유의 전라도 말씨가 자상하기도 하셨어! 한번은 금강산 마하연의 백성욱 박사를 만나고 싶어 소개장을 써달라고 하니 '백성욱이라, 백성욱이라' 하시며 그 자리에서 흔쾌히 써주시고 노자도 얼마 넣어주시더라고. 그 어른 동안의 미소가 아직도 삼삼해!"

석전은 안일과 구태에 찌든 조선 불교의 유신에 평생을 걸었던 고승이다. 석전은 그 유신을 근대적인 교육을 통해서 이루고자 했고 특히 청년 교육을 통해 한국 불교의 미래와 민족의 미래, 인류의 미래를 구하고자 하였다. 그래서 석전은 청년을 사랑했다. 청년을 인격자로 실력자로 키워서 불교를 유신하고 일제에 신음하는 민족을 구하고, 나아가 서구 자본주의 물질문명으로 인간성을 잃어가는 인류를 구원하고자 했던 것이다. 때문에 청년의 청이라면 쉬이 거절을 못하였고, 전도가 보이는 청년이 있다면 일부러 찾고 학비를 대며 이끌어 주었던 것이다. 어설픈 감상으로 톨스토이주의에 빠져 넝마주이와 함께 생활하던 열여덟 살 서정주를 불러다 공부시킨 일도 석전의 이러한 청년 교육에 대한 관심의 연장선이었을 것이다.

한편 석전은 불교 승려로 평생 교학 연구에 심혈을 기울인 교학의 대가였다. 그렇다고 선학(禪學)과 선수행(禪修行)을 부정하거나 멀리한 것은 아니었다. 다만 '불립문자(不立文字)'라는 선학의 구호가 잘못 인식되어있음을 밝히고 그로 인한 한국 불교계의 무지와 막행을 강도 높게 비판하였다. 이 때문에 석전은 선을 모른다는 말이 있었던 듯하다. 그러나 그는 교학의 뿌리가 선학에 있음을 알고 있었다고 한다. 석전은 평생 4만여 책을 구입하여 읽었는데 그것은 단순히 지적 욕구를 채우기 위한 것만이 아니었다. 석전은 이렇게 박람강기한 지식을 선학연구와 선수행으로 비추어보는 내증의 작업을 끊임없이 반복했던 듯하다. 20여 년 가까이 석전을 시봉했던 운성 스님의 기억에 따르면 석전은 매일 새벽과 저녁으로 두어 시간씩 선정에 몰입했다고 한다. 그리고 석전의 교학체계 또한 매우 해박하고 명징했는데 이는 언어 너머에 있는 경지를 비추어 볼 수 있는 선수행이 받침 되었기 때문이라고 했다. 한편 석전은 중앙불전에서『선문염송(禪門拈頌)』강독을 담당했었다. 선학의 중심 전적인『선문염송』은 불교 지식에 박식하다고 해서 담당할 수 있는 것이 아니라고 한다.

이처럼 석전은 교학은 물론 선학에도 조예가 깊었고 언제 어디서나 선수행으로 자신이 그 자리에 있음을 확인하고 박람강기한 지식을 지성으로 끌어올렸던 것이다. 이로 보면 그는 교와 선을 겸비한 당대 불교계의 종장이었던 것이다. 정인보는 이런 석전의 경지가 아득해서 끝 간 데를 모른다고 했고, 문학 창작의 수준 또한 대단히 높아서 때때로 지은 시가 범상치 않고 격조가 높으며 문장 또한 선리(禪理)를 잘 표현해 걸린 바가 없다고 했다.

강원의 '돌 이마' 대강백, 근대 학교의 교장으로 서다

승려의 길은 구도의 길이다. 구도를 통해 대각을 성취해 자신을 해탈하고 중생을 구원하고자 하는 것이 그 본분이다. 불교에서 구도의 방법으로 크게 교학과 선학을 들고 있다. 교학은 경전에 담긴 부처의 가르침을 강독하여 수득하는 일에 중심을 놓는 것이고 선학은 선수행을 통해서 누구에나 고유한 불성을 깨닫는 것이다. 석전은 이러한 불교의 교학과 선학을 겸비한 근대 한국 불교학의 태두였다. 석전이 이처럼 불교적 지성을 갖출 수 있었던 것은 그가 조선 후기 호남 쪽에 유전되던 불교 교학과 선학의 전통을 고스란히 이어받았기 때문이다. 석전은 18세기 화엄학의 거장 설파 상언(雪坡尙彦, 1707~1791)으로부터 선문(禪門) 중흥의 종주였던 백파 긍선(白坡亘璇, 1767~1852)을 거쳐 교와 선을 겸수했던 설두(雪竇)와 설유(雪乳)로 이어지는 학맥을 전수했던 것이다. 백파는 추사와 선 논쟁을 벌였던 선학의 거장이었다. 여기 한 일화가 있다. 추사와 백파가 서신을 왕래하며 열띤 선학 논쟁을 벌였는데 젊은 유가의 선비 추사의 혈기가 당대의 불교의 노장 백파의 심기를 건드려 험악한

박한영 선생의 친필 편지
정인보 선생을 소개하는 글

분위기를 연출했다는 것이다. 그러나 결국 추사는 백파의 노숙한 불교적 지성에 머리를 숙였고 백파가 입멸했을 때는 백파의 비문을 써 보냈다. 한번은 추사가 백파에게 '石顚(석전)'과 '慢庵(만암)'이란 아호를 4폭에 써서 맘에 드는 것을 골라 쓰라며 보내온 적이 있었다. 백파는 그 호의 크기를 보고 자신은 감당할 수 없다고 생각하여 간직하다가 입멸 전에 제자들을 불러 놓고 "대대로 전하여 이 호에 적당한 법손이 나오거든 주라"는 유언을 남겼다고 한다. 그 중에 '돌 이마'라는 뜻의 '석전'은 박한영의 차지가 되어 시호를 삼게 되었다고 한다. 이는 박한영이 이처럼 호남 불교학을 아우를 만한 국량을 지녔기 때문일 것이다. 한편 석전의 스승 설유는 불교는 물론 외전(外典: 불교 이외의 서적)에도 밝고 시문에 능해 매천 황현 등 호남의 유가 선비들과도 교유했던 분이라 한다. 그는 40대 젊은 나이에 입적하고 말았지만 석전의 학문과 인격에 영향을 미친 바가 컸다.

석전의 독서량은 한우충동이었다. 과거 동양권에서 읽히던 주요 인문서는 물론 당대에 중국이나 일본에서 생산된 서적들도 상당수 확보하여 읽고 번역하여 잡지에 싣기도 했다. 중국 근대사상가 담사동(覃嗣同)의『인학(仁學)』

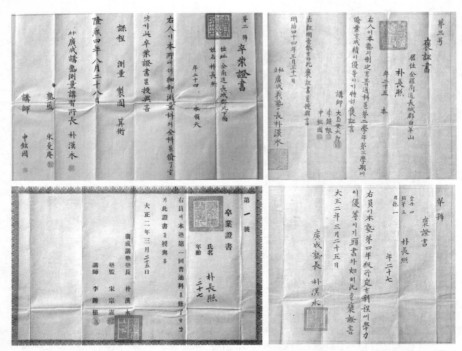

시계 방향으로 광성강숙측량강습소 졸업 증서, 광성의숙 포증서, 광성강숙 졸업 증서, 광성강숙 포증서

이나 일본인 정공(政共)거사의 『불교와 학문』을 번역하여 불교 잡지에 실은 것이 그것이다. 그리고 영혼 문제에 대한 서양인들의 견해에 대해 관심을 보이고 비평한 것으로도 그의 독서 범위가 고금의 동서양 서적에까지 미쳤음을 짐작할 수 있다. 석전의 문하에 불교인뿐만 아니라 다른 성향의 재사들까지 몰려든 것은 석전의 이 같은 박람강기가 크게 작용한 듯하다.

이렇게 교학과 선학으로 다지고 외전까지도 박람강기했던 석전의 강석과 교단은 어떠했을까? 석전이 스승 설유로부터 법을 이어받고 순창 귀암사에서 개당(開堂)하여 법보시의 길을 나선 것은 불과 스물여섯 살 때였다. 이듬해 진주 대원사에서 연 법회에는 수백여 명의 학인들이 몰려들었는데, 이러한 성황은 18세기 환성 지안대사가 금산사에서 강석을 열었을 때 수천 명이 몰려든 이후 처음이라고 했다. 석전은 이어 합천 해인사·부산 범어사·속리산 법주사·안변 석왕사·장성 백양사·해남 대둔사·경기 이천의 영원사 등에서 강석을 폈는데 그때마다 성대한 법회가 되었다고 한다. 이처럼 전통적인 불교 교육을 통해서 입신했던 석전은 비교적 젊은 나이에 한반도 남쪽의 주요사찰의 대강백 노릇을 한 것이다. 이러한 석전의 명성은 진진응·장금봉 등과 함께 당대 조선의 불교계 3대 강백으로 일컬어졌다. 그러나 석전은 1900년대 초를 지나면서 전통적인 사찰에서의 법회를 그만둔다. 그것은 서양문물이 물밀듯이 들어오고 눈앞에 일제의 침략이 노골화하고 있어 산중의 법회만으로는 중생의 제도와 불교의 유신에 한계가 있음을 깨달은 때문이다.

석전은 1908년에 서울로 올라와 만해 한용운 등과 손잡고 불교유신 운동에 뜻을 둔다. 1910년에는 조선 불교를 일본 불교 아래 부속시키려던 일본 조동종 진영의 의도에 부응해 원종 대종정 이회광이 일본의 포교 방법을 배워 불교를 발전시킨다는 명분으로 일본 조동종과 연합을 시도하려 하자 한용운·진진응·오성월 등과 함께 조선 불교의 전통은 임제종에 있다며 이른바 임제종 설립 운동으로 이를 저지하였다. 석전의 물리적 활동 공간은 이제 산속의 사찰뿐만 아니라 도심의 거리로까지 나왔고, 그 교육 공간 또한 사찰의 강원은 물론 근대식 학교의 학사로까지 확대된다. 한편 석전은 1913년『해동불보』란 불교 잡지를 창간하여 불교유신 운동을 잡지의 지면으로까지 확대한다. 이 때 석전은 필명을 달리해가며 한 달에 4~5편의 글을 발표하며 매우 정력적으로 지면 불교유신 운동을 펼쳤다.

석전이 근대식 불교학교에서 교편을 잡은 것은 1910년경에 백양사에서 설립한 광성의숙과 광성강숙의 숙장을 맡으면서부터다. 광성강숙은 측량기술과 제도 등의 교과를 둔 근대식 학교였다. 그런데 석전은 당시 소위 '개화'를 앞세운 교육 풍조가 학생들로 하여금 실심(實心)의 실학이 아님 허학으로 치닫게 하는 것을 경계하고 있다. 당시 광성강숙 졸업생들에게 준 글을 보면 당시 청소년들이 들뜬 개화 풍조에 젖어 외양만 그럴듯하게 꾸미고 그림자만을 좇는 경향이 있어 오히려 불교유신에 장애가 된다고 하였다. 때문에 석전은 학생들에게 기이한 것만을 좇는 망상과 들뜬 견해로 가득한 허영심을 머릿속에서 깨끗이 씻어내고 진실 광대하고 청정한 자성(自性)의 여래장을 정신적 기초로 삼은 뒤에 고금 세계에 뛰어난 갖가지 새로운 학술을 널리 살펴 묻고 뚜렷하게 밝혀 독실하게 실천할 것을 당부한다. 그리고 무엇보다 대장부 학업의 궁극적인 목표는 자기 하나만의 인생을 도모하게 위한 것이 아니기에 세상에 안착하지 못하는 중생이 있으면 기꺼이 손을 내밀어 구원해야 한다고 하는 대승적 교육을 강조하고 있다.

이어 석전은 1914년 명진학교의 후신인 불교고등강숙의 숙사를 시작으로 불교중앙학림을 거쳐 일제의 총동원령체제의 강화로 압박이 심해지던 1938년 중앙불교전문학교 교장직에서 물러날 때까지 한국 근대 불교 교육의 중심에 서서 일제 강점기 조선 청년들에게 자아의 해탈과 민족의 해방, 약육강식의 서구 자본주의로부터 인류를 구원할 것을 가르친 것이다.

승려와 일반인이 함께 수학하던 선교 도량(禪敎道場), 대원암 강원

한편, 석전은 1926년부터 20년 가까이 서울 개운사 대원암(불교연구원)의 강주로 전통적인 강원교육을 실시하였다. 개운사 스님들이 근로를 통해 모은 돈으로 후학을 양성하고자 강원을 건립하고 석전을 강백으로 초청한 것이다.

대원암 강원의 학인은 불교 승려뿐만 아니라 일반인도 함께 공부했으며 연령층도 다양하였고 어떤 때는 스승과 제자가 함께 입학하는 경우도 있었다. 이 강원 출신으로는 근대 역경(譯經)의 대가 운허(1892~1980) 스님이나 훗날 일본화한 한국 불교 정화에 앞장섰던 청담(1902~1971) 스님과 같은 승려는 물론 신석정·김어수·서정주·김동리·조지훈 등의 문인들도 있다. 그리고 법률이나 경제학·사회학 등 근대 학문을 전공한 젊은이들도 대원암 강원의 석전이란 지성의 강에서 흥건히 멱을 감고 갔다고 한다. 그런데 대원암 강원의 다양한 학인 구성은 특이한 풍조를 이루었으니 불도를 닦는 불승들도 일반 학생들의 전공이나 기호에 관심을 보이며 함께 어울렸던 모양이다. 불승에겐 외전인 칸트의 3대 비판서나 루소의 『에밀』 등을 읽어 일반교양을 높이고, 사회과학 서적의 경우 비밀 독서회를 조직해 함께 읽고 토론하며 세계에 대한 인식을 넓혔다. 그러다 때로는 일본 고등경찰에게 발각되어 경찰서에 끌려가 죽도록 얻어맞기도 했다. 그리고 한번은 승려들이 당시의 유행 사조인 브나로드 운동의 '농촌이냐 도시이냐' 하는 주제로 토론을 벌이다가 석전에게 "중놈이 중질이나 잘 할 것이지 웬 정신 나간 소리냐!"며 야단을 맞기도 하였다. 이런 점에서 보면 당시 대원암 강원에는 전통적인 강원에서는 감히 생각하기 어려운 특이한 강원 문화가 형성되었던 것이다.

석전이 이렇듯 승려와 세속인을 섞어서 공부하게 한 것은 무엇 때문인가? 그것은 승속의 학인들이 함께 어울리며 신구학문과 지식을 균형 있게 인식할 수 있도록 하기 위해서였다. 곧 불승에게는 다양한 근대 학문의 세계를 알 수 있도록 하여 고루하지 않도록 하고, 신학문을 전공한 학생에게는 불교가 구학이긴 하지만 그 평등사상 등을 새롭게 인식할 수 있도록 하기 위해서였다. 신구학문을 전공한 이들이 서로 편견을 내려놓고 어울리면서 세계에 대한 새로운 전망을 내놓으며 왁자지껄했을 대원암 강원은 사상적으로는 자유의 광장이었음을 짐작할 수 있다.

여행과 정서 교육을 중시한 전인 교육의 선구자

석전은 당대 현실에 기초하여 문제를 인식하고 실질적인 교육을 통해서 당면한 어려움과 근본적인 모순을 구원해야 한다는 실학을 주장한 교육철학 자요, 교사였다. 석전은 그의 법조(法祖)인 백파대사의 방외의 벗이었던 추사 김정희와 다산 정약용 등의 실학적 기풍을 넉넉하게 흡수한 것으로 보인다. 고구에 바탕을 둔 글쓰기 성향이나 불교유신에 뜻을 두면서도 당시 서구문물 의 수입과 함께 형성된 들뜬 개화 담론을 강력하게 비판한 점에서도 그런 기풍 이 느껴진다. 때문에 학문을 하게 되면 구학문이나 신학문을 편견 없는 허심 (虛心)으로 보아 인식하되 이성으로 충분히 밝혀 사물의 실체를 훤하게 꿰뚫어 볼 수 있어야 한다고 했다.

석전은 이렇듯 실학의 정신과 실학적 교육 방식으로 학생들을 지도했다. 그러나 단순한 지식 쌓기나 기능 습득에만 중심을 두는 교육에는 문제가 있다 고 본 듯하다. 그의 제자 김종관의 기억에 따르면『대승기신론』을 처음 배울 때 거기에 빠져 침식도 잊고 방안에서 밤낮으로 들여다보고 있었는데, 하루는 석전이 와서, "그렇게 책상에 앉아 그것만 들여다본다고 뭐가 알아지나? 밖에 나가서 나뭇잎 떨어지는 것도 보고 물소리와 새 우는 소리도 들으며 공부도 해야지!"라고 하더라는 것이다. 이 한 마디에서 석전의 또 다른 교육 성향과 그 지향점을 짐작할 수 있다.

석전은 가끔 국악의 명수를 불러다 대원암 강원에서 음악회를 열어 학생들

대원암

의 귀를 즐겁게 하였다. 성(聲)과 색(色)에 빠지는 것을 특별히 주의하는 불교에서 이러한 음악 공연은 파격이 아닐 수 없는 것이다. 이것은 교육에서 정서교육이 얼마나 중요한가를 성찰한 끝에 나온 교육적 배려라 할 것이다. 또한 석전은 방학이면 학생들과 명사들을 대동하여 국토의 곳곳을 여행했다. 먼 길이야 기차나 배를 타고 갔지만 대부분 명산이 있는 이 절에서 저 절로 걸어서 하는 여행이었다. 우리나라의 명산 중에 그의 발길이 닿지 않은 곳이 없었다. 백두산으로부터 칠보산·묘향산·금강산·지리산·제주의 한라산까지 때론 백여 명이 참여하는 여행단을 조직하여 가능한 걸어서 여행을 했던 것이다. 석전은 우리 국토와 문화에 대해 광범위하면서도 전문적인 지식을 쌓아 교실에서 그것을 가르치고 직접 답사를 통해서 확인하는 교육을 한 것이다. 정인보의 기술에 따르면, 이렇게 여행하는 지역에 이르면 석전은 그 지방의 산천과 풍토, 인물로부터 농업, 공업, 상업 등의 생산 분야 그리고 그 지방에 전승되는 노래며 패설까지도 폭포수처럼 쏟아내어 안다하는 그 지방 사람들도 명하여

백두산에서. 박한영 선생(가운데), 최남선(오른쪽)

말문이 막혔다는 것이다. 이 여행의 덕을 가장 많이 보았던 사람은 최남선이었다. 박학으로 말하면 당대에 정인보나 최남선을 따를 자가 없었다. 최남선은 어디를 여행을 할 때면 항상 두툼한 사전을 들고 다녔다고 한다. 그러나 석전과 여행을 할 때면 그냥 나섰는데 그것은 석전이 걸어 다니는 유서(類書)요, 사전이었기 때문이라고 한다. 육당 국학의 바탕엔 석전의 방대한 학식과 경험이 자리하고 있음을 육당이 쓴 수필에서 어렵지 않게 찾아볼 수 있다.

박한영 선생을 기리며

석전의 문도였던 유학자 성낙훈이 지은 비문에 따르면, 석전은 그 스승 설유가 말한 그 제자라고 하며 설유가 말한 다음 글을 들고 있다. 설유가 일찍이 당시 날로 위축되어 가는 불교계의 현실을 개탄하면서 불교계의 청년들에게 다음과 같이 일렀다고 한다.

그대들은 불교 공부를 철저히 할 뿐만 아니라, 세계의 훌륭한 스승들을 만나보기 위해서는 산중을 나가 세상 속으로 들어가야 하니, 반드시 천하의 책을 모두 읽고, 반드시 천하의 학문을 엿본 다음, 반드시 천하의 인사들과 사귄 연후에 옛것을 숙독하여 새롭게 해야만 세상에 나란히 설수 있고 더불어 불교의 대승 교리를 논할 수 있을 것이다.

석전의 전강(傳講) 제자인 운성스님의 기억에 따르면, 석전은 박람강기의 대학승이며 선학과 교학의 대종장이었지만 언제나 '배우는 사람'이라는 생각으로 법을 설하는 법상에 오르고, 청법게(請法偈)가 끝나기 전에는 법상에 오르는 법이 없었다고 한다(불교의식에서 고승이 설법할 때는 일반적으로 고승이 법상에 올라앉은 상태에서 대중이 청법가를 부르고 설법이 시작된다). 정인보는 「석전상인소」에서 석전의 인품을 다음과 같이 평하였다.

스님은 계를 지켜 고행을 했으며 만년에는 성 밖 교외에 세속사람들과 섞여 살았다. 그러나 숙연하여 스스로 누를 끼침이 없었다. …… 스님이 인연에 물들지 아니함은 마치 거울에 구름이 지나가는 것과 같다 할 것이다.

석전의 문전을 지나간 이들 중엔 석전의 가르침과는 어긋나게 처신하여 일제에 투항해 친일을 한 이도 있다. 그러나 그들 또한 석전이란 맑은 거울에 자신들의 모습을 비추어보고 괴로워했을 것이다. 석전은 이처럼 일제 강점기 승과 속이 모두 비추어 볼 수 있었던 거울 같은 큰 스승이었다.

만해 한용운이 어느 가을 날 오세암으로 홀로 돌아와 석전에게 시 한 수를 지어 띄웠다.

하늘 가득 달 밝은데 당신 어디 계시오?
온 세상 단풍 속에 나 홀로 돌아왔소.
밝은 달 붉은 단풍 서로서로 잊겠지만,
내 마음은 저와 함께 헤매 돕니다.

一天明月君何在?
滿地丹楓俄獨來,
明月丹楓共相忘,
惟有俄心共排徊.
「自京歸五歲庵贈朴漢永」

　　일제 강점기 식민지에 고통 받는 백성 외에 그 누구에게도 마음을 줄 수
없었던 만해 한용운, 그 만해가 가을 하늘의 달 같은 석전이 그리워 쓴 시이다.

김상일
1960년생/동국대학교 국어국문학과 졸업/태동고전연구소에서 한문 연수/현 동국
대학교 국어국문학과 교수
대표 저서로『동악 이안눌시 연구』『역주연행록』(심돈영 원저) 등 다수

우리말글을 가꾸고 지킨
한힌샘 주시경 선생

권재일

주시경(周時經, 1876~1914)

황해도 봉산 출생
배재학당 졸업
20세기 초기의 우리나라를 대표하는 국어학자이며, 국어교육자, 국어운동가
조선문동식회 조직, 국문연구소 연구위원 등 역임
대표 저서로『국어문전음학』『국어문법』『말의 소리』등 다수

우리 모두의 영원한 스승

"그 나라 말과 그 나라 글은 그 나라가 홀로 섬의 특별한 빛이라."

이렇게 말씀하신 주시경 선생은 나라를 살리기 위해 우리말과 글을 가꾸고 지키는 데에 온 힘을 바친, 우리 모두의 영원한 스승이다.

한힌샘 주시경 선생은 1876년에 태어나 1914년에 돌아가셨으니, 글쓴이가 직접 가르침을 받지는 못하였다. 그러나 주시경 선생은 우리말과 글을 연구하고 가르치는 사람 모두의 스승이니, 또한 글쓴이의 스승이라 할 수 있다. 글쓴이에게 우리말 사랑의 정신을 일깨워 주신 허웅 선생의 스승은 최현배 선생이다. 최현배 선생의 스승은 바로 주시경 선생이다. 그러하니 간접적으로 주시경 선생의 학문의 숨결은 스승을 통해 글쓴이에게 전해 오니, 역시 글쓴이의 스승이라 아니할 수 없다.

우리말글을 한평생 사랑하신 주시경 선생의 삶과 학문에 대해 살펴보면서, 오늘날 우리가 선생으로부터 이어받아야 할 과제가 무엇인지 함께 생각해 보고자 한다. 이 글은 글쓴이에게 주시경 선생의 학문과 정신을 일깨워 준 허웅 선생의 저서 『주시경 선생의 생애와 학문』(과학사, 1980)에 바탕을 둔다.

어린 시절 품은 한글에 대한 뜻

1876년은 일본 군함 운양호가 강화도를 침범하여 충돌이 생긴 다음 해로서 나라가 온통 어수선하였다. 그리고 보리농사와 가을 벼농사는 흉작이어서 도저히 겨울을 날 수 없을 형편이었다. 이러한 가난 속에서 음력으로 11월

7일, 주시경 선생은 황해도 봉산군 쌍산면 무릉골에서 아버지 주학원과 어머니 전주 이씨 사이에 태어났다.

주시경 선생의 어릴 적 이름은 상호였다. 소년 상호가 여덟 살 때였다. 무릉골 산과 들에 눈이 녹고 봄 날씨가 완연한 3월, 서당에서 돌아온 상호는 글방 친구들과 놀다가 남쪽에 솟은 덜렁봉을 바라보았다. 이 봉오리는 그리 높지 않았으나 어린 소년의 눈에는 이 세상에서 가장 높은 산으로 여겨졌다.

"옳지! 하늘이 아무리 높더라도 저 높은 덜렁봉 위에까지 가기만 하면 만져 볼 수 있겠지."

이렇게 생각한 그는 친구들을 불러 모아 덜렁봉을 오르기 시작하였다. 산 중턱에 올라가 보니 따뜻한 양지 바른 데는 개나리, 진달래가 피기 시작하였다. 신기한 생각에 아이들은 꽃 꺾기에 바빠서 산에 오르기를 잊어버리고 말았다. 상호는 몇 번 재촉해 보았지만 아이들은 아무 반응이 없었다. 하다못해 혼자서 오르기 시작하였다. 그러나 꼭대기까지 올라가 보니 하늘은 거기서 더 멀리만 보였다.

"하늘이 끝없이 멀기만 하구나! 이렇게 높은 덜렁봉 꼭대기에 와 보아도 하늘은 끝간 데가 없구나!"

이렇듯 소년 상호는 새로운 것을 찾아 알려는 의지가 무척이나 강하였다.

1887년, 상호가 열 세 살 되던 해, 서울에 사는 큰아버지의 양자로 가게 된다. 서울로 올라간다는 것이 좋기도 하였지만, 한편으로는 형제들과 떨어져 혼자 가서 살 일이 두렵기도 하였다. 상호는 서울에 올라와 다시 서당에 다니게 되었다. 서당 생활은 열일곱 살까지 계속되었다. 이 무렵, 그의 마음에 커다란 변화가 일어났다.

"내가 배우려 하는 것은 결국 한문으로 쓰인 뜻, 그 교훈이 아닌가? 말이란 것은 결국 우리의 뜻을 전달하기 위한 것이니, 한문도 결국은 하나의 말에 지니지 않는다. 그렇다면 저 어려운 한문을 통하지 않고 우리가 배워 잘 알고 있는 우리말을 가지고 어떠한 교훈을 가르치게 되면, 우리는 당장 알아차릴 수 있는 것이 아닌가? 만일 우리가 저 교훈을 우리말로 적어 놓기만 한다면 얼마나 편리하고 쉽게 깨칠 수 있겠는가?"

이러한 생각이 머리를 스치자 주시경 선생은 서당 공부가 얼마나 무의미한 가를 절실히 깨닫게 되었다.

"옳지! 우리나라에는 우리말이 있고, 그 말을 적을 수 있는 훈민정음이란 것이 있다. 그런데도 우리나라 선비들은 한문만을 글이라 하고 훈민정음은 돌보지도 않았으니, 이것은 절대로 옳지 못한 일이다. 한문은 중국말을 적는 것이 아닌가? 우리말이 중국말보다 못할 것이 무엇이며, 훈민정음이 한자보다 못할 것이 무엇인가?"

그의 눈은 희망으로 가득 차 빛나기 시작하였다.

"아니, 훈민정음이 한자보다 못하지 않을 정도가 아니다. 그 어렵고 배우기 힘든 한자에 비한다면, 훈민정음은 얼마나 알기 쉽고 아름다운가? 그렇다. 아무도 돌보지 않는 훈민정음을 내가 빛내어 보리라."

암흑을 뚫고 빛나는 한 가닥 광명과도 같은 그의 깨달음과 결심은 국어학 역사에서 한 획을 긋는 중대한 사실이 되었다. 우리나라 말과 글자 생활의 바른 길이 비로소 열리기 시작하였다. 수천 년 동안의 이어온 비정상적인 이 나라 백성의 말과 글자 생활의 올바른 길을 개척하기 시작하였기 때문이다.

국어 연구와 민중 교화에 다 바친 청년기

한문의 마술에서 깨어난 주시경 선생은 이제 한 사람의 어엿한 청년으로 성장하였다. 새로운 학문을 공부도 하고 연구도 계속하면서, 우리나라 최초의 한글 신문인 「독립신문」을 발간하는 일에도 참여하였다. 그러는 사이 스물다섯 살 때에 배재학당 보통과를 졸업하였다. 주시경 선생의 신학문에 대한 갈망은 계속되었다. 이곳저곳 학교를 찾아다니며 항해술을 배우기도 하고 측량술을 배우기도 하였으며, 영국인 의사에게 영어와 의학을 배우면서 국어를 가르쳤고, 또한 독학으로 기계학, 종교학까지 공부하였다. 그러나 그의 연구의 중심은 어디까지나 국어에 있었음은 물론이었다.

그는 국어 연구에 골몰하는 한편, 학문 연구는 민중 교화를 실천해야 완성될 수 있다고 굳게 믿었다. 민중 교화를 위해 국어의 정리와 교육을 하지 않으면 안 된다는 것이 그의 철저한 신념이었다.

아울러 그러는 동안 그의 명성은 차츰 높아지기 시작하여 일반 민중의 눈은 그 학문의 가치를 인식하기 시작하였다. 그는 서울 안의 국어 강의 시간이나 국어 강습소에 나가지 않는 곳이 없게 되었다. 그가 얼마나 교육에 열중하였는지는, 서른 살을 전후하여 그가 교편을 잡은 학교나 강습소가 무려 스무 군데나 됨을 보아 능히 짐작할 수 있다. 이와 같이 그는 서울 시내 각 학교의 국어를 도맡아 가르치게 되었는데, 그 교재는 등사판에 인쇄하여 보자기에 싸서 옆에 끼고 다니면서 학생들에게 나누어 주고 강의하였다. 그래서 주 보따리, 주 보퉁이란 별명을 얻게 되었다.

당시 학생이었던 시조시인 가람 이병기 선생은 그에 대해 이렇게 회고한 적이 있다.

"좀 갸름한 듯하고 넓으신 선생의 얼굴에는 언제든지 엄숙하시면서 보드랍고 살가운 빛이 은은히 나타난다. 선생은 웃으시는 것도 별로 없으려니와 또한 성내시는 것도 볼 수 없다. 선생의 눈에는 애정이 넘치는 듯하며 엄전하신 풍채가 모두 보는 사람으로 하여금 저절로 존경하는 마음이 나게 한다."

주시경 선생의 학문은 점차 성숙의 경지에 도달하였으나, 이미 기울기 시작한 나라의 운명은 도저히 바로잡을 수가 없었다. 결국 1910년 우리나라는 일본에게 합병되고 말았다. 그는 원통함의 눈물이 채 마르기를 기다리지 않고 민족 갱생을 위한 투쟁에 나섰다.

그렇지만 일본 침략자들의 탄압은 더욱 심해갔다. 동지들은 하나씩 둘씩 국외로 망명하고 또 옥에 갇히게 되고, 이제는 더 이상 이 땅에서 살 수 없게 되었음을 느낀다. 1914년 서른아홉 살 되던 해, 국외 망명을 결심하고 7월 방학에 고향에 가서, 부모형제에게 하직하고 서울로 돌아와 준비하던 중, 갑자기 체증에 걸려 며칠 후 7월 27일 내수동 집에서 돌아가시게 되었다. 그는 품은 포부를 반도 이루지 못하고, 고난과 비분 속에서 고귀한 한 생애를 마쳤다.

국어 연구와 운동의 선구자

주시경 선생의 국어학에 대한 대표 저서는 다음의 세 권을 꼽을 수 있다. 『국어문전음학』(國語文典音學, 1908), 『국어문법』(國語文法, 1910), 『말의 소리』(1914)가 그것이다. 이 책들에서, 말은 한 나라의 국성(國性)과 밀접한 관계가 있는 것인데, 우리는 좋은 말을 가지고 있으면서 이것을 돌보지 않음을 한탄하고 있다.

그의 국어 연구는 『국어문법』에 체계적으로 제시되어 있다. 그의 독창적

주시경 선생이 펴낸 대표적인 책

이고 합리적인 이론 전개는 우리말 연구의 기반을 마련하였다는 점에서 그 의의가 크다. 『국어문법』은 일찍이 그가 서양학문을 배우기 시작한 1893년부터 저술하기 시작하여 스물두 살 때인 1898년 12월에 초고가 이루어졌다고 스스로 밝혔다. 그 이후 다듬고 고쳐 1910년 4월에 발간하였다.

『국어문법』에서는 학술 용어를 순수한 우리말로 썼다. 요즘 말로 품사를 '기'라 하였는데(나중에 '씨'로 고침), '기의 갈래 아홉의 이름은 조선어로 만든 것이니, 한자로 만들면 그 문자의 뜻으로만 풀이하고자 하는 습관이 있어, 그 정의를 말하지 않으면 안 되기 때문이다'라 설명하면서, 기 갈래를 '임, 엇, 움, 겻, 잇, 언, 억, 놀, 끗'이라 하였는데, 지금말로 옮기자면 '명사, 형용사, 동사, 조사, 접속사, 관형사, 부사, 감탄사, 종결사'이다.

『국어문법』에서 다루는 큰 갈래는 '기난갈'과 '짬듬갈'이다. 기난갈의 '기'는 낱말, '난'은 나눈다, '갈'은 연구의 뜻으로 '품사분류론'이란 뜻이며, 짬듬갈의 '짬'은 짜서 꾸민다, '듬'은 말이 구성되는 법의 뜻으로 '문장론'이란 뜻이다. 말은 밖으로 나타난 표면구조로만 규정되는 것이 아니라, 그 뜻을 결정하는 심층구조가 있다는 것이 요즘 변형생성문법 이론인데, 주시경 선생의 문법에서 이러한 이론은 이미 두드러지게 나타났다. '먹는다'라는 말은 그 쓰이는 상황에 따라서 하나의 완성된 문장이 될 수 있다. 그런데 그 상황이란 것은, 말 밖에 있는 주어와 목적어를 속으로 짐작할 수 있는 말의 환경을 말한다. 그는 이 말의 그림풀이에서 주어와 목적어 자리를 비워 놓고 그 빈자리에 'ㅅ'을 표시하고서 그 자리에 숨은 성분 곧 속뜻이 있는 것으로 설명하였다. 속뜻이 숨어 있다는 설명은 심층구조를 표현한 것으로 매우 합리적인 설명이다. 속뜻으로 있는 것이 겉으로 숨어서 나타나지 않았다는 것을 분명히 하고 있으니, 이것은 바로 촘스키 언어학의 설명 방식 그대로이다. 이미 100년 전에 주시경 선생은 이러한 문법 이론을 제시하였다. 그의 속뜻에 대한 생각의 싹은 잘 길러만 갔더라면 우리나라 언어학에 좋은 열매를 맺었을 것인데, 그러하지 못한 것은 무척 아쉬운 일이다.

미국 기술언어학의 핵심 개념 가운데 '형태소'가 있다. 일정한 음성형식과 일정한 의미형식을 갖춘, 가장 작은 단위를 말한다. 이 개념은 미국의 자명한 언어학자 블룸필드가 1926년에 제시하였다.

그러나 이와 똑같은 개념으로 '늣씨'라는 개념을 이미 1914년의 『말의 소리』에서 주시경 선생이 제시한 바 있어 주목된다. '해바라기'를 '해-바라-기'로 분석하여 제시하였다.

이렇듯 주시경 선생은 형태소 분석을 철저히 추진해 나간 최초의 학자이다. 그는 형태소를 분석하는 데 그치지 않고, 그것을 맞춤법에 반영시켜, 원형을 고정시켜 글 읽기에 편리하도록 하려고 노력하였다. 그리하여 모든 자음 글자를 종성에 모두 쓸 수 있도록 하는 원칙을 세우게 되었다. 주시경 선생의 이론은 그의 후계 학자들에게 이어져 더욱 다듬어졌다. 그리하여 형태소의 원형을

주시경 선생이 이미 100년
전『국어문법』을 통해 '속뜻'
이론을 제시하였다.

밝혀 적는 맞춤법의 규범이 나타난 것이, 조선어학회(지금의 한글학회)의 『한글 맞춤법 통일안』(1933)이다. 이는 우리나라 역사에서 최초의 언어 규범이다. 이 『통일안』을 근본으로 하는 『한글 맞춤법』이 현재까지 쓰이고 있다.

주시경 선생이 처음 우리말을 연구하게 된 것은, 바로 표기법을 바로잡으려는 의도에서 시작되었다. 그러기 위해서 그는 말의 소리를 연구하게 되었고, 다시 표기법의 가장 중요한 이론의 뒷받침이 되는 문법을 연구하게 되었던 것이다.

그 당시의 모든 조건들-이어받을 만한 학문의 토대가 전혀 없었던 점, 나라 형편이 매우 혼란한 상태에 있고 나라의 운명이 기울고 있었다는 점, 개인적인 생활이 극도로 가난했다는 점, 그의 학문 활동의 햇수가 그리 길지 못했던 점 등-을 생각할 때는 주시경 선생의 학문적 성과는 매우 큰 것으로 평가하지 않을 수 없다.

그런데 우리가 주목해야 할 점은, 이러한 표기법의 정리를 위한 말소리와 문법 연구는 그 근본을 따지고 보면, 모두 나라 힘과 겨레 정신의 근본적인 바탕이 되는 말과 글을 바로잡기 위함이었다. 그는 그가 말한 국성의 모태가 말과 글이기 때문에 이것을 연구하고 바로잡으려 했던 것이니, 이것이 그의 학문의 출발점이다.

주시경 선생의 업적은 그 학문에만 그치는 것이 아니다. 국어교육자로서의 업적이 더 크며, 국어운동의 선구자로서 업적은 더욱 더 크다. 맞춤법의 합리적인 정비를 위한 그의 노력은, 바로 그 방향으로 그의 후계 학자들에 의해서 열매를 맺었다. 또한 국어순화운동이 주시경 선생에서 시작되었으며, 한글전용이라는 글자 생활의 근대화 운동이 선생에게서 실천되었으며, 풀어쓰기의 싹이 또한 트기 시작하였다. 국어정책면에서 지금 문제가 되고 있는 모든 사실들은 모두 그에게서 시작된 것이다.

그는 또한 교육자적인 인격과 애족적인 정성으로 후진을 감화하는 힘이 절대적이었으니, 일제 침략자의 탄압 아래 생명을 내어걸고, 국어 연구와 국어의 수호와 보급에 앞장선 학자 대부분은 그의 문하에서 배출되었다.

우리는 주시경 선생의 국어학사에 끼친 공헌과 우리 문화사에, 민족투쟁사에 남긴 영향이 얼마나 컸던가를 다시 한 번 생각해야 할 것이며, 이렇듯 훌륭한 민족의 스승에 대한 우리가 해야 할 일이 무엇인지에 대해서도 생각해 보아야 할 것이다.

주시경 선생에게 배운 제자들에게 나누어 주었던 수료증

"말은 사람과 사람의 뜻을 통하는 것이라"

언어는 우리의 생각과 느낌을 전달하는 수단일 뿐만 아니라 이를 사용하는 사람들의 정신세계를 형성하는 구실도 한다. 그래서 한 국가나 민족은 공통된 언어 구조에 이끌려 공통된 정신과 생각을 가지게 되고 이를 바탕으로 고유한 문화를 창조한다. 그러므로 언어는 이를 사용하는 민족과 그 문화와 밀접한 관계를 맺는다. 우리 민족이 이 땅에 태어난 이래로 우리의 생각을 이어주고 문화를 이끌어 준 것이 바로 우리말이다. 우리가 우리말에 대해 긍지를 가지고 높이 받들어 지켜야하는 까닭이 바로 여기에 있다.

우리말에 대해 긍지를 가지고 높이 받들어 나가는 방향은 우리말을 쉽게 그리고 바르게 쓰려는 의지로 이를 꾸준히 실천하는 것이다. 일반 국민이 잘 알아들을 수 없는 어려운 말과 외래어를 섞어 쓰지 말고 되도록이면 모든 사람들이 쉽게 알아들을 수 있는 말을 쓰는 것이 쉬운 말 쓰기며, 규범적인 발음·어휘·문법에 맞는 말을 쓰는 것이 바른말 쓰기이다.

그러나 실제로 우리의 언어생활을 잠시만 들여다보면 국어의 가치에 너무 무관심하여 우리말과 글이 망가뜨려지고 있다. 거기에 더해 세계화 추세에 따라 일상생활과 교육 현장에서 국어가 경시되고 외국어가 널리 퍼져가고 있다.

이러한 현실을 극복하기 위한 방안은 무엇보다도 국민들이 국어의 참된 가치를 깊이 인식하고 민족문화 유산으로서 국어에 대한 자긍심을, 국어를 지켜 보전하려는 의지를 가지는 일이다. 이것이 바로 스승 주시경 선생의 가르침에 보답하는 길이라 믿는다.

한나라말

周時經

말은、사람과、사람끼리의、뜻을、통하는것이라

한、말을、쓰는、사람끼리는、그、뜻을、통하여、살기를、서로、돕아주으로、그、사람들

이、절로、한、덩이가、지고、그、덩이가、졈졈、늘어、큰、덩이를、일우나니、사람의、제

일、큰、덩이는、나라라

그러함으로、말은、나라를、일우는、것인데、말이、오르면、나라도、오르고、말이、나리

면、나라도、나리나니라

이러함으로、나라마다、그、말을、힘쓰지、안이할수、없는、바니라

글은、말을、담는、그릇이니、이즐어짐이、없고、자리를、반듯하게、잡아、굳게、선、뒤

에야、그、말을、잘、직히나니라

글은、또한、말을、닦는、긔계니、긔계를、몬저、닦은、뒤에야、말이、잘、닦아지나니라

그、말과、그、글은、그、나라에、요긴함을、이로、다、말할수가、없으나、다스리지、안

이하고、묵히면、덜거칠어지어、나라도、졈졈、나리어、가나니라

「한나라말」(『보중친목회보』제1호)

주시경 선생이 국어연구학회를 세운 해가 1908년이니 올해로써 100년이 된다. 바로 한글학회 창립 100돌이다. 이를 맞이하여 우리는 더욱더 선생의 우리말글 사랑의 깊은 뜻을 이어나가야 할 것이다.

독립기념관에 세워진 주시경 선생의 어록비에 담긴 글, 「한나라말」의 한 부분을 옮기면서 이 글을 맺는다.

> 말은 사람과 사람의 뜻을 통하는 것이라. 한 말을 쓰는 사람과 사람끼리는 그 뜻을 통하여 살기를 서로 도와줌으로 그 사람들이 절로 한 덩이가 되고, 그 덩이가 점점 늘어 큰 덩이를 이루나니, 사람의 제일 큰 덩이는 나라라. 그러하므로 말은 나라를 이루는 것인데, 말이 오르면 나라도 오르고, 말이 내리면 나라도 내리나니라. 이러하므로 나라마다 그 말을 힘쓰지 아니할 수 없는 바니라.
>
> 글은 말을 담는 그릇이니, 이지러짐이 없고 자리를 반듯하게 잡아 굳게 선 뒤에야 그 말을 잘 지키나니라. 글은 또한 말을 닦는 기계니, 기계를 먼저 닦은 뒤에야 말이 잘 닦아지나니라. 그 말과 그 글은 그 나라에 요긴함을 이루 다 말할 수가 없으나, 다스리지 아니하고 묵히면 덧거칠어지어 나라도 점점 내리어 가나니라.

권재일
1953년생/서울대학교 언어학과 졸업, 동 대학원 박사/현 서울대학교 언어학과 교수
대표 저서로 『한국어 통사론』 『한국어 문법사』 『남북 언어의 문법 표준화』 등 다수

겨레의 스승

만해 한용운 선생

● 신동욱

한용운(韓龍雲, 1879~1944)

충청남도 홍성군 출생
백담사로 불문에 들어『불교유신론』저술, 월간지『유심』창간
3·1운동으로 투옥, 출옥 이후 서거할 때까지 애국계몽운동
타계 후 대한민국건국공로훈장 중장 수여
대표 저서로『조선독립의 서』『님의 침묵』등 다수

배움의 길

만해 스님은 한말의 격동기에 출생하였다. 어려서 고향 충남 홍성군 결성면 성곡리의 사숙(私塾)에서 한학을 공부했다. 9살 때에 이미 원나라 희곡「서상기(西廂記)」를 독해할 만큼 실력을 나타냈고, 중국 역사책『자치통감(資治通鑑)』을 이해할 정도로 놀라운 재능을 나타내어 많은 사람들의 칭송을 받았다고 전한다.

스님은 14살 때 혼인했지만, 격동하는 시대의 정세를 듣고 보며 향리에 안주할 수만은 없었던 듯 21살 때 1899년 고향을 떠나 여러 곳을 떠돌다가 설악산 백담사에 몇 달을 머물렀다. 스님은 당시의 조선 형편과 세계의 문물을 견주면서 직접 외국의 발전된 모습을 보고 배우고 확인하려는 뜻에서 별 준비도 없이 세계만유(漫遊)를 떠났다.

이 여행길에서 블라디보스토크까지는 갔으나, 그 곳 조선인 교포에 의해 폭행을 당하게 된다. 애초에 러시아를 살펴본 후 구라파(유럽)를 둘러보고 미국까지 건너가 근대 문물을 견학하려던 꿈은 이루어지지 않았다. 심한 폭행을 당한 이유는 러시아와 일본의 대립이 심화되던 때여서 러일전쟁 발발 전의 흉흉한 분위기로 인해 머리 깎은 스님을 친일단체였던 일진회(一進會)의 회원으로 오인하고 암살하려 했던 것이다.

결국 스님은 만유의 꿈을 이루지 못했다. 그런데 그의 이러한 행적을 통해서 미루어 볼 때 배움에의 길을 스스로 찾고 꿈을 펼쳐보려 했던 적극적인 면이 드러나 있다. 향리에서의 한학이 유익하지 않은 것은 아니었지만 소년기에서 청년기로 접어든 스님에게 있어 당시의 격동하는 정세는 근대 문물에 관한 학습, 체험에의 욕구를 절실하게 만들었다.

후에 승려가 된 다음에도 스님의 학구적 열정은 대단했고, 또 관념적 지식이나 허황된 이념을 엄정히 비판하면서, 삶의 진실한 면을 투시하고 체험을 통해 현실을 혁신하려는 의지가 남달리 철저했다. 흔히 불가에서 말하는 동사정신(同事情神)을 실천한 현실주의자였다고 짐작된다.

불교의 진리가 극락왕생하는 데 있지 않고, 오히려 고통과 어우러지고 모순과 비리가 있는 속세에서 찾아야 함을 중요시했다.

1904년 만해 스님은 26세가 되었다. 러일전쟁이 일어난 이 해에 만해는 다시 고향으로 돌아왔다. 그리고 아들 보국을 얻었다. 이해 만해 스님은 다시 백담사로 돌아가 김연곡 스님에게 배우며 정식으로 불문에 들어 승려가 되고, 전영제 스님에게서 계를 받았다. 그리고 이학암 스님에게 『기신론』『능엄경』『원각경』 등 강의를 듣고 불경의 심오한 가르침을 이해하고 그 과정을 수료하였다.

1908년에 일본에 가 조동종대학(曹洞宗大學, 현재 고마사와대학)에서 서양철학을 청강하고 도쿄에 유학 중이던 최린과 알게 되었다. 그 후 귀국하여 이학암 스님에게 『반야경』『화엄경』을 공부하고 수료하였다.

이러한 수학 과정에서 만해 스님은 불경에 관한 깊은 이해를 통하여 점차 현실 세계로 눈을 돌리게 되며, 만해 스님의 현실 참여의 적극적 자세가 점차 나타나기 시작하였다.

애국계몽운동

1906년 일제가 서울에 통감부를 설치하고 이토 히로부미가 초대통감으로 착임한 후 조선의 토지 조사에 착수하자, 만해 스님은 측량학교를 세우는 데 협력하였다. 그 이유는 일제의 경제침략의 기본적 사업으로 조선의 임야, 농토, 유휴지를 통감부에 귀속시키려 한 때문이었다. 조선인 스스로 사유재산을 지키려는 계몽운동의 한 실천적 형태로 나타난 운동이기도 했다. 이 시기에 안창호(安昌浩, 1878~1938) 선생이 주도한 신민회(新民會)가 애국계몽운동을 주도했다. 1909년 이토 히로부미는 안중근(安重根, 1879~1910) 의사에 의해 사살 당했다.

1910년 국어학자 주시경(周時經) 선생의『국어문법』이 간행되었는데, 이는 우리 어문의 체계를 세운 명저로서 그 밑바탕에 애국계몽의 정신이 담긴 선구적 업적이며 동시에 근대적 관점으로 국어학의 체계를 세운 명저이기도 했다.

한편 최익현(崔益鉉, 1833~1906) 선생이 영도하는 항일의병이 일군과 도처에서 교전하던 때였으므로 무력으로나 군의 세력으로나 약세였던 당시 한국의 형편에서 부국강병의 논리는 애국계몽 운동의 중심 사상을 이루어야 할 당위성이 있었다. 조선이 근대문명국가로 발전하려면 그리고 독립국가로서 국체를 유지하려면 조선민족이 계몽되어야 하고 근대 교육이 필요했고, 동시에 애국·독립의 정신을 고취해야 하는 당위성이 있었다.

1908년 최남선에 의해 간행된『소년』지도 사실은 애국계몽운동의 한축을 담당하였고, 최남선의 신체시 전체가 부국강병·자주독립·근면실천 등의 시대적 요구를 나타낸 것이며, 근대시민 사회의 중심가치인 자유와 평등의 사상을 고취했던 것이다.

이와 함께 세계열강의 과학문명의 소개와 근대적 병기인 군함 등을 소개했다. 그리고 뛰어난 서양의 정치가와 사상가들을 소개하였다.

만해 스님은 승려로서「조선불교유신론」(1910)을 발표하였다. 이 논문은 근대 초기의 명 논문의 하나이다. 그런데 만해 스님은 일차적으로는 일본의

조선불교유신론

한일 불교 동맹조약(1910)을 반대하는 운동을 전개하여 자주노선을 지키는 데 앞장섰다. 조선 임제종 종무원을 설치하고 강연회를 개최하며 운동을 확산시켰다. 그러나 그는 8월에 일제가 조선을 강제로 합방하는 역사적 사건을 겪으면서, 망국의 울분을 이기지 못하여, 이번에는 만주로 망명하게 된다.

이미 먼저 만주에 가 독립운동을 펼치고 있던 박은식 선생, 이시영 선생, 윤세복 선생을 만나고 독립운동을 어떻게 펼칠 것인가를 논의하였다. 그러나 머리 깎은 스님의 모습으로 인해, 만주의 조선독립군에게 일진회 회원으로 오인되어 이번에는 총상을 입고 귀국하게 된다.

불교유신론

만해 스님은 『불교유신론(佛敎維新論)』을 저술하였는데, 그 기본이 되는 사상적 근거를 사회발전론에 두고 있다. 그 한 부분을 보면 다음과 같다.

> 금후의 세계는 진보를 그치지 않아서 진정한 문명의 이상에 도달하지 않고는 그 걸음을 멈추지 않을 추세에 있으며, 만약 불교가 장래의 문명에 적합지 않을 경우에는 죽음에서 살려내는 기술을 터득하여……. (증보『한용운전집』2, 35쪽)

시대 대의 발전과 불교도 발맞추어야 함을 밝히고 있다.

이어서 종교가 삶에 중요시됨을 '희망'이라고 보고, 만해 스님은 다음과 같이 말하고 있다.

우리들의 가장 큰 희망이 여기에 있기 때문일 것이다. 희망은 생존과 진화의 밑천이라고도 할 수 있으니, 만약 희망을 지니지 않는다면 우리는 아무렇게나 게으르게 살아서……. (같은 책, 36쪽)

이처럼 사회의 발전을 희망에 두고, 그 희망을 이루기 위하여 노력하고, 연구하고, 배우고, 실천한다는 주장을 보이고, 서구사회의 발전된 사실을 예로 들고 있다.

불교가 구태의연하게 민중과 떨어져 산중에 앉아 경만을 외운다면 발전이 없을 것이라고 말했다. 그리고 불교는 평등사상과 구세사상을 두 축으로 하여 자유사상과 세계의 보편한 동등사상을 이루어 내야 한다고 주장했다.

이 무렵 스펜서(Herbert spencer, 1820~1903)의 사회진화의 이론이 전 세계에 퍼져갔던 때였으므로, 다윈(Chanles R. Darwin, 1809~1882)의 생물학에서 펴낸 진화론에서 우승열패의 이론이 자연도태니, 종의 생성 사멸이니 하는 자연현상이 사실은 국가 간, 민족 간의 우승열패론으로 이어졌던 시기였다. 그리고 실제로 그 당시에 막강한 군사력을 앞세워 약자인 나라들을 강제로 식민지화하는 제국주의의 이론을 밑받침 하던 때이기도 했다.

만해 스님도 조선이 열강에 밀려 도태되어서는 안 된다는 자각을 하게 되었으리라 추정된다. 사회적, 민족적 평등과 불평등의 문제가 심각히 만해의 시대의 직면한 역사적 과제였던 것도 사실이었다.

사회적 진화와 국가 간의 진화가 현저히 차이가 났기 때문에 만해는 학문에 정진하고 선진문물을 배우고 평등의 가치를 중심으로 조선의 발전을 기하려 했던 것이라고 말할 수 있을 것이다.

이러한 새 가치를 추구하기 위하여 만해는 '구습을 타파'해야 함을 말했다.

개혁이란 구습을 파괴하고 시대에 맞지 않는 것을 고쳐서 새로운 방향으로 나아가게 한 것이라고 설파한다. 그렇게 하기 위하여 공부하고 연구해야 하며, 보통수준의 공부와 전문수준의 연구를 달성해야 한다고 말했다.

그러려면 외국 유학도 해야 함을 일깨웠다. 그런 한편 만해 스님이 특히 중요하게 말한 것은 생산에 참여하여 자립하는 일이었다. 그래야만 스스로 사람다운 삶을 이룩할 수 있다고 보았다.

> 진실로 생산이 없으면 세계가 혹은 파괴되기도 하고 한나라가 혹은 망하기도 하고 개인을 살수 없는 판국이다. 사람과 생산의 관계는 고기와 물의 그것과도 같다.
> (『조선불교유신론』, 위 전집 2, 80쪽)

즉 승려들이 일하지 않고 걸식하는 동냥 행위, 거짓으로 남을 속여먹는 일을 혹독하게 비판하면서, 개인도 국가도 스스로 경제적으로 자립할 수 있게 생산을 위해 참여해야 함을 강조했다. 만해는 스님들이 할 수 있는 생산을 조림에 힘써 목재, 약재, 산과 등을 생산할 것을 예시하기도 했다.

종교가 지니는 구세사상(救世思想)이라는 것도 사실은 생산을 근간으로 하고, 이타주의 및 동사정신을 민중 속에 들어가 실천함을 말한 것이다. 그러므로 소승적 자기 이익과 자기 인격의 개인적 수양이 아니라 대승적 자세로 이타주의를 실현해야 함을 거듭거듭 강조했던 것이다.

이러한 만해 스님의 사상은 애국계몽사상의 중심을 이룸은 말할 것도 없고, 국내파 독립운동가들이 주장했던 애국운동이 농촌계몽운동으로 발전한 사실을 주목할 수 있다.

문예상으로 심훈의 「상록수」, 춘원의 「흙」, 이기영의 「고향」으로 이어지는 작품들을 통해 애국계몽 운동의 사상적 흐름이 확인되고 있다.

불교대전 편찬과 유마경의 풀이

만해 스님은 1912년 34세 되던 해부터 『불교대전(佛敎大典)』을 편찬할 계획을 세우고, 경남 양산에 있는 통도사에 들어가 고려대장경을 열독하기 시작하였다.

이러한 스님의 학구적 노력은 거의 초인적인 열성과 놀라운 지적 분석력 및 판단력을 기우려야 하는 일이기도 하였다. 책으로 6802권이라는 엄청난 분량의 경전을 한 권 한 권 읽어가며 경전의 핵심 내용을 선정하고 그 내용을 발취하여 각 경(經)·율(律)·논(論)을 섭렵하는 일을 정력을 다하여 추진하였다.

경은 『화엄경(華嚴經)』『능엄경(楞嚴經)』『반야경(般若經)』 등 380여가 넘고, 논(論)은 『기신론(起信論)』『대승 이십송론(大乘 20誦論)』『유식론(唯識論)』 등 50여 종이고, 율은 9종이 된다.

이렇게 방대한 불교 사상의 서책을 통독한다는 일은 저력과 인내와 남다른 실천 의지가 아니고서는 불가능한 것이라 하겠다. 위의 내용은 분류상 그러하다는 뜻이고, 책 수로는 앞에서 말한 바와 같으니, 하루 종일 20권씩 읽어내야 일 년이 빠듯하게 걸릴 것으로 추량된다.

만해 스님이 풀이하고 요약한 『불교대전』(1914)에서 몇 항목을 보면 다음과 같다.

불법(佛法)이 세간법과 다르지 않고, 세간법이 불법과 다르지 않다. 그러므로 불법과 세간의 법이 어지러움이 없다. 또한 차별도 없으니 법계(法界)에 있어

사물의 실질인 형태인 체와 그 변하지 않는 본성이 평등하여 과거, 현재, 미래에 널리 들어있다. (「화엄경」, 증보 한용운 전집 3, 33쪽)

여기서 불교 교리인 부처의 가르침 즉, 불교의 진리가 세상의 진리와 다르지 않고, 만민에게 영원하고 평등한 가치임을 알려주는 대목임을 짐작할 수 있다.

부처가 설법한 사체(四諦), 즉 고체(苦諦)는 어리석음에 빠진 삶의 고통, 집체(集諦)는 욕망에 사로잡힌 삶의 고통, 멸체(滅諦)는 욕망을 초월한 경지의 이상 경지, 도체(道諦)는 멸체에 도달하기 위해 수양해야 하는 도를 말한 것을 요약하여 불법이라 말한다.

이러한 『법화경』의 진리를 들어 알고, 그러한 불법을 터득한 사람이라도 실천에 있어서 불도를 수행해야만 한다는 의미가 내장되어 있다.

만해 스님은 그런 뜻에 만민평등의 개념도 불법의 실천이 세속적 삶의 실천과 같음을 누구보다도 먼저 터득하고 실천함으로써 그의 불도사상을 밝힌 스님이다. 불경에서는 말을 삼갈 것을 강조한 예가 매우 많으며, 말을 함부로 하지 말 것을 되풀이하여 경계하고 있다. 그리고 학문에 정진할 것도 강조하고 있다. 참고 잘 견디며 수행하는 인내심을 길러야 함도 또한 수행의 필수 요목이며, 소승적인 개인의 불도보다는 대승적인 이타주의(利他主義)를 근본으로 삼고 있다.

다음으로 유마경 강의를 만해 스님의 또 다른 업적으로 말할 수 있을 것이다. 불토(佛土)의 개념을 만해 스님이 해설하는 대목을 보면 다음과 같다.

이 이하는 불이 정토(淨土)의 뜻을 설하심이니 중생을 떠나서는 따로 불이 없으며, 예토(穢土)를 떠나서는 따로 정토가 없음을 보임이다. 일체중생의 사는 곳이 정토

아님이 없느니……. (『만해전집』3, 262쪽)

위 내용은 『유마힐소설경(維摩詰所說經)』을 만해 스님이 강의한 한 부분으로, 민중이 살아가는 현실세계를 중심으로 하여 불교의 이상적 경지인 정토가 이루어지고, 민중이 있어야 교화하여 깨달음을 얻게 하고 정토를 건설한다는 대목이다.

이러한 유마경의 사상은 바로 현실세계를 중심으로, 어리석은 민중이지만 그 선근(善根)을 일으켜 이상사회를 건설한다는 논리가 담겨있다. 이러한 유마경의 논리는 이상사회를 건설하려는 오늘날의 민주주의 이념과도 상통함을 알 수 있다.

3·1독립운동

제1차 세계대전(1914년 7월~1917년 11월)이 끝나고 윌슨 미대통령이 평화에 관한 14개 조항을 발표하였다. 그중에 주목할 조항이 '민족자결권'이었다. 열강 제국들이 군사력으로 식민지를 개척하여 피지배국들의 독립권을 유린했던 시기였는데, 당시의 대한제국이 강제로 일제에 의해 합병되었으므로, 이 기회를 호기로 삼아 독립운동을 전개하여 국권을 회복하려는 기운이 팽배하였다.

국내외에 활동하던 애국지사들이 독립선언을 발표하며 운동을 전개하였다. 도쿄 유학생 최용팔, 김도연, 이광수, 김철수 등 11명이 주도하여 1918년 조선청년독립단을 결성하고 독립선언서를 발표했다. 그리고 이광수를 상해로 파송하여 상해에 주재했던 외국 언론사에 알리는 일을 담당케 했다. 이

때 이광수는 상해임시정부 수립에 참가하고, 「독립신문」을 편찬하는 일을 담당했다.

국내에서는 손병희, 이갑성, 권동진, 오세창, 신석구, 최린, 이승훈, 한용운 등 제 애국투사들 33인이 모여 독립선언서(최남선 집필)를 낭독했다. 이와 동시에 광화문, 대한문 앞 광장, 파고다 공원 등에 군중이 집결하여 1919년 3월 1일 시위운동을 크게 전개했다.

이 운동은 전국적으로 3월부터 다음해로 이어졌지만, 일제의 잔학한 무력 진압으로 독립운동은 지하로 숨거나, 해외로 그 운동의 기지를 옮겨 펼치게 되었다.

이때 조선 인구는 1600여 만 정도였는데 사망자 7500여 명, 일제의 총기난사 또는 체포 및 잔혹한 고문 등으로 부상자 1만 6000여 명, 투옥된 인명은 4만 6000이 넘는다고 박은식(朴殷植, 1859~1926) 선생의 『조선독립운동지혈사』 (1920)에서 말하고 있다.

그러나 그 후 국내에서 독립운동을 편 여러 인사들은 극렬하고 무자비한 처벌 때문에 농촌 계몽운동, 독서회, 수양회, 문예운동, 물산장려운동 등 여러 형태로 전개되었으나, 그러한 문화운동 조차도 극도로 제한 받고, 합법적 증거나 이유도 없이 체포, 투옥되었다. 신문 및 교양잡지 등 그 편집에 심한 간섭을 받거나 폐간조치가 되었고, 기자, 편집자, 기고한 저술가 등 체포, 구금, 처벌을 받았다.

이러한 때 만해 스님은 3·1독립운동을 주도한 분으로서, 최남선의 독립선언서에 '공약삼장'을 기입하여 독립을 위한 투쟁이 민족의 대과제임을 인식시켰다. 일경에게 체포된 다음 스님은 일제의 예심판사 나카지마 유조(永島雄藏)의 취조에서 다음과 같이 당당히 주장하였다.

한용운 선생의 법정심문 내용의 기사
출처:『사진으로 보는 독립운동』상권(서문당)

문 : 피고는 금번의 운동(3·1운동을 말함)으로 독립이 될 줄로 아는가?

답 : 그렇다. 독립이 될 줄로 안다. 그 이유는 목하 세계평화 회의가 개최되고 있는 데 장래의 영원한 평화가 유지되려면 각 민족이 자결(自由로운 결정권 행사)을 하여 독립하지 않으면 안 된다. 그래서 민족자결이란 것이 강화회의의 조건으로써 '윌슨' 대통령(미국 1913~1917, 재당선 1917~1921)에 의하여 제창되고 있는 것이다. 오늘 날의 상태로 보면 제국주의나 침략주의는 각국에서 배격하여 약소민족의 독립이 진행되고 있다. 조선의 독립에 대하여서도 물론 각국에서 승인할 것이고 일본서도 허용할 의무가 있다. 그 이유는 이곳에서 압수하고 있는 서면에 기재된 바와 같다. (이병도,『삼일운동 비상』, 611쪽, 1959, 시사시보사)

만해 스님의 확고한 독립의지는 그 다음 고등법원 예심판사 구스노키 쓰네조(楠常藏)의 조서에도 한결같은 그 의지가 자료에 남아 있다.

문 : 피고는 금후도 조선독립운동을 할 것인가?

답 : 그렇다. 언제든지 그 마음을 고치지 않을 것이다. 만일 몸이 없어진다면 정신만이라도 영세토록 가지고 있을 것이다. (위와 같은 책, 620쪽)

일제는 회유책을 써서 참회서를 써내면 사면하겠다고 여러 번 유혹했으나, 그때마다 일소에 부치고 의연히 옥살이를 치렀다고 전한다.

만해 스님은 조선이 어째서, 어떻게 독립할 것이냐를 취조자들이 물었을 때, 그 답변은 길 것이므로 서면으로 답하겠다고 말하고, 남긴 글이 「조선독립의 서」(1919년 7월 10일)이다.

그 당시 서대문 형무소에 갇힌 여러 애국투사들 가운데서도 만해 스님의 꿋꿋하고 의연한 자세는 많은 동지들에게 감동을 주었고, 심지어 일인 간수들조차도 스님의 자세에 조심스러워 했다고 전한다.

이 유명한 글 가운데에는 제국주의의 약육강식(弱肉强食)의 비인도적인 침략행위와 식민지 개척을 비판하고 있다. 일제는 그 침략의 구실로서는 세계평화를 거론하고, 행복을 보장한다고 속이고 군사력을 동원하여 강제로 조선인 2천만을 노예로 만들었음을 규탄했다.

1차 대전 후 세계의 추세가 식민지를 독립하게 했는데, 폴란드, 체코, 아일랜드 등 여러 나라가 그 예임을 증거했다.

조선은 독립국으로서 2000년이 넘는 역사와 문화를 지니며 어느 나라를 침탈치 않았으며, 이웃나라와 우호적으로 지냈으며, 민족자존의 긴긴 역사를 이어온 나라임을 말하였다.

1차 대전 후 전 세계가 평화를 유지하려는 데 유독 일제만이 세계평화의 추세에 어긋나게 조선을 무력으로 통합한 만행을 자행했음을 지적한다.

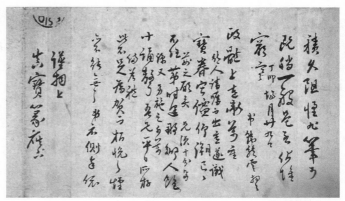

한용운 친필편지
출처: 『독립기념관 전시품도록』

이 글은 당시 국내·외의 여러 독립선언서들 중에서도 그 민족자존의 논리에 있어 가장 정연하고 타당한 명문이기도 하다.

침묵하는 님

스님은 오세암에 기거하며, 시집 『님의 침묵』(1926, 회동서관)을 연작시편으로 창작하였다. 한학과 한시에 도저한 분이고, 또 불교의 신앙에 있어서도 대선사로서 득도한 분이시니, 시 창작에 있어서도 단연 그 빛이 중국의 두보(杜甫)보다도 밝고 크며, 독일의 괴테나 영국의 밀턴에 비교됨직하다.

님의침묵

만해의 시 정신을 찬양하고 그의 시 세계를 밝힌, 송욱(宋稶) 교수는 다음과 같이 논평한 적이 있다. 인도의 지도자 간디는 독립투사였으나 시인은 아니었고, 타고르는 시인이기는 했으나 독립투사는 아니었다. 그러므로 세계에 그 유례를 찾을 수 없는 시인이고 독립운동가였고, 역사적 상황에 직접 투신한 행동인으로서 높은 표본이 된 인물임을 역설하였다(『한국불교문학연구』 하, 동국대학교 출판부, 1988).

스님은 「님의 침묵」에서 다음과 같이 말하였다.

아아, 님은 갔지마는 나는 님을 보내지 아니하였습니다.
제 곡조를 못이기는 사랑의 노래는 님의 침묵을 휩싸고 돕니다. (위 전집 1, 42쪽)

스님이 노래한 '님'은 시집의 '군말'에서 밝힌 바와 같이, 이탈리아의 독립운동가 마치니의 님은 조국 이탈리아였음을 밝히고 있다. 석가가 님으로 생각한 것은 중생이었고, 또 칸트가 님으로 생각한 바는 철학이었음을 말하였다.

이러한 스님의 '님'은 역사적 정황에서 볼 때 현실적으로 그 당시의 조국 조선이고, 조선 강역이고, 조선 사람이고, 또 조선 전통 사상을 뜻한다고 말할 수 있을 것이다. 일제의 강압적 침탈에 의하여 일시적으로 국권을 잃기는 했으나 과거와 미래에 있어 조선이라는 조국은 변함이 없으므로 님을 잃거나 보낸 것이 아니라고 역설적 주장을 폈던 것이다.

다음으로 또 한편의 명작으로는 널리 알려진 「알수 없어요」를 예로 들 수 있을 것이다. 시대를 밝히고, 님의 나타나 있음을 인식시키는 의지가 다음과 같은 시 구절에서도 확인할 수 있을 것이다.

지리한 장마 끝에 서풍에 몰려가는 무서운 검은 구름의
터진 틈으로 보이는 하늘은 누구의 얼굴입니까

이와 같이, 님은 일시 가려졌을 뿐 그 실체는 현존함을 인식하고 있다.

또 다음의 시 구절에서 님의 나타나심을 확신하고 그 나타나심을 위해 시적 화자는 스스로 어둠을 밝히는 행동의 주체가 됨을 진술하고 있다.

타고 남은 재가 다시 기름이 됩니다. 그칠 줄을 모르고 타는 나의 가슴은 누구의 밤을 지키는 약한 등불입니까. (위와 같은 책, 43쪽)

일제에 의해 그 모습이 일시 가려졌다 해도 '님'의 모습은 실체가 있고, 다만 님 인식의 방식이 남다른 스님의 철저한 의지에 의해 현존함을 말하고 있다.

작은 개인으로서 소자아는 님이라는 민족주체성이라는 대 주체에 포함되고, 따라서 님은 조선과 조선인과 조선 사상을 일컫는 암시적 의미영역이 넓은 말이라 하겠다.

스님은 「나의 길」이라는 작품에서 다음과 같이 노래하고 있다.

아아, 이 세상에는 님이 아니고는 나의 길을 낼 수가 없습니다.
그런데 나의 길을 님이 내었으면 죽음의 길은 왜 내셨을까요. (위와 같은 책, 45쪽)

이러한 시적 표백에서 님과 나는 운명적으로 떨어질 수도 없을 뿐만 아니라, 님이 곧 소자아인 나의 길임을 말하고 있다. 그리하여 님이 만드신 길은 두말할 것도 없이 죽음까지도 불사해야 할 운명적인 길임을 분명히 말하고 있다.

스님이 「독립선언서」공약 삼장에서 피로한 것처럼, 조선 사람이라면 독립을 쟁취하는 날까지, 최후의 한 사람까지도 투쟁하여 조국을 온전한 주권국가로서의 입지를 세우며, 세계에 당당한 자립국가로서 서야함을 주장한 바와

한용운 선생이 서거하신 성북골에 지은 심우장(尋牛莊)
출처:『사진으로 보는 독립운동』상권(서문당)

같다. 님을 밝혀 그 현존함을 인식시키는 불빛을 어두운 시대에 밝힌 큰 시인인
것을 확인할 수 있다.

　스님은 그러므로 겨레의 큰 스승님이었고, 또한 앞으로도 큰 빛으로 살아
있는 님을 비출 것이다.

신동욱
1932년생/충남 홍성고등학교 졸업 / 서울대학교 문리과대학 국어국문학과 졸업, 고
려대학원 문학박사 / 계명대, 고려대, 연세대 교수, 일본 구마모토학원대학 교수 역임
대표 저서로『한국현대문학론』『한국현대비평사』『우리 시의 역사적 연구』등 다수

'죽어서도 사람'인 '참 조선사'의 스승 단재 신채호 선생

박걸순

신채호(申采浩, 1880~1936)

충청남도 대덕군 출생
성균관 입학, 성균관 박사
황성신문 입사, 대한매일신보 주필
신민회 가입, 국채보상운동 참가, 대한민국임시정부 참여
「동아일보」「조선일보」에 조선 역사 관련 글 기고
대표 저서로 「독사신론」『조선사연구초』『조선상고문화사』등 다수

단재 선생과의 만남

필자가 대학입학시험을 볼 때에는 예비고사와 본고사가 있었는데, 각각 국사 과목이 차지하는 점수의 비중이 높았다. 면접시험에서도 국사 관련 질문이 빠지지 않았다. 따라서 국사는 학교 수업에서도 많은 시간을 배당하였고, 나 자신도 좋아하는 과목이라 열심히 공부하였다.

그런데 국사 수업에서 근현대사 부분은 거의 다루지 않거나, 다루더라도 진도에 쫓겨 수박 겉핥기로 넘어가기 일쑤였다. 얼마 전 교육대학원 강의를 하며 중·고등학교 역사 교사들의 이야기를 들어보니 지금도 이런 현상은 크게 변하지 않은 것 같다. 그러다보니 근현대사 부분이 취약했고, 만일 이 부분에서 출제가 된다면 낭패를 보기 십상이었다. 그래서 참고서를 하나 구하여 별도로 공부를 하였는데, 거기에 단재 신채호에 대하여 상세히 설명되어 있어 '아와 비아의 투쟁', '독사신론', '아나키스트', '영웅사관' 등의 용어를 처음 접하게 되었다. 국사는 무조건 외우면 되는 것으로 알던 나는 거기에 나오는 내용을 모두 외워두었다.

예상한대로 예비고사와 본고사에 신채호 관련 문제가 출제되었다. 그러나 따로 공부하지 않아도 될 정도로 싱거운 문제였던 것으로 기억된다. 그런데 면접시험에서 가장 존경하는 역사 인물에 대해 말해 보라는 질문을 받았다. 나는 속으로 쾌재를 부르며 의미도 제대로 모르며 앵무새처럼 외워둔 용어들을 적당히 엮어서 거침없이 대답하였다. 나를 면접하던 교수는 사학과 교수가 아니었든지 놀란 눈치로 옆자리에서 다른 학생을 면접하던 사학과 교수를 불러 추가 질문을 하게 하였다.

단재와 나의 만남은 그렇게 시작되었다. 단재는 우리 민족이 가장 어려웠던 시기를 피하지 않고 온몸으로 부딪치며 헤쳐 나온 인물이다. 그는 한국 근대사에서 가장 대표적인 지행합일의 실천적 지성이었다. 따라서 그는 어느 특정인의 스승이라기보다는 민족의 사표(師表)라는 표현이 옳을 것이다. 나는 그분을 직접 뵌 적도, 배운 적도 없다. 그럼에도 불구하고 내가 그를 감히 스승으로 여기는 것은 독립운동사와 근현대사학사를 공부하면서 그 어떤 인물보다 단재를 각별히 접하고 있기 때문이다. 따라서 단재는 내가 역사를 전공하기 이전부터 역사를 업으로 삼아 가르치고 있는 오늘날까지 가장 친밀하고 오랜 스승인 것이다. 현재 필자는 '단재신채호전집 편찬위원'으로서 그 분과 관련된 자료를 모으고 분석하여 편찬하는 일을 맡아 하고 있다. 이 사업은 필자에게 과분한 일이지만 단재와 역사적 사승관계의 인연을 확인하는 계기로 삼아 끊임없이 자성함은 물론 시대적 과제에 대해 치열하게 고뇌하고자 다짐해 본다.

구국계몽운동가 단재 신채호

단재는 1880년 11월 7일(음) 대전 중구 어남동에서 가난한 농촌 선비의 아들로 태어났다. 그는 일편단생(一片丹生), 단생(丹生), 단재(丹齋) 등 유독 '단(丹)' 자가 들어가는 호를 즐겨 사용하였는데, 이는 고려 말의 충신으로서 두 왕조 섬기기를 거부하고 죽음의 길을 택한 정몽주의 「단심가(丹心歌)」에서 따온 것이다. 우리 역사에서 변절을 상징하는 인물인 신숙주의 후손인 신채호가 '단'을 평생의 지향과 가치로 삼은 것은 조상이 지은 역사의 업보를 씻고자 한 것인지도 모르겠다.

그는 7세 때 아버지를 여의고 할아버지를 따라 충북 청원군 낭성면 귀래리 고두미 마을로 옮겨 왔다. 이곳은 그의 문중인 산동 신씨(고령 신씨)의 집성촌이었다. 불우하고 병약한 어린 시절을 보냈으나, 그는 후일 독립운동의 큰 역할을 하는 신규식, 신백우와 함께 산동삼재(山東三才)로 불릴 만큼 총명하였다.

어린 그에게 학문의 전기가 된 것은 할아버지가 친구인 신기선(申箕善)을 소개해 준 일이었다. 충남 천안 목천에 살고 있던 신기선은 수구파의 거물이었는데, 어린 단재는 백리길이 넘는 그의 집을 왕래하며 수많은 진귀한 서적들을 독파해 나갔다. 이를 통해 그는 정통 성리학은 물론 신학문을 접하였고, 단재의 총명함을 알아 본 신기선의 추천으로 성균관에 입학하여 박사가 되었다. 그러나 단재는 후일 신기선이 친일의 길을 걷자 은인인 그를 맹렬하게 비난하며 단호하게 결별하였다. 사적인 정리보다 공적인 의리를 중요하게 여긴 단재의 추상같은 일면을 보여주는 대목이다.

1903년 어느 날, 단재는 안동 유림 출신 유인식(柳寅植)과 논쟁을 벌였다. 단재는 그에게 영남지방 유림들이 개혁하여야 하며, 서양 학문을 받아들여야 할 것을 역설하였다. 후일 유인식은 자신이 개화자강으로 사상을 전회하고 유신하게 된 것은 단재의 영향이라고 회술한 바 있다. 그는 이미 당대부터 교유하던 지기들의 친우이자 스승이었던 것이다.

단재는 「황성신문」과 「대한매일신보」의 기사와 논설을 통해 일제의 침략을 날카로운 필봉으로 비판하였다. 특히 그는 「대한매일신보」 주필로서 민중 계몽과 항일사상을 고취하는 명 논설을 통해 언론구국운동을 펼쳤다. 초대 통감인 이토 히로부미는 어느 연설에서 통감인 자신의 백마디 말보다 한국 신문의 일필(一筆)이 한인을 감동시키는 힘이 더 크다고 하며, 그 중에서도 「대한매일신보」를 대표로 들 정도였다.

그러나 조국의 운명은 점차 기울어가고 있었다. 신민회 회원이던 단재는 신민회의 국외 독립군 기지개척 계획에 따라 동지들과 함께 망명길을 떠났다. 망명길에 오른 단재의 모습은 정주 오산학교에 들렀을 때의 인상을 기록한 이광수의 글을 통해 잘 알 수 있다. 오산학교는 저명한 단재를 맞이하여 환영회를 열었다. 이때의 단재는 '하얀 얼굴'에 '코 밑에 까만 수염이 약간 난 초라한 샌님'으로 풍채가 그리 좋지 못했으나, '이상한 빛을 가진 눈'이 비범한 인물로 기록되었다. 학생들의 환영 노래와 약력 소개, 환영사에 이어 그가 답사를 할 차례가 되었다. 그는 의자에서 일어나 '아무의 말도 듣지 않고 아무 것도 두려워하지 않는다는 이상한 눈빛'으로 좌중을 한번 돌아보고는 아무 말도 하지 않고 그냥 앉았다. 그는 묵언으로써 망명과 독립투쟁에 나서는 자신의 심경을 천둥소리보다 크게 웅변한 것이었다.

절대독립론, 완전독립론자 단재 신채호

망명한 단재는 연해주 블라디보스토크와 서간도, 상해와 북경 등지에서 독립운동을 주도하였다. 일제 강점기에 많은 독립운동가들이 다양한 독립운동 방법론을 제시하였지만, 단재만큼 철저하게 절대독립론과 무장투쟁론을 부르짖은 사람은 없었다.

상해 대한민국임시정부 수립 당시 단재는 이에 적극 참여하였다. 1919년 4월 11일 새벽에 열린 임시의정원 회의에서 국무총리를 선출하였다. 단재는 이승만이 천거되자 강력히 반대하였다. 그 이유는 이승만이 미국 대통령에게 위임통치를 청원하였기 때문에 자격이 없다는 것이었다. 단재는 국무총리로서 자신과 같이 무장투쟁론을 펼치고 있던 박용만을 추천하였으나 부결되었다. 단재 자신도 현창운에 의해 국무총리로 천거되었으나 부결되었다. 끝내

상해 망명 당시의 신채호, 신석우, 신규식
(왼쪽부터)

이승만이 국무총리로 당선되자 격분한 그는 회의장을 박차고 뛰쳐나갔다. 후에 단재는 이승만을 성토하는 「성토문」에서 위임통치론은 조국의 절대 독립을 포기하고 일본의 식민지로부터 미국의 식민지로 바꾸는 것에 불과한 것이라고 비판하였는데, 그가 끝내 반임시정부 노선을 걸은 것도 독립운동 방법론의 차이 때문이었다.

단재의 독립운동론은 그가 김원봉의 의뢰를 받아 기초한 의열단 선언문인 「조선혁명선언」(1923)에 잘 나타나 있다. 단재는 이 선언에서 일본 제국주의를 조선 민족 생존의 적이자 강도로 규정하고 그들을 혁명을 통해 '살벌(殺伐)' 할 것을 주장하였다. 이어 그는 3·1운동 이후 대두한 자치론·내정독립론·참정권론 등이 지닌 타협주의의 기만성과 매국성을 폭로하여 적으로 규정하고, 역시 일제와 타협 속에서나 가능한 문화운동도 적으로 규정하고 신랄히 비판하였다. 또한 외교론과 준비론도 잠꼬대나 꿈에 홀린 말에 불과한 것이라고 배척하였다. 그는 독립이란 선에서 한 발짝만 후퇴하면 나라를 망치는 매국

1923년 1월 신채호 선생이 집필한 의열단 창당 선언문 「조선혁명선언」
출처:『사진으로 보는 독립운동』하권(서문당)

노가 되므로 오직 '독립 뿐' 이외에는 어떤 것과도 타협할 수 없다고 절대독립론과 완전독립론을 주장하였다.

이 선언에서 단재는 '민중 혁명'과 '직접 혁명'을 주장하였다. 단재의 민중에 의한 직접혁명론은 혁명 주체와 방법론에 대한 인식의 중대한 변화를 의미한다. 즉, 단재는 초기에 역사의 주체와 동력을 영웅으로 여기는 이른바 영웅사관을 지니고 있었다. 그가 이 선언에서 민중을 혁명의 대본영이라 하고, 민중 속으로 가서 민중과 손을 잡고 끊임없는 폭력(암살·파괴·폭동)으로 강도 일본의 통치를 타도하고 '이상적 조선'을 건설해야 한다고 주장한 것은 민중사관으로의 변화를 의미하는 것이라 할 수 있다.

단재는 민중적 역량의 기초와 폭력적 중심의 합일을 강조하였다. 즉, 그는 십만의 병력을 기르는 것은 하나의 폭탄을 던짐만 못하고, 억 천 장의 신문

잡지는 폭동 한번 일으키는 것만 하지 못하다고 역설하였다. 그의 폭력투쟁론은 매우 강경하였다. 심지어는 비폭력주의와 무저항주의를 부르짖은 석가모니와 간디를 신랄히 비판하며, 자신이 인도인이라면 석가모니를 묶어 불에 던지고 간디를 바다에 수장시키겠다는 극언을 마다하지 않을 정도였다.

단재는 이 선언을 작성하는 과정에서 류자명과 만났고, 이를 계기로 무정부주의자로 전환하게 되었다. 단재의 무정부주의 수용은 민족주의에 혁명성이 더욱 강화된 것으로서, 철저한 절대독립론과 완전독립론을 실천하기 위한 사상의 전환이었던 것이다.

민족주의 사학자 단재 신채호

1907년 단재는 『이태리건국삼걸전』을 번역 출판하였다. 이 책은 이탈리아의 독립을 쟁취한 세 영웅 마치니·가리발디·카부루의 전기로서, 단재는 이 책을 통해 우리 국민의 독립사상을 불러일으키고자 하였다. 그는 이에 그치지 않고 우리나라의 삼걸로서 을지문덕·이순신·최영 전기를 집필하여 민족혼을 일깨웠다. 이처럼 그의 역사학은 영웅 전기의 저술로부터 시작되었다.

단재는 '참 조선사'가 없음을 개탄하였다. 그는 그 이유로 우리나라의 경우는 내란이나 외란의 병화보다 사대적인 노예사가들에 의해 역사가 탕잔(蕩殘)되고, 중국은 그들의 독특한 민족적 자존성으로 인해 망령되게 위조한 부분이 많고, 일본은 근대 제국주의 탐욕으로 인해 왜곡하였기 때문에 '참 조선사가 아니라 혹 붙은 조선사'가 된 것이라고 하였다. 따라서 그는 중국과 일본의 우리나라 관련 기록은 물론 우리나라의 전통 사서와 근대 교과서까지 신랄하게 비판하였다.

그는 이 같은 비판과 반성의 토대 위에서 1908년 「독사신론」을 「대한매일신보」에 연재하였다. 「독사신론」은 체재가 정비된 통사가 아닌 미완의 사론이나, 근대민족주의역사학을 성립한 저술이자, 임나일본부설을 비판함으로써 반식민사학의 기치를 세운 저술로 높이 평가된다.

1910년 망명길에 오른 단재의 보따리에는 『동사강목』이 들어 있었다. 이는 그의 망명이 독립투쟁과 역사 연구를 병행하기 위한 것임을 상징적으로 보여준다. 1914년 그는 윤세복 형제의 초청으로 서간도 환인현으로 가서 고조선, 부여, 고구려, 발해로 이어지는 남북만주 일대의 유적지를 돌아보았다. 그때 그는 김부식의 『삼국사기』를 만 번 읽느니 집안현 유적지를 한번 보는 것이 낫다고 감탄하였다. 이곳에서 그는 무지한 중국인의 손에 의해 우리의 유적지가 파괴되는 현장을 보고 애통해하며 광개토대왕릉과 비를 답사할 때는 자신의 팔과 다리를 이용하여 몇 발 몇 뼘이라고 기록해 두었다. 단재의 만주 인식은 남달랐다. 그의 눈에 비친 만주는 반드시 회복하여야 할 민족의 고토 즉, 다물(多勿)의 대상이었던 것이다.

얼마 전 필자는 단재의 자료 수집을 위해 중국 북경대 도서관을 방문했다. 그곳에는 단재가 1921년 북경에서 발행한 『천고(天鼓)』라는 잡지가 유일하게 소장되어 있었다. 『천고』 1, 2권은 그 내용 전체가 소개되었으나, 3권은 목차와 내용 일부만 알려져 있다. 그런데 북경대 도서관 측은 필자의 『천고』 3권 열람 요청에 매우 예민하게 반응하였다. 그들은 한참 후에 원본이 아닌 복사본을 내주며 복사와 촬영은 엄금하며 베껴가는 것만 허용한다고 통지하였다. 필자가 그 연유를 따져 물으니 대꾸도 하지 않고 오히려 감시원을 붙였다. 하는 수 없이 열람실에 앉아 하루 종일 베끼다 보니 손목과 어깨에

쥐가 나고 눈이 아파 구토가 날 지경이
었다. 다시 울화가 치민 필자는 다시 프
랑스 국립박물관에 소장된『직지심경』
의 예를 들며 우리의 민족 유산을 촬영
조차 못하게 하는 처사에 항의하였다.
이에 대한 그들의 답변은 기가 막힐 따
름이었다. 자신들이 소장하고 있는『천
고』는 중국에서 발행된 것이기 때문에
중국의 문화유산이라는 것이었다. 이
것이 곧 동북공정의 실체였다. 동북공
정은 현재 중국 영토 내에 있는 모든 민
족은 중국 민족이라고 역사를 소급 해
석하는 해괴한 논리인데, 중국에서 발
행한 외국인의 잡지도 현재 자신들이
소장하고 있으니 중국의 문화유산이
란 난폭한 논리인 것이다. 즉, 동북공
정은 고구려나 발해 등 특정 왕조만을

『조선상고사』

중국사로 편입시키려고 침탈하는 것이 아니라, 독립운동의 역사마저 '중국
조선족의 반일투쟁사'로 몰아 한국근현대사의 정체성마저 부정하려는 음모
인 것이다. 부릅뜬 눈으로 만주를 응시했던 단재, 그가 하늘 북을 둥둥 두드리
는 심정으로 간행한『천고』가 동북공정의 포로가 되어 그 한복판에 갇혀있음
이 통탄스럽기 그지없다.

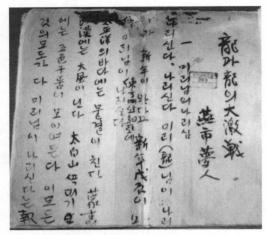

북한에 소장된 단재의 저술
「용과 용의 대격전」

　1920년대 이후 단재는 『조선사연구초』『조선상고문화사』『조선상고사』
등을 저술하며 민족주의 역사학을 선도하였다. 중국에서 저술된 단재의 원고
는 국내로 보내져 언론에 연재되는 형태로 발표되었다. 이는 원고료로 국내에
있던 처자의 생계를 돕고자 언론사에 있던 지기들의 배려에 의한 것이었다.
그는 경제적으로 매우 궁핍하였으나, 돈에 대해 비굴하지는 않았다. 단재가
북경에서 중국 신문에 연재할 때의 일이다. 한 번은 단재의 원고 중 문장의
의미와는 전혀 무관한 '의(矣)' 자를 단재와 상의 없이 신문사가 일방적으로
삭제하고 게재한 적이 있었다. 이를 중국인의 한국인에 대한 우월감에서 나온
일이라고 여겨 분개한 단재는 당장 연재를 중단하였다. 단재의 집필 중단으로
판매 부수가 급락한 것에 당황한 중국인 사장이 단재를 찾아와 사과하였으나
단재는 사장을 질책하고 끝내 집필하지 않았다.

　국내에 원고를 보낼 때에도 단재는 당당함을 잃지 않았다. 단재는 「전후
삼한고」 원고를 보내며 기자에게 자신의 원고 전체가 부정당할지언정 단 한자

도 가감해서는 안 된다고 단호하게 당부하였다. 또한 국내에서 『조선사연구초』를 발행하려 하자 편지를 보내 수정할 부분이 있다며 발행을 중지해 달라고 요청하기도 하였다. 단재는 역사를 집필하던 도중 스스로 만족스럽지 않으면 애써 쓴 원고를 찢어버리거나 불질러 버리곤 하였다. 자신에게 엄격했던 역사학자의 단호한 일면을 보여주는 대목이다.

현재 단재의 귀중한 친필 원고 중 공개되지 않은 많은 자료들이 평양 인민대학습당에 보관되어 있다. 단재가 소장했던 자료와 친필 원고들이 단재의 순국과 해방 후 북경 주재 북한대사관을 통해 평양으로 유입되었기 때문이다. 북한에 있는 단재 자료는 친필 원고만 해도 2천 쪽 분량에 달한다고 한다. 국토의 분단이 역사와 자료의 분단을 초래한 것이다. 단재는 김일성의 회고록에도 매우 존경하는 인물로 기록되어 있음에도 불구하고 북측은 이를 공개하지 않고 있다. 민족의 자랑스러운 자산으로서 남북이 공유해야 할 단재의 역사와 문학 작품들이 분단의 희생물이 되는 현실이 너무 안타깝고 단재 선생께 죄스럽기만 하다.

인간 단재 신채호

단재의 서거 이후 많은 인사들이 그를 추모하는 글을 남겼다. 그 가운데 가장 인상적인 글은 단재가 형이라 부르고 지기(知己)를 허락할 정도로 가장 가까웠던 홍명희의 「곡단재」이다. 이 글은 단재를 추모하는 정이 가장 절절한데, 특히 '살아서 귀신이 되는 사람이 허다한데 단재는 살아서도 사람이고 죽어서도 사람이다'라는 구절이 오래 가슴에 남는다. 필자는 단재를 이야기 할 때 곧잘 이 대목을 인용한다. 이 글의 표제를 '죽어서도 사람'이라고 붙인 것도 인간 단재를 가장 정확하게 표현한 말이라 여겼기 때문이다.

단재는 많은 일화를 남겼다. 일화의 내용은 경제적으로 곤궁하거나, 괴팍스럽고 고집스런 성격과 관련된 것이 대부분이다. 북경에서 단재를 만나 친하게 된 홍명희는 이와 관련한 회고도 남겼다. 그는 단재가 남과 대화할 때 억양이 높으나 정열이 있어 좋고, 행동에 교계(較計)가 적으나 속기(俗氣)가 없어 좋다고 하며, "단재가 고집 세고 괴벽스럽다고 흉보듯 변보듯 말하는 사람도 없지 않으나, 단재의 인물을 잘 알면 고집이 맘에 거슬리지 않고 괴벽이 눈에 거칠지 않을 것입니다"라고 하였다. 원세훈 또한 단재가 선견지명이 있었기 때문에 자기주장을 고집하였으나 사리에는 능통하였다고 하며, 단재더러 불통이라고 하는 사람들은 단재의 고집을 이해하지 못하고 임시적 변통에만 능한 자들로 오히려 그들이 불통이라고 지적하였다.

단재의 일화 중 친일파와 의절하는 일화는 그의 비타협적 성격을 잘 보여준다. 친족이라 하더라도 친일파와 관련된 부분에 대해서는 추호의 용서도 없었다. 그에게는 향란이라는 조카딸이 있었다. 요절한 형님이 남겨 놓은 유일한 혈육이기에 그의 조카딸에 대한 사랑은 남다른 데가 있었다. 단재는 1917년 비밀리에 국내로 잠입하였다. 망명 후 처음이자 마지막 귀국이었다. 그가 목숨을 내놓고 귀국한 이유는 망명 당시 동지에게 맡겨 둔 향란이 친일파와 혼인하려는 것을 만류하기 위해서였다. 그러나 향란은 숙부의 말을 듣지 않았다. 울분을 참지 못한 단재는 손가락 한마디를 끊는 것으로 혈육과 의절하였던 것이다.

단재의 일화 중 가장 가슴 아픈 것은 어린 아들 수범과 관련된 것이다. 중국에서의 생활이 곤궁하였던 단재는 부인 박자혜와 수범을 국내로 들여보냈다. 단재가 옥중에 있을 때 그의 처자는 서울에 있는 이운경의 집에 살고 있었다.

그가 할 수 있는 일은 국내로 원고를 보내 얼마 되지 않는 원고료로 처자의 생활비를 보태는 것이 고작이었다. 그는 홍명희에게 편지를 보내 틈을 내어 수범을 돌봐주기를 부탁했고, 감옥으로 자신을 면회 온 인사에게도 수범의 부탁을 잊지 않았다. 한번은 기자가 단재를 면회하였는데, 그는 수범의 교육 문제를 걱정하면서도 옥중에서 걱정하는 것은 어리석은 일이므로 아주 단념 하였다며 수범에 대한 애틋한 부정을 보이기도 하였다. 혁명적 항일투사 단재, 그도 눈물이 있는 인간이기는 여느 사람들과 다름없었다.

단재를 위한 변명

빛이 강하면 그늘도 진한 법이다. 한말과 일제 강점기에 계몽운동가·역사학 자·독립운동가로서 단재가 남긴 업적은 타인과 비견할 수 없을 만큼 뛰어나 다. 그런데 그의 공적이 큰 만큼 비판적 의견이 있는 것도 사실이다.

우선 그가 조강지처와 헤어진 것에 대해 유학자들의 비판이 있었다. 부부의 연을 끊는 것은 유자(儒者)의 도리가 아니라는 말이다. 단재는 16세(1895)에 향리에서 풍양 조씨와 혼인하여 망명하기 전까지 함께 살았다. 그가 부인과 이혼한 것은 1909년 아들 관일(貫日)이 분유를 먹다가 체하여 죽었기 때문이 라는 설이 있다. 즉, 촌부인 부인이 서양 선교사 편에 어렵게 구해 준 분유를 물에 타 먹이지 않고 그냥 먹이다 아기의 목이 막혀 죽게 한 것이 계기가 되었다 는 것이다. 단재는 많은 글을 썼으나, 조씨 부인에 대해서는 전혀 언급하지 않았다. 또한 다른 기록에서도 부인에 대해 확인할 수 없다. 단재는 망명 직전 부인에게 논 5두락을 사주는 것으로 사실상 이혼하였다. 개명한 선각적 지식 인과 무지한 촌부의 혼인은 어울리지 않았으나, 조국 독립의 큰 뜻을 품은

단재 묘소 앞에 선 필자

유일한 방법론이었다. 단재가 주장한 민중직접혁명론은 3·1운동이 가져다
준 역사적 교훈을 반추한 가장 혁명적인 것이었다. 그리고 단재가 그 수단으로
제시한 암살·파괴·폭동은 거대한 일제를 상대하여 신속하고 확실한 타격을
가하기 위해 불가피한 방법이었다.

　단재의 공적 중 대표적인 것의 하나는 민족주의 역사학을 수립하고 선도해
나간 것이다. 그런데 그의 역사학에 대해서도 실증성이 결여되어 있다거나
비합리적·비과학적이라거나 지나치게 국수주의적이라는 비판이 있다. 물론
단재는 역사 연구를 위해 정식으로 근대교육을 받은 바 없었으며, 그 비판론에
는 나름대로 일리가 있다고 여겨진다. 그러나 지나치게 현재적 관점과 현대사
학의 기준에서 단재의 역사학을 평가해서는 곤란하다. 단재는 역사학자이기
에 앞서 항일혁명투사였다. 따라서 그의 역사학은 강렬한 민족주의에 바탕하
여 조국 독립을 쟁취하기 위한 이데올로기였다. 때문에 '민족적'이고 '독선적'

신채호 사당과 묘소(충북 청원 남성)

인 부분이 지적되는 것은 어찌 보면 당연한 귀결이다. 그러나 일제강점기 역사학자의 책무와, 역사학의 효용성을 전제하지 않고 단재의 민족주의 역사학을 논의하는 것은 시대적 상황과 괴리를 지닐 수밖에 없다. 그는 '참 조선사'를 추구하였다. '참 조선사'란 중국과 일본은 물론, 우리 스스로에 의해 왜곡된 민족사 본래의 모습을 회복하고자 한 것이었다. 그는 민족사의 회복을 독립과 동질시하였기 때문에 그의 역사학은 강렬한 목적지향성을 지닌다. 따라서 단재의 역사 연구는 독립운동과 지행합일을 실천하기 위한 양수겸장으로서, 국수주의를 강조하지 않고 민족의 분발을 촉구하기란 어려운 일이었다.

그럼에도 불구하고 단재가 제시한 민족사의 면면들은 당대부터 선구적이고 독창적인 것으로 평가되었다. 단재의 역사학을 계승한 정인보는 단재 자신이 부족하다고 여겨 내버린 원고조차 다른 사람이 보기에는 일찍이 볼 수 없었던 뛰어난 견해라고 하였다. 문일평 또한 단재의 이론이 모두 체계적으로 옳은 것인지, 그의 연구가 모두 과학적인지 모르겠다고 기탄없이 말하면서도 "단재가 단재된 소이(所以)는 열정보다도 독특한 사안(史眼)에 있다"고 하였다. 단재에게 지나치게 역사의 보편성과 과학성을 요구하는 것은 당시의 시대 상황을 간과한 무리하고 가혹한 일이다.

단재는 격동의 시기를 앞질러 산 혁명지사로서 민족의 사표였다. 현재 단재의 생가와 묘소, 사당이 남아 있고, 그의 많은 저술이 시대를 넘어서도 읽는 이의 가슴을 뛰게 한다. 하지만 그는 국적과 호적이 없다. 1936년 뤼순감옥에서 순국한 그의 유골이 고향에 도착하였으나, 이미 호적을 상실하여 관청으로부터 매장 허가를 받을 수 없어 결국 종친인 면장의 도움으로 암장할 수밖에 없었다. 그의 국적과 호적을 회복하기 위한 특별법 제정이 추진되고 있으나 또 흐지부지 해를 넘기고 있다. 그의 손자가 국가를 상대로 단재가 자신의 할아버지임을 확인해 달라는 소송을 벌이고 있다고 한다. 단재는 조국을 되찾고 민족을 해방시키기 위해 과거에 일제를 상대로 싸웠고, 그의 손자는 단재의 국적과 호적을 되찾기 위해 현재 대한민국을 상대로 싸우는 것이다. 단재의 제자를 칭하기에 앞서 죄인을 칭하는 것이 도리인 것 같은 한없는 자괴감이 든다.

박걸순
1959년생/독립기념관 학예실장, 한국독립운동사연구소 수석연구원 역임/현 충북대학교 사학과 교수, 단재신채호전집 편찬위원, 독립유공자공적심사위원
대표 저서로 『한용운의 생애와 독립투쟁』 『韓國近代史學史硏究』 『植民地시기의 歷史學과 歷史認識』 등 다수

난초 기품의 스승
가람 이병기 선생

최승범

이병기(李秉岐, 1891~1968)

전라북도 익산군 출생
한성사범학교 졸업
동광학교, 휘문고보 교사, 조선어연구회 발족 후 간사,
전북대학교 문리과 교수 및 학장 재직
『한글』 발행
학술원 공로상 등 수상
대표 저서로『국문학전사』『국문학개론』『가람시조집』등 다수

스승을 기리며

가람 이병기 스승께서 서거하신 지 올해로 꼭 40년이다. 생전보다도 유택에 드신 후, 스승에 대한 생각과 그리움이 문득문득 간절할 때가 많다. 그때마다 전에는 미처 느끼지 못하였던 스승의 모습이 새롭게 떠오르기도 한다. 높은 스승의 가르침을 입은 제자들이라면 누구나 다 같은 마음일 터이다. 그래, 공자의 제자 안연(顏淵)은 스승을 우러러 탄식이었던 것인가.

스승은 우러러 볼수록 더욱 높아지시고, 깊이 천착하면 천착할수록 더욱 굳어지시며, 바라보면 앞에 계시다가 홀연 뒤에 계신다. 스승께서는 진실되이 사람을 잘 권유하시어 나를 학문으로 넓히시고, 나를 예절로 단속하신다. 학문을 그만두려고 하나 그만둘 수 없고, 이미 내 재능을 다하여 보았으나 우뚝 서 있는 듯하여, 비록 따르려고 하나 말미암을 수 없을 뿐이다. (『논어』「자한편(子罕篇)」)

가람 선생의 생가

스승 가람을 처음 뵌 것은 1951년의 가을, 6·25전쟁 중이었다. 학원이 수습 단계에 접어들자 다음해 국립 전북대학교가 문을 열게 되면서 스승은 초대 문리과대학의 학장을 맡으셨다. 나는 국문과 학생으로서 스승의 가르침을 학부와 대학원 과정에서 입게 되었다.

스승께서는 1956년 정년으로 하여 학장과 교수직을 떠나시게 되었다. 그러 나 대학원 강의는 계속 맡아 주셨다. 그 당시 학부와 대학원 과정에서 스승께 배운 과목은 국문학사, 국문학개론, 시조개설과 창작론, 국문학 10강, 한국의 극가(劇歌), 한국의 서지(書誌) 등이었다.

6·25전쟁이란 엄청난 비극의 와중에서도 나는 매일과 같이 스승을 뵙고, 스승의 강의를 듣는 일이 행복하기만 했다. 6·25 때 서울대학교에 계시던 스승님이 낙향하신 덕분에 지방대학생이었던 내가 강의를 들을 수 있었다.

정년 후의 한때 스승께서는 다시 서울로 이거하셨다. 그러나 1957년 뇌일혈로 다음해에 다시 귀향, 10년간을 향리의 '수우재(守愚齋)'에서 요양하시다가 1968년 향년 78세로 작고하셨다. 그러니까 스승을 가까이에서 모시긴 열여덟 해에 지나지 않았다.

이제 스승께서는 향리의 뒷산인 용화산(龍華山)의 한 자락, 만년유택에 계신다. '전라북도문화인장'으로 스승을 모실 때의 첫 마음과는 달리 자주 찾아 뵙지도 못하고 있다. 상여를 뒤따르던 저 날, 사모(師母)께서 하신 말씀이 다시금 떠오른다.

"이제 최군도 만나기 어렵겠네."

"사모님, 자주 찾아뵙겠습니다."

"어찌 쉽겠어."

오늘에도 이 말씀 생각이면 자괴스럽기 그지없다. 그러나 내 마음 속 스승을 잊은 적은 없다.

2001년 6월은 '가람 이병기 선생의 달'이었다. 저때의 문화관광부와 한국문화예술진흥원이 '문화인물'로 선정·공포하였기 때문이다. 마침 가람 스승의 탄생 110주년, 서거 33주년이 되는 해이기도 하였다. 전주에서도 스승을 기리는 행사를 가졌다. 나는 스승의 생전 모습을 우러르며, 백세지사(百世之師)를 되놓은 바 있다. 이 말은 『맹자』의 「진심편(盡心編)」에 있는 말이다. 맹자는 백이(伯夷)·유하혜(柳下惠)를 들어서의 이야기였다. 그러나 나는 나의 스승 가람께서도 '백대의 사표(師表)'가 되고 남으실 어른이라는 생각이 불현듯 들었기 때문이다.

저때까지만 해도, 나는 가람을 학자·시인·교수로서, 그리고 어버이의 정으로 나를 대해주셨던 어른으로만 기리고 있었다. 그러나 스승께서 돌아가신 33주년에야 이 몇 가지 면에서만 이야기할 어른이 아니라는 생각이 들었던 것이다. 그래, '백세지사(百世之師)'를 떠올렸다.

'가람은 난이요, 난은 곧 가람이다'

이제 스승의 40주기의 해를 맞이하여 다시금 스승을 기리게 된다. 이번엔 어찌된 일인가. 스승을 기리는 글을 쓰려 해도 쉽게 글줄이 이어지질 않는다. 오직 스승의 시조시 한 편이 앞을 가릴 뿐이다.

> 빼어난 가는 잎새 굳은 듯 보드롭고
> 자짓빛 굵은 대공 하얀한 꽃이 벌고
> 이슬은 구슬이 되어 마디마디 달렸다.

본대 그 마음은 깨끗함을 즐겨 하여

정한 모래 틈에 뿌리를 서려 두고

미진(微塵)도 가까이 않고 우로(雨露)받어 사느니라

「난초 · 4」

『가람시조집』(1939)에 수록된 「난초」 시는 4편에 불과하다. 8 · 15광복 후
의 후기 시에도 네 편이 전하거니와 스승의 한생 삶은 난초와 불가분리의 관계
에 있었다고 해도 과언이 아니다.

나는 난을 기른 지 20여년, 20여종으로 30여분까지 두었다.

화초 가운데 난이 가장 기르기 어렵다.

난은 모래와 물로 산다. 거름을 잘못하면 죽든지 병이 나든지 한다. 그리고 볕도
아침 저녁 외에는 아니 쬐어야 한다.

첫째 물 줄 줄을 알고, 둘째 거름 줄 줄 알고, 셋째 추위를 막아 줄 줄을 알아야
한다.

서울 계동 홍수래골에서 살 때 일이었다. 휘문중학에서 교편을 잡고 독서 · 작시도
하고 고서도 사들이고 그 틈틈이 난을 길렀던 것이었다.

원고를 쓰다가 밤을 왕왕 새우기도 하였다. 그러면 그럴수록 난의 위안이 더 필요
하였다.

조선어학회 사건으로 피검되어 홍원 · 함흥서 2년 만에 돌아와 보니 난은 반수
이상이 죽었다. 그해 여산으로 돌아와서 10여 분을 간신히 살렸다.

8 · 15해방이 되자 나는 서울로 또 가 있었다. 한 겨울 지내고 와보니 난은 모두
죽었고 겨우 뿌리만 성한 것이 두어 개 있었다. 그걸 서울로 가지고 가서 또 살려
잎이 돋아나게 하였다.

꽃이나 보려 하던 것이 또 6 · 25사변으로 피란하였다가 그 다음해 여름에 가 보니

장독대 옆 풀섶 속에 그 고해(枯骸)만 엉성하게 남아 있었다.

그 후 전주로 와 양사재(養士齋)에 있으며 소공(素空)이 건란 한 분을 주었고, 고경선(高慶善) 군이 풍란 한 등걸을 가지고 왔다.

완당(阮堂)선생이 한묵연(翰墨緣)이 있다듯이 나는 난연(蘭緣)이 있고 난복(蘭福)이 있다.

'간죽하수문주인'(看竹何須問主人)이라 하는 시구가 있다.

나는 어느 집에가 그 난을 보면 그 주인이 어떠인가를 알겠다.

두실(斗室)·와옥(蝸屋)이라도 고서 몇 권, 난 두어 분, 그리고 그 사이 술이나 한 병을 두었다면 삼공(三公)을 바꾸지 않을 것 아닌가. 빵은 육체나 기를 따름이지만 난은 정신을 기르지 않는가.

스승의 말씀을 바로 옆에서 다시 듣는 느낌이다. 이 수필「풍란」(1954)은 전주 '양사재'에 우거하실 때의 작품이다. 붓으로 쓰셨던 것을 내가 원고지에 옮겼던 저때의 기억도 새롭다.

휘문중학교 재직 시절의 한복 차림의 가람

스승께서도 스스로 '난연·난복'을 말씀하셨지만 실로 난초와 스승은 따로 떼어 생각할 바 아니라는 생각이다. 뭐 새삼스러운 이야기일지 모른다. 그동안에도 가람을 '난초의 시인'이라 일러왔지 않느냐고 할지 모른다.

그러나 이것은 시론가들이 흔히 소월(素月)을 '잔달래꽃의 시인', 영랑(永郎)을 '모란의 시인', 석정(夕汀)을 '태산목의 시인', 도연명(陶淵明)을 '국화의 시인', 이태백(李太白)을 '달의 시인'이라 하듯, 가람을 '난초의 시인'이라 할 수는 없다는 생각이다. 말하자면 시인들의 한 대표작이나 많은 사람들에게 회자된 작품으로 하여서 그 시인을 일컫는 것과는 다르다.

여기서 나의 스승을 '난초의 시인'으로 새롭게 느꼈다는 것은 비단 스승의 대표작이나 스승의 애란(愛蘭)을 두고서 하는 이야기가 아니다. 스승의 한생을 우러러볼 때, '가람은 난이요, 난 곧 가람이다'는 말을 하고 싶은 것이다.

일찍이 일석 이희승(李熙昇)은 "시조 하면 가람을 연상하게 되고, 가람 하면 시조가 앞서게 된다"고 하였고, 노산 이은상(李殷相)은 가람을 십장생 중 물로 비유하여 '수송(水頌)'을 노래하기도 하였다.

> 샘 솟아 흐르는 물 여흘여흘 노래하고
> 괴어서 호수 되면 달과 별이 잠겨 놀고
> 한 바다 이루고 나면 호호탕탕(浩浩蕩蕩)하니라

이 밖에도 당대 스승의 친지·후학들은 흔히 가람을 낮천가, 애주가, 장서가, 해학가, 고전의 수집·주석가·양화가 등으로 일컬어 받들기도 하였다.

스승께서는 곧잘 '세 가지 복'을 타고 났다는 말씀을 하셨다. 난초복·술복·제자복이 그것이다. 스승의 어느 한 단면만을 들어 말하자면, 위에 열거한

가람 선생이 발굴한 고전작품들

어느 면에서나 독보적인 경지를 열어 가꾸고 다 같이 일가를 이루셨던 스승이다. 그러나 그 어느 면인들 스승의 뒤꿈치에도 미치지 못한 제자로서 이 자리에서 긴소리 뇌까릴 수 있겠는가. 가람 스승께서 이루어 놓으신 바는 '앙지미고(仰之彌高)'요, '찬지미견(鑽之彌堅)'일 뿐이다.

　일찍이 시인 김수영(金洙暎)이 가람을 뵙고 그의 일기에 술회한 몇 구절을 옮겨 이 자리 스승을 우러른 내 마음의 일단을 대신하고자 한다.

　　예술의 힘으로 커진 사람은 인간으로도 큰 사람이 된다는 표본 같은 이가 가람 선생이라고 생각한다.
　　가람 선생의 수집력(문학적)에 새삼스러이 감탄한다. 역시 여러 가지를 보아야 한다. ① 설화(說話: 민족) ② 외담(猥談).
　　가람은 '대우'(大愚)를 아는 사람이다. '겸손' - 그것도 고도의 겸손을 가지고 그리고 '청춘'과 '인생'을 가지고 있다. 과연 가람 선생이라고 경탄하였다.
　　(『시여 침을 뱉어라』(민음사, 1975)에서)

'난초는 정신을 기른다'

앞에서 스승 가람을 '난초의 시인'으로서 보다도 바로 '가람은 난이요, 난 곧 가람'으로 우러르고 싶다는 말을 하였다. 이 말에 대한 이야기에 앞서 다시 스승의 난초 시 몇 편을 옮겨 본다. 이는 8·15 후의 작에 속한다. 전항에서 인용한 「난초·4」는 일제하에서의 작이었다.

> 난을 난을 나는 캐어다 심어도 두고
> 좀 먹은 고서를 한 옆에 쌓아도 두고
> 만발(滿發)한 야매(野梅)와 함께 팔구년(八九年)을 맞았다.
>
> 다만 빵으로 사는 이도 있고
> 명예 또는 신앙으로 사는 이도 있다
> 그러나 나는 이 세상을 이러하게 살고 있다.
> 「난(蘭)과 매(梅)」
>
> 잎이 빳빳하고도 오히려 영롱하다
> 썩은 향나무 껍질에 옥 같은 뿌리를 서려 두고
> 청량한 물기를 머금고 바람으로 사노니
>
> 꽃은 하얗고도 여린 자연(紫煙)빛이다
> 높고 조촐한 그 품(品)이며 그 향(香)을
> 숲속에 숨겨 잇어도 아는 이는 아노니
> 「풍란(風蘭)」

「난과 매」에서 '팔구년을 맞았다'의 '팔구년'은 단기 4289년을 말함이다.

그러니까 이 시조시는 1956년의 새아침에 창작하신 것이 된다. 이때 스승께서는 전주 '양사재'에 우거하셨고, 이 해에 전북대학교에서 정년퇴임을 하셨다. '빵', '영예', '신앙' 보도도, 앞날에도 이제까지와 같이 '난초', '고서', '야매'과 더불어 세상살이를 하고 싶다는, 스승의 심경과 한 다짐 같은 것도 엿볼 수 있다. '난초'는 심지(心地)를, '고서'는 학문을, '야매'는 정년퇴임을 말씀하신 것이기도 하다.

「풍란」은 「난과 매」에 한 해 앞서 창작하신 것이다. 스승의 '심지'가 보다 구체적으로 드러나 있다. '청량한 물기를 머금고 바람으로 사노니', '숲속에 숨겨 있어도 아는 이는 아노니'가 곧 그것이다. 이러한 스승의 심지는 일제 때의 「난초·4」와 다를 바 없다. 몇몇 시행의 비교만으로도 바로 알 수 있다.

> 빼어난 가는 잎새 굳은듯 보드롭고(난초·4)
> 잎이 빳빳하고도 오히려 영롱하다(풍란)
> 자짓빛 굵은 대공 하얀한 꽃이 벌고(난초·4)
> 꽃은 하얗고도 여린 자연 빛이다(풍란)
> 이슬은 구슬이 되어 마디마디 달렸다(난초·4)
> 청량한 물기를 머금고 바람으로 사노니(풍란)
> 본대 그 마음은 깨끗함을 즐겨 하여(난초·4)
> 높고 조촐한 그 품이며 그 향을(풍란)
> 정한 모래 틈에 뿌리를 서려 두고(난초·4)
> 썩은 향나무껍질에 옥같은 뿌리를 서려 두고(풍란)
> 미진도 가까이 않고 우로 받어 사느니라(난초·4)
> 숲속에 숨겨 잇어도 아는이는 아노니(풍란)

다만 다른 것은 창작 연대와 시대적 배경일 뿐 스승의 삶의 심지에는 다른 바가 없다. 스승께는 "난의 만여 종이 온 대륙에 펼쳐 있다"(「도림란(道林蘭)」)
는 시행도 있다. 풍란도 난초의 일종이다. 난초에는 난초로서의 성결이 있고
난초로서의 기품이 있다. 스승께서는 어느 시대 어느 상황에서도 난초의 성결
과 기품을 사고자 하셨다. 아니 하나가 되고자 하셨다.

스승께서는 애송시로 송나라 사방득(謝枋得)의 칠언절구인,

십년무몽득환가(十年無夢得還家)
독립청봉야수애(獨立靑峰野水涯)
천지적료산우헐(天地寂廖山雨歇)
기생수득도매화(幾生修得到梅花)

를 들어 말하신 바 있다. 특히 결구는 일독삼탄(一讀三嘆)의 구라고 하셨다.
결구에는 '사람이 몇 생이나 닦아야 매화에 이를 수 있겠는가'의 뜻이 담겨
있다.

스승께서는 또한 "난초는 정신을 기른다"고 말씀하셨다. 수필 「해방전후기」
에서 스승은 다음과 같이 술회하셨다.

나는 중학교사가 되어 20여 년을 보내는 동안 나의 뜻하던 바 고서적 몇 천권을
모았다. 내가 처음 18원(圜) 월급을 받았으나 그 돈의 반 이상은 책을 샀다.
처자와 함께 호구하기에도 부족한 그 월급을 가지고 하고픈 대로 될 수 있었던가.
자식에겐 맛있는 과일 한 개를 못 사다 주고 아내에겐 반반한 치마 한 벌도 못해
입혔다. 그래도 좀먹고 썩은 책은 나의 방으로 모여든다. 그리고 매화·난초 몇
분만은 나의 책상 한 머리에 사철 놓여 있었다.

이는 '해방 전'에 대한 술회이거니와 '해방 후'의 술회에는 다음 구절도 있다.

해방 후 무슨 회(會)니 무슨 정당(政黨)이니 하는 것이 전보다도 몇 곱절 더 생겨
나더러 거기 가입해 달라고 무척 조르기도 하였으나 하나도 가입하여 다닌 일이
없다기 보다도 과연 다닐 틈이 없다. 나의 좋아하는 독서·등산·난초도 뜻대로
못한다.

이는 '문학가 동맹'의 일로 한때 오해를 받자 술회하신 것이다. 이 수필의
끝마무리는 다음과 같다.

거의 60성삼에 이르러 내 깐으로는 꺾이어 볼 때로는 꺾이어 보았다. 그 파란이
많던 시대에 구사일생으로 남아 있는 것 아닌가. 사교(社交)도 사교요 명예지만
나는 다만 국학(國學)으로서 우리 독립국가를 도와 희생하고자 한다. 또 어학회사
건과 같은 정신의 일이라면 나는 영어(囹圄)되어 썼더라고 기쁘게 참가하겠다.

스승께서는 '조선어학회 사건'으로 1942년 10월 22일부터 다음해 9월 18일
까지 홍원형무소에서 옥살이를 하셨다. 스승께서는 일제시대의 '창씨개명'
(創氏改名)에도 불응, '이병기(李秉岐)'로 일관하셨다. 이 어두운 시대 스승께
서는 "난초로 위안이 필요했다"의 완곡한 표현을 하신 바 있다. 그러나 '위안'이
라기보다도 난초로 반신(反身)과 오도(悟道)의 나날을 닦으신 것이다. 감히
오늘 이 자리에서 스승을 기리며 '가람은 난이요, 난 곧 가람'이라 한 것도 여기
에 생각이 미쳤기 때문이다.

스승의 「난초」 한 수를 잠시 읊조려 본다. 두 수 연작(連作)인 「난초·3」의
끝수가 된다.

전주 다가공원에 있는 가람시비

난초는 사철 푸르다

나도 저를 못 잊거니 저도 나를 따르는지
외로 돌아 앉어 책을 앞에 놓아두고
장장(張張)이 넘길 때마다 향을 또한 일어라

그래, 스승 가람은 난초이셨다. 난초 중에서도 건란(建蘭)의 웅란(雄蘭)이
바로 가람이셨다.

스승의 애주(愛酒)·선학(善謔)도 난이요, 난의 기품이셨다. 난초는 담배
연기는 싫어하고, 술 향기는 좋아한다고 한다. 가람께서는 평생 담배를 피우지
않으셨으나 술은 돌아가신 날까지도 즐기셨고 해학은 언제나 좌중을 웃음으
로 이끄셨다.

스승의 성결·심지도 난이요, 난의 기품이셨다. 난초는 산중에 있어 알아주는 사람이 없다하여 향기롭지 않은 것이 아니라고 했다. 가람께서는 세속적인 취향이나 되잖은 체면 같은 것은 위선(僞善)이라는 말씀이셨다.

스승의 마음도 난이요 난의 기품이셨다. 정년퇴임하신 후에도 스승께서는 "나의 연갑보다도 어린아이나 젊은 사람들을 나의 동무로 삼고 싶다"는 말씀을 하셨다. 난초는 사철 푸르다. 티끌을 싫어하고 아침 햇살을 좋아한다.

스승께서는 격한 감정을 나타낸 일이 없으셨다. 그러나 학리상(學理上)의 시비곡직을 가리는 일에는 분명하셨다. 난초 중에서도 '건란 중 웅란'으로 스승을 말하였던 것도 이 점에서였다. 웅란은 위로 빼어난 잎이 휘거나 꼬이지 않는다.

스승께서는 이 글을 굽어보신다면 어떠한 말씀을 하실까. 어느 해의 봄, 향리인 '수우재'에서 요양 중이시던 스승께 스승의 필적을 간직하고자 휘호를 말씀 올린바 있다. 당시「동아일보」김중배(金重培) 기자와 함께 한 자리에서였다. 스승께서는 "崔勝範 君, 자네 생각나는 대로 하소. 二月二十五日 가람 李秉岐"의 휘호이셨다. 스승께서는 평소 초서(草書)를 쓰신 일이 없었다. 평생 쓰신 일기에서도 흘림체의 글씨를 볼 수 없다. 강의실에의 판서도 해서나 행서이셨다.

문득, 조선 말기의 실학자 혜강 최한기(惠岡 崔漢綺) 선생의 말씀이 떠오른다. "남을 가르치는 으뜸은 기화(氣化)에

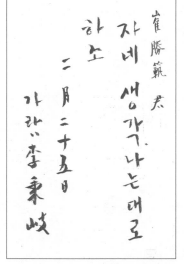

가람 이병기 선생의 휘호

있다"는 말씀이다. 이제 다시 생각하면, 스승 가람의 가르침도 '기화'에 있었던 것이 아닌가 싶다. 사실 스승의 동정(動靜)·행지(行止)의 하나하나가 가르침 아닌 것이 없었다. 그리고 그 가르침은 오늘도 말없는 난초의 기품으로 나를 이끌어 주신다.

최승범
1931년생/전북대학교 국어국문학과 학부·대학원 과정에서 가람 스승께 수학/전북대 국어국문학과 교수, 한국언어문학회장 등 역임/정운시조문학상, 가람시조문학상, 한국문학상 등 수상/현 전북대학교 명예교수
대표 저서로 『시조에세이』『소리, 말할 수 없는 마음을 듣다』『벼슬길의 푸르고 맑은 바람이여』등 다수

나의 아버지 나의 스승

담원 정인보 선생

● 정양완

정인보(鄭寅普, 1893~1950)

서울 출생
난곡 이간방 선생 문하에서 한학 공부, 이후 3년간 중국 유학
연희전문교수, 국학대학 초대학장, 감찰위원장 등 역임
건국훈장 수상
대표 저서로 『담원국학산고』 『담원 시조집』 『담원문록』 등 다수

슬픈 시기에 배운 아버지의 올곧은 가르침

비가 부슬부슬 내리는 오후였다. 아버지와 나는 큰 우산을 같이 쓰고 뜰을 거닐고 있었다. 나는 볼멘소리로 이렇게 투덜거렸다.

"아버지! 저는 슬퍼요. 다른 애들처럼 예쁘길 해요, 노랠 잘해요, 춤을 잘 춰요? 하느님도 너무 하셔요. 제 친구 순희는 예쁘지요, 노래도 잘하지요, 게다 가 춤까지 잘 춘다고요!"

나는 내 몫을 덜 탄 것 같은 억울함에 샐쭉해져 있었다.

"아니, 우리 셋째 따님은 겨우 그런 걸 가지고 슬프다고 하시는가?"

나는 더 골이 났다.

"그럼 아버지는 무어가 슬프세요?"

"글쎄, 나는 왜 달빛처럼 햇빛처럼 고루 사랑하지를 못할까! 그게 슬프단다. 내 어머니와 이웃 할머니가 함께 물에 빠졌다고 하자. 나는 우선 나의 어머니를 구해내기에 정신이 없을 것이다. 어머니는 구해냈어도 혹 이웃 할머니는 때를 놓칠 수도 있을지 모른다. 아무리 뉘우치고 가슴을 친들 그 이웃 할머니는 결국 못 살리고 말지도 모른다. 이 애비는 그게 슬프단다. 왜 사람의 사랑은 달빛이나 햇빛 같지를 못할까! 그게 슬프단다."

내 어른을 어른 대접하고, 그 사랑을 넓혀 이웃 어른을 어른 대접하는 것만도 기특한 일이라고 옛 어진 분이 말씀하셨는데 아버지의 사랑은 그것을 넘어, 햇빛이나 달빛 같지 못한 당신의 좁은 사랑을 슬퍼하고 계시지 않은가! 얍삽한 시새움으로 인생이 슬프다고 뾰로통했던 내 마음은 슬그머니 풀렸다. 고마워해야 할 것도 많은데…… . 어느 틈에 망망대해가 내 앞에 펼쳐지는 것을 느꼈다.

공립여학교에서는 군대처럼 1반, 2반 하지만 사립여학교에서는 매반·국반·난반·근반이라고 하여 꽃 이름을 붙이기 일쑤였다. 여고에서는 반반이 반가(班歌)도 있었다. 매반·난반·국반에는 트집잡을 것이 없었던지 무슨 꼬투리라도 잡으려 드는 종로서 고등계 형사는 반가를 지은 나의 아버지를 이른 아침에 연행해 갔다. 할아버지께서 사셨을 때니까 병인(1926)년을 넘지는 않을 것이다. 물론 나는 태어나기도 전이었다.

"근(槿)은 무궁화 근이지요. 이 무궁화란 조선의 나라꽃이 아닙니까? 이 가사는 젊은 여학생들에게 조선에 대한 민족애와 조선에 대한 애국심을 충동이는 불온한 사상에서 나온 게 아닙니까?"

아버지는 고개를 저으며 이렇게 말씀하셨다 한다.

"아니, 그저 무심코 꽃을 읊은 나의 시를 그토록 심오하게 해석하시다니, 미처 몰랐던 깊이를 알려 주시다니, 정말 고맙소."

태연하게 딱 잡아떼는 아버지에게 더 이상 할 말이 없던지 종로서 고등계 형사는 "이왕 오셨으니 점심 대접을 하고 싶습니다만……." 하고 얼버무리자, 아버지는 "공연한 일로 소란을 피우는 바람에, 연만하신 어르신네가 아침도 못 잡수시고 이 못난 자식을 기다리고 계실 테니 나는 어서 가봐야겠소!" 하며 온가족이 불안에 떠는 집으로 돌아오셨다 한다.

우리가 서울서 못살고 창동으로 이사 간 것은 1940년 가을이었다. 이웃에 벽초 홍명희·가인 김병로·고하 송진우·일사 방종현 선생이 살고 계셨고, 임화·문예봉 부부도 거기 사셨었다. 여자들은 '몸빼'라는 발목을 조이는 바지를 입어야 기차도 탈 수 있었다. 학교에는 넉 자짜리 혹은 다섯 자짜리 이름들이 허다하였다. 일인들이 자기네의 식민지정책의 일환으로 일본 사람처럼 이름을 고치라는 창씨개명을 강요했기 때문이었다. 그러니 한 학년에 석자짜리 이름은 몇 안 되었다. 창동에서도 순사(순경)가 우리집에 찾아왔다.

"영감님! 창씨개명 하셔야지요!"

"아니, 창씨개명이라니요?"

"영감님! 쉽게 말씀드리지요. 영감님 성함이 지금 석자지요? 이 석자짜리 성함을 넉자로 고치라는 거예요."

"허!"

하더니 아버지는 천연덕스럽게 이렇게 말씀하셨다.

"난 또 뭔가 했더니 어려울 것도 없겠네요. 꼭 넉자로만 하면 된다면, 우리 식구 이름 끝에 다 씨(氏)자를 하나씩 더 붙이면 되겠네요. 난 또 뭔가 했더니만."

"아이 참 정말 안 통하는 영감이시네!" 하면서 순사는 혀를 차고 가버렸다. 미련한 척 강요에 대처하는 아버지의 기지에 난 다시 한 번 놀랐다.

우리가 창동서도 못 살고 다시 전라북도 익산군 황화면 중기리로 숨어 살게 된 것은 1945년 2월 그믐께였다. 일인들이 마지막에는 모모한 우리 인사들을 다 죽이고 간다는 정보가 있었기 때문이었다. 그 무서운 일인들의 온갖 트집과 괴롭힘 속에서도 아버지를 아끼고 좋아하며 아버지를 존경하던 윤기중 선생과 그 조카 윤석오 선생의 전적인 호의와 도움으로 아버지는 황화정리행을 결정하신 것이었다. 내가 여학교 3학년으로 올라가는 때였다.

"애! 내일 가서 한 학기 휴학한다고 하고 오너라. 애비 따라 황화정리로 가자!"

소갈머리 없는 나는 학교를 안 가면 인생이 끝나는 줄 알았다. 허나 아버지의 단호한 말씀에 꼼짝도 못했다. 아버지는 거울을 들여다보듯 내 마음을 꿰뚫고 계셨다.

"양완아, 걱정마라! 우리가 선생이 되어 우리 것을 가르치는, 우리 학교에서 공부할 날이 머지않다. 알았지?"하셨다. 우리가 익산으로 가려고 밤기차로 서울역을 떠날 때, 우리를 배웅해주신 분은 일창 유치웅 선생 오직 한 분이셨다. 책이며 독그릇은 다 실어 보내고 아버지는 유건을 쓰고 행차독(신주를 모시고 가는 집같이 생긴 함)을 모시고 가셨었다. 바로 그 며칠 전에 육당 선생께서 다녀가신 것이 잊히지 않는다.

"난 들어갈 때가 되었고, 자네는 나갈 때가 되었네. 아무쪼록 몸 건강히 일 잘하길 비네."

팔짱을 끼고 아랫목에 앉은 채 말이 없던 아버지. 윗목의 방석 하나를 들고 아버지 앞에 바짝 가 앉으시던 돈비 차림의 육당 선생.

"아버지도 너무 하시다. 어쩜 찾아오신, 예전엔 죽자 사자 하시던 친구에게 따뜻한 말씀 한마디 않으시다니……. 육당 선생은 너그럽기도 하시지, 저런 괴팍한 친구보고 몸조심 하라고 일 잘하라고 귀띔하러 오시다니……."

작은 오빠가 물 한 대접을 알쟁반에 받쳐 들여갔을 뿐이다. 한동안 두 분은 말도 없이 정물(靜物)같이 마주 앉아 계셨다. 그리고 육당 선생은 떠나셨다. 아버지는 배웅도 하지 않으셨다. 철이든 지금에서야 나는 두 분의 깊은 마음을, 아버지의 통곡에 가까운 슬픔을, 그리고 벗을 사랑하는 진정한 우도(友道)를 짐작할 수 있게 되었다. 전정으로 사랑했기에 야속하리만큼 섭섭했고, 살뜰히도 사랑했기에 와락 달려들어 얼싸안지도 못한 아버지의 마음을 지금 알 만하다. 그런 괴팍한 친구를 그래도 차마 못 잊어 몸조심하라고 부탁하신 육당 선생의 속마음을 나는 지금 알 만하다. 두 분 속에 감추어진 통곡을 나는 지금 알 만하다. 그리고 반민특위에 육당 선생을 변론하러 가시던 날, 마치 우리 안에 갇힌 사자 같이 흥분된 몸짓으로 뒷짐을 지고 방안을 왔다 갔다 하시던 아버지의 모습을, 고뇌에 찬 모습을 나는 잊지 못한다. 아버지에게 있어서 육당 선생은 남이 아니고 바로 또 하나의 자신 같으셨을 것을 나는 짐작한다. 반민특위에서의 아버지의 변론은 다음과 같이 요약된다.

"내가 친일파를 두둔하겠소? 않겠소?"

"안 하시지요."

"내가 육당을 두둔하겠소? 않겠소?"

"안 하시고 말고요."

"내가 일본 형사에게 쫓겨 육당 집으로 숨어들었다고 합시다. 육당은 결코 나를 일인경관에게 내어주지 않을 것입니다. 육당이 친일파요? 아니요?"

이래서 육당 선생은 집행유예로 나오게 되셨다.

"아버지가 계셨다면 아마 문병 가셨을 것이다. 가서 뵙고 오너라."

어머니의 말씀에 따라 동관 육당 선생 댁을 찾아갔었다. 누운 채 쭉 보시더니 "애비 많이 닮았구나. 속도 닮아야지. 네 애비는 불에 들어도 물에 들어도 끄떡없는 사람이다. 돌아올 테니 기다려라. 안심하고"라고 하시며 그 큰 얼굴에 특히 빛을 발하던 육당 선생의 눈을 나는 잊을 수 없다. 육당 선생은 6·25의 참화를 몸으로 겪으셨다. 여의전에 다니던 따님을 아버지를 찾아내지 않는다고 공산당원은 그 가슴을 도려내어 죽였다.

8·15가 되었다. 우리 선생님들에게서 우리 역사와 우리글을 배우게 되었다. 그때는 특별한 국정교과서도 없어서, 선생님들이 프린트해 주시거나 필기를 시키셨다. 어떤 선생님은 우리에게 대뜸 석보상절을 가르치셨다. 한글을 겨우 아는 우리에게 순경음 ㅂ(ㅸ)이니 반치음(ㅿ)이니 별게 다 나오는 신기한 글이었다. 한글로 된 소설이니 읽을거리를 닥치는 대로 탐독하였다. 그리고 낯설고 처음 보는 어휘들을 사전 찾아가며 적어가며 외웠다. '징검다리' '숫접다'

등은 참으로 신선한 어휘들이었다. 그렇듯 바라던 8·15는 꿈과는 달리 가리사니 없이 뒤엉킨 실타래였다. 본심도 잊고 나라도 잊고 저만 아는 이기심으로 나라는 병들어갔다. 아버지가 그리고 많은 순국선열들의 기구도 잊고 그토록 외치고 울면서 호소한 본밑 마음은 어디로 갔는지! 이 본밑 마음을 되찾아 든든한 새 나라를 건설하자는 꿈은 진창 속에 빠져 들어갔다.

"절대로 남이 쓴 서문은 읽지 마라! 너는 네 눈으로 봐야 한다. 남의 눈으로 보면 쓰겠느냐?" 또 "시는 꼭 원전으로 읽어야 한다. 번역에 어디 시어의 음향성이 살겠니?"

한참 헤르만 헤세에 빠져 일어 번역본을 즐겨 읽던 나에게 아버지가 독일어 콘사이스 하나를 구해주시며 하신 말씀이었다. 그리고 춘향전을 배울 때, 내 노트는 아버지의 그림이 몇 군데나 들어갔다. "아버지 비녀 차(釵)와 비녀 잠(簪)은 어떻게 다르냐?"는 나의 질문에 차에는 Y자형 비녀를, 잠에는 끝이 갈라지지 않고 둥글거나 매화꽃·대마디 등이 조각된 그림을 그려 주셨다. 춘향전의 "삼(麻)단 같은 이 내 머리 피살이 춤이 웬 말인가"의 삼을 우리 선생님은 인삼(人蔘)단으로 가르쳐주셨다. "어떤 작자가 내 딸에게 거짓말을 가르쳤느냐? 사형감이다"하셨다. 잘못 가르치면 잘못 외운 것을 잊고, 다시 옳은 것을 외워야하니 노력이 배가 들기 때문이라 하셨다. 나는 교사노릇 하면서 아버지의 무서운 가르침을 생각하여 두렵고 떨릴 때가 많다. 그 무서운 책임을 생각하며 가르치는 것이 재미있으면서도 다음 세상에서는 그저 배우고만 싶다.

6·25동란이 터졌을 때다. 모두들 웅성거리고 수군거리며 보따리를 싸느라 야단들이었다. 아버지께도 몇 분에게서 피난 가자는 전화가 왔었다. 그 때만 해도 철없는 나는, 아니 내 나름으로는 양심 있는 생각으로 씩씩거렸다. 공산당을 전혀 모르고서.

"아니, 가긴 어딜 가? 만날 친애하는 동포 여러분을 그토록 외치고 법석 떨던 양반들이 피난짐을 싸가지고 거리로 나서다니! 친애하는 동포 여러분은 다 내팽개치고……."

거리에는 짐을 싣고 자가용·트럭들이 마구 달렸다. 부잣집 셰퍼드까지도 군용 담요에 싸여 우유니 고기를 앞에 놓고 군용 지프차에 실려 남으로 내려가고 있었다. 무턱대고 거리로 나선 죄 없는 백성들은 어쩔 줄 모르고 쌀자루를 이고 지고, 어린애를 업고 안고 조무래기 손을 잡고 방황하고 있었다. 아버지는 유건을 쓰고 도포를 입으시고 사당에 고유를 하셨다. 글을 지어 울며 아뢰셨으나 나는 알아들을 수가 없는 한문이었다. 우리집에서는 윗대 어느 할아버님께서 "이 다음에 무식한 자손이 나오면 읽지도 못할 축문을 그만두라"하셔서 집에서 자랄 때 나는 축문 읽는 것을 들은 적이 없었다. 아마도 "불민한 이놈의 대에 이르러 조상님을 제대로 모실 수 없을지도 몰라, 이에 행차독에도 모시지 못하고 이렇게 백지에 싸서 보자기에 모시고 가게 되었사옵니다. 나라가 편안해지는 날 제대로 모시겠사오니 부디 이 불효를 용서해 주옵소서" 하시는 것 같았다. 아버지의 눈물로 나는 이렇게 짐작하였다. 분 먹인 신주에 쓰인 글씨들을 떨리는 손으로 긁어내셨다.

"아버지! 왜 정부가 아버지를 같이 피난가지 않고 자기들만 가요? 아버지! 정부가 왜 이래요?"

나는 시비조로 여쭈었다. 아버지의 말씀은 이러하였다.

"나라를 왜 사랑하느냐? 내 나라라 사랑하지 아니치 못해서 사랑하는 것이다. 보답을 바라서 사랑하는 게 아니란다. 나라가 나에게 잘해주고 나를 돌보아주고 혜택을 입히기 때문이 아니란다. 내 나라니 내가 사랑하지 아니치 못해서 사랑하는 거란다."

연구와 가르침을 통한 나라 사랑

아버지께는 스승이 세 분 계셨다. 학산장 정인표(學山丈 鄭寅杓)·경재장 이건승(耕齋丈 李建昇)·난곡장 이건방(蘭谷丈 李建芳)이시다. 학산장은 아버지가 천자를 떼자 곧 글을 배우기 시작한 스승이고, 커서는 주역을 배웠다고 한다. 경재장은 할아버지 친구이자 아버지의 외숙과의 절친한 사이로 아버지를 몹시 사랑하고 아껴서, 1910년 망명한 뒤에도 열흘이 멀다 하고 편지를 보내신 분이었다. 난곡장은 열세 살 때 처음 뵙고 제대로 스승으로 모시게 된 것은 1910년 열여덟 살 때였다. 삼촌같이 거의 아버지같이 모셨고 난곡 선생 또한 아버지를 친아들로 여겼던 사이였다.

어느 날 길에서 난곡장을 만나자 아버지는 땅에 엎드려 절을 하더라는 것이다. 그때 비가 와서 땅이 진창이었다고 하는데, 당신 스승님만 보였지 젖은 땅은 눈에 들어오지 않았던 모양이다.

나의 아버지 담원(薝園) 선생은 1893년(계사) 음 5월 초 엿세 북단재(鍾峴, 지금의 명동) 뾰죽집(성당) 외가에서 태어났다. 북단재 뾰죽집이 전의 우리 외가라고(자모사 23번에) 적혀 있다. 담원이라는 호는 와신상담(臥薪嘗膽)의 쓸개 담(膽)자에서 육달월(月)을 빼고 위에 초두(卄)를 얹은 치자꽃 담(薝)자라, 우리를 총칼로 짓밟고 억지로 빼앗은 일본에 대한 피맺힌 원한과 앙갚음을 잊지 않으려는 결의가 담겨져 있다. 그래서 『담원문록(薝園文錄)』에 실린 내용을 짐작케 한다.

태어난 이듬해가 갑오경장(1895), 열한 살 때 서울(好賢坊)을 떠나 양근(楊根)으로 낙향, 열세 살 때가 을사조약 해, 열여덟 때가 경술(1910)……. 국운이 내리막길로만 곤두박질치는 때를 아버지는 기구하게 사셨다. 그러나 서러워

만하고 원망만 할 겨를도 없으셨다. 짐승이 아닌 사람이라면 걸어야 할 길이 독립운동이라 여겼다. 그래서 화산처럼 치밀어 오르는 울분으로 망명(亡命)을 결의하고, 중국행으로 그 방법을 더듬느라 몇 해(1910~1913)가 지났다. 당시 중국 자체도 허덕이고 있는 때라, 제 힘이 있어야 진정한 독립을 쟁취할 수 있음을 뼈저리게 깨닫고 아버지는 귀국하셨을 것이다. 귀국 후 1915년 중앙고보를 위시하여 1922년 연희전문·이화여전·세브란스·혜화전문·협성신학교 등 강단에서, 신문(동아·조선)·잡지(개벽·동명·신동아 등) 논단에서, 그리고 순회강연회에서 조국 광복을 위한 정열을 불태웠고, 1938년 일어로만 강의가 허용되자 그만 연희전문을 떠나게 되셨다.

1938년 연희전문을 그만둔 뒤, 1940년 가을 창동으로, 1945년 봄 익산으로 나불리면서도 더욱 연구에만 몰두하셨다. 8·15 후에도 연구는 그칠 줄 몰랐다. 정부수립(1948)과 함께 감찰위원장직을 맡았으나, 뜻같지 않아 1949년 8월 관을 떠났고, 6·25동란으로 남산동 집에서 쫓겨나 1950년 7월 31일 한양병원(朴啓陽 先生)에서 납북되기까지 역시 혼신의 정력을 기울여 쓰고자 했던 글들을 남기셨다. 뭉뚱그려서 책으로 나온 아버지의 저서는 다음과 같다.

『조선사연구』상·하(서울신문사, 1946. 1935년 1월 1일부터 12월 31일까지 158회 연재)

『5천년간 조선의 얼』(동아일보, 1936년 1월 7일부터 8월 28일까지 282회 연재한 것을 어머니가 모아두셨던 것)

『담원시조』(을유문화사, 1948, 백낙준 박사께서 모아두셨던 것)

『薝園文錄』(영인본, 연세대 출판부, 1967)

『담원국학산고』(부산문교사, 1955, 장준하 선생)

『담원시조』(문고판, 을유문화사, 1973)

『양명학 연론』(문고판, 삼성문화재단, 1972)
『담원 정인보 전집』 전 6권(연세대출판부, 1983)

　연희전문에서는 백낙준 박사와 뜻이 맞아 국학의 진흥이야말로 참 독립운
동이요, 국권 회복의 밑거름이라 여겼다. 아버지의 연구에 필요한 온갖 책들을
상해 상무인서관에 주문해 드린 분이 바로 백 박사님이셨다. 두 분은 형제같이
사랑하셨다.

　아버지가 우리나라에서 가장 훌륭한 정치가로 높이는 분은 고하 송진우
선생이었다. 그분과 뜻이 맞아 이충무공기념사업회 위원이 되어 이 충무공
관계 글을 발표하셨다(1931~1932). 이에 앞서 1926년(34세 때)에는 「유릉지
문」을 제술관 윤용구를 대신해 짓는다. 때를 못 만나 포부와 사랑을 베풀 길
없는 망국의 황제의 속 깊은 서러움·일인에게 참혹하게 시해된 모후 명성황후
에 대한 살을 에는 통한·어르고 우격다짐으로 선위시킨 아버지 고종에 대한
피나는 효심·일인의 마수로 형제자매조차 헤어져 살아야 하는 비분 등 이
모든 것을 인간적인 사랑으로만 그려나간 작품, 그 임금의 펴지 못한 쓰라린
사랑을 오히려 측은해 하는 온 백성의 사랑이 한바탕 통곡 속에 몸부림치게
하는 작품이다. 다른 의견이 있어 이 글은 돌에 새기지 못하고 계산약국 홍승초
(洪承初) 선생의 손으로 항아리에 담겨 깊이 묻혔다가 8·15 후에 땅위로 나오게
되었다. 이 글을 쓰시느라 문고리를 안으로 잠그고 며칠을 밖에도 나오지 않아
서 할아버님의 애를 타들어가게 하였다고 한다.

　「광개토경호태왕비석문」「정무론」(상·중·하) 등은 일본의 식민지정책에
따른 일본학자들의 가증할 만한 논리를 과학적인 논거로 반박한 심혈을 기울
인 논설들이다.

1936년 1월 7일부터 286회에 걸쳐 써 내려가신 「5천년간 조선의 얼」(동아일보)은 겨레의 마음에 우리 얼을 심어 주고자 상고시대로부터 고구려 영락대제에 이르는 국사연구다. 동아일보의 폐간으로 중단되었고, 8·15 이후의 혼돈시대가 자리 잡히면 다시 계속하여 현대사까지 이르러 갔으련만, 6·25의 참화는 모든 것을 파멸 속에 묻어버리고 말았다. 1945년 11월 22일 임시정부 환국에 「봉

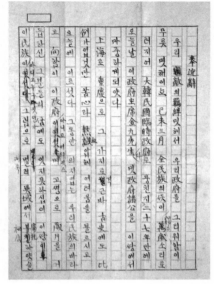

「봉영사」 원문

영사(奉迎辭)」 「순국선열추도문」은 8·15 이후 첫 번 온정을 다 쏟아 지으신 명문이다. 우리나라 3·1절, 광복절 등 4대 명절의 노래와 각 중·고등·대학교의 교가를 지어서 젊은이들에게 겨레의 얼을 심어주셨다.

1950년, 꼭 써야겠다고 벼르신 듯 『의승장기허당대사기적비(義僧將騎虛堂大師紀蹟碑)』 『순난의병장사공묘비(殉難義兵將士公墓碑)』 등은 마지막 대저라고 생각한다.

태어나기 전 아버지가 지으신 내 이름은 양모(亮謨)였다고 한다. 제갈량 같은 아들을 낳아서 일본에 앙갚음 하려는 뜻이었는데 그만 나는 딸이었던 것이다. 끝으로 연세대에서 나온 『담원문록』 역주본에 나의 불민함으로 오역·오자가 많은 것을 못내 죄스럽게 여기며 여러 어른들의 올바른 가르치심을 우러르는 바이다.

조상의 충성 잊지 말고 나라의 울이 되기에 분주하거라

조상의 너그러움 잊지 말고 자신을 심판할 땐 매섭게, 남을 책망할 땐 슬쩍하라

조상의 절개 잊지 말고 내 몸 깨끗이 하여 길이 곧음을 간직하라

조상의 부지런 잊지 말고 잠시라도 민생을 도와라

勿忘前人忠 奔走爲國屛

勿忘前人寬 躬厚責人輕

勿忘前人節 潔己葆永貞

勿忘前人勤 造次佐民生(傚屋長興坊感賦)

아버지도 늘 이 마음을 간직하고 계셨을 것이고, 당신 자손들도 이 마음가짐을 잊지 않기를 바라셨을 것이다.

정양완
1929년생/서울대학교 국어국문학과 졸업, 동 대학원 석·박사/성신여대, 한국정신문화원 교수 역임
대표 저서로『근세 한국 한시 연구-4가시를 중심으로』『원교 이광사 연구』등 다수

참 삶의 길을 열어주신

외솔 최현배 선생

김석득

최현배(崔鉉培, 1894~1970)

경상남도 울산군 출생
경성고등보통학교 졸업, 재학 중 강습원에서 주시경 선생의 가르침을 받음
일본 히로시마고등사범학교 문과 제1부, 일본 교토대학 철학과 졸업, 동대학 대학원 수료
연희전문학교 교수, 이화여자전문학교 교수, 연희대학교 교수 및 부총장 재직
조선어학회사건으로 3년간 옥고, 해방 후 출옥
문교부 편수국장, 조선어학회 상무이사, 한글학회 이사장,
세종대왕기념사업회 회장 등 역임
건국공로훈장, 국민훈장 무궁화장 등 수상
대표 저서로 『조선민족갱생의 도』 『우리말본』 『한글갈』 『한글만 쓰기의 주장』 등 다수

외솔 최현배 선생의 아호 '외솔'은 성삼문의 시조 "봉래산 제일봉에 낙락장
송 되었다가 …… 독야청청하리라"에서 온 말이다. 외솔 선생의 학문과 참삶
의 길은 다만 글쓴이뿐만 아니라 이는 우리 모두 그리고 나라가 나아가야 할
이상을 깨우쳐 준 것이기도 하다. 이 글에서는 외솔 선생의 삶과 정신세계를
두루 살피려 하니 그 까닭이 여기에 있다.

새 교육의 깨달음, 배움에 대한 큰 열망

외솔 선생은 개화의 물결이 일어난 1894년 10월 19일, 경상남도 울산군 하상
면 동리에서 태어났다. 6살부터 14살까지 한문서당에 다녔지만 말과 글이 밖의
자연계와 안의 관념계가 아무런 상관없는 구식 교육방법이어서 이에 대한 비판
의식이 일어났다. 이 비판의식은 외솔 선생이 새 교육으로 나아가는 계기가
되었다.

> 잇기언 焉, 잇기야 也, 온호 乎 등의 교육이 얼마나 우리 겨레의 창의성, 독립성,
> 자주심을 저해하였을까는 생각만 하여도 지긋지긋한 일이다.
> (외솔, 『나의 걸어온 학문의 길』에서)

그리하여 그 첫 출발로 새 교육기관인 일신학교(지금의 울산 병영초등학
교)를 거친다. 이때 산수 과목에서 깨친 수리와 논리적 사고의 방법은 한 삶의
학문 연구의 근본이 되었다고 외솔 선생은 『나의 걸어온 학문의 길』에서 밝히
고 있다.

배움에 대한 열망이 큰 외솔 선생은 새 교육기관인 관립한성고등학교에
입학했다. 그러나 입학한 해인 1910년, 이른바 경술국치의 해, 학교 이름이

경성고등보통학교로 바뀌었고 외솔 선생은 1915년에 이 학교를 졸업한다.

주시경 스승과의 만남을 통해 말글의 힘, 민족 언어관을 깨치다

　외솔 선생은 1910년부터 경성고등보통학교를 다니면서, 나라의 시운이 기울어짐을 직감하고, '국어연구학회'(1908년 주시경 선생의 제자들과 유지들이 설립하고 제1회강습소를 상동청년학원 안에 둠. 그 뒤 자리를 옮겨 운영함)가 운영하는 박통보성학교 안의 '강습소'와 그 뒤 국어연구학회가 '배달말글몯음'으로 이름을 바꾸면서 강습소 이름을 바꾼 '조선어강습원' 등에서 주시경 스승에게서 거의 3년 동안의 가르침을 받았다. 외솔 선생의 강습원 고등과 1회 졸업 평균점수는 99.5로 33명 중 첫째 자리였다(『한글모 죽보기』의 기록). 외솔 선생은 이 동안에 우리말글의 깊은 과학의 이치를 깨쳤고, '말글은 곧 겨레의 얼이요, 나라를 올리고 내리는 힘이 있음(말글의 힘)'을 깨쳤다. 또한 외솔 선생은 주시경 스승에게서 민족언어관과, 사람의 창의 능력의 부림을 체득했다. 외솔 선생은 "이 깨침과 체득이야말로 온 삶에서 이룩한 학문과, 겨레 나라사랑에 큰 바탕이 되었다"고 늘 밝혔다.

민족을 위한 '살음'사상 제시

　신학문에 남다른 향학열로 히로시마고등사범학교를 거친(1915~1919) 외솔은, 더 나아가서 가련한 망국 백성의 독립 자유를 건져내기 위한 민족 개조와 사회 개조의 방책을 연구하기 위하여 교토대학 철학과에 입학한다(1922~1925). 이때의 졸업논문은 「페스탈로찌의 교육학설」이다. 이는 교육의 본질

이야말로 사람의 이성과 개성에 호소하는 '사람 가르침의 과학'이어야 함을 펴 이를 체계화한 것이다. 이로부터 외솔은 무기력하고 침체한 우리 민족의 현실을 잘 고쳐 나아갈 길을 열어야겠다고 뼈저리게 인식한다. 여기에 민족을 구하는 길은 교육이라는 교육관이 이루어지고 또한 이것이 실천 된다. 광복 뒤에 침체된 교육을 바로 세우기 위하여 펴낸 이론서『나라 건지는 교육』(1963)도 이 교육관이 이어지는 선 위에 있는 것이다.

외솔 선생의 배움에 대한 바람은 끝이 없었다. 그는 교육학을 전공했지만 사회학·철학·윤리학·심리학 등을 함께 공부하는 한편 언어학 공부에도 열중했다. 이러한 폭넓은 다양한 총합적 공부는 앞으로 우리말 연구를 가멸게 하는 바탕이 되었다. 또한 그는 교토대학 대학원에 진학하는 한편 저 어려운 남의 나라에 있으면서 우리말 가르침의 기회를 놓치지 아니했다. 외솔 선생은 대학원을 수학하는 동안에 나라 현 외국어학교에서 조선어를 가르쳤으니, 이는 외국 사람에게 우리말을 정식으로 가르친 첫 번째가 아닌가 한다. 외솔 선생은 대학원을 나오면서(1926), 졸업논문「조선 민족 갱생의 도」를 썼다. 이는 동아일보에 66회(「조선 민족 갱생의 도」의 '머리말'에 따름)나 연재된 큰 논문이다(1930년에 동광당에서 이를 책으로 펴냄). 이 논문에서는 민족이 중병에 걸려 있음을 병리학적으로 진단한다. 그리고 이를 치유하는 근본으로 '살음(생)' 철학을 제시한다. 이 '살음'의 본질은 정신이 물질을 제배하는 윗자리에 있음을 믿는 사상이요, 또한 끊임없이 새로움을 지어내는 (창조) 활동과, 이상을 세워 이를 끊임없는 노력으로 이루어낼 수 있다는 신념과, 늘 생기에 찬 삶을 살아야 한다는 사상이다. 이 사상으로 죽어가는 겨레를 되살려야 하며, 그 되살리는 근본 방법은 우리말 연구와 교육에 있다는 것이다. 생각하면 이 글은 독일의 피히테의 '독일 국민에게 고함'에 필적할만한 것이겠다. 그러므로 그것은 그때 각계에 큰 충격과 감명과 찬동을 받았다. 이 논문에 흐르는 큰 맥은 민족 자각이요, 한없는 사랑이다. 이 자각과 사랑은 민족의 삶의 강령이요, 외솔 선생의 사상이기도 하다. 그러기에 이 글은 저 조선어학회 수난 때 '예심 종결 결정문'에서 외솔 선생이 일제에 항거한 근거의 하나로 논단되기도 했다.

겨레 문화 발전을 위한 학문을 위한 『우리말본』 간행

「조선민족 갱생의 도」를 졸업논문으로 쓴 외솔 선생은 관학의 유혹을 물리치고, 1926년에 민족사상의 이념에 맞는 연희전문학교 교수로 부임한다. 당시는 일본 총독부의 교육정책에 위반되는 조선어와 조선 문학, 역사를 가르치지 못하던 때였다. 그리하여 외솔 선생은 철학, 논리학, 윤리학, 교육학 심리학 등을 가르쳐야 했다. 그러나 그때 한국학 교수들의 뜻과 학교 당국의 뜻이 잘 통하는지라, 외솔 선생은 우리말 '유인본'을 만들어 이를 과외로 가르쳤다 (국사는 동양사의 이름으로 이윤재 교수가, 국문학은 중국 한문학의 이름을 빌어 위당 정인보 교수가 맡았다). 이로써 우리 국학의 기틀은 여기에서 자리 잡히고, '주시경에서 외솔로, 그리고 그 뒤에 이어지는 굴강한 학맥'은 이로부터 이루어진다.

일제가 점점 옥죄어 오던 당시의 시대적 상황에서 위험을 무릅쓰고 선각들은 우리 겨레 전통 문화의 상징인 『조선말 큰사전』(이하 『큰사전』으로 표기) 문제를 제기했다. 이는 대저 말의 죽살이는 겨레의 그것과 함수 관계에 있다는 '말글의 철학'에 근거한다. 인류의 역사가 말글을 빼앗으려는 지배 세력과 지키기 세력 간의 치열한 싸움으로 그려지는 것도 이러한 말글 철학에 바탕을 둔다. 이러한 것을 잘 아는 선각 108명은 1929년에 '조선어사전 편찬회'를 발기

한다. 외솔은 이 사전 편찬의 준비위원일 뿐 아니라, 많은 선각들과 함께 편찬을 둘러싼 고난의 역사를 엮게 된다. 여기 '조선어학회의 수난'은 예고된 것이기도 했다.

『큰사전』편찬은 맞춤법 통일, 표준말 통일, 외래어표기법 통일을 전제한다. 어려운 저항기에 이 일을 수행하는 데는 많은 선각들의 노력이 필요했고, 무엇보다 합리적인 말본(문법) 체계와 언어학의 이

『우리말본』(정음사)

치가 뒤받쳐 주어야 했다. 다행이 말본 체계와 언어 이론에 관한 한 외솔의 저 큰 책『우리말본』의 형태주의가 기본 원리로 채택된 것이다. 이 책은 1920년 초에 엮이고, 1929~1930년에는 그 형태주의 체계가 거의 섰으며, 1935년에는 책이 마무리 되고, 1937년에는 이를 완전한 책으로 펴냈다. 외솔 선생은 이 책을 지음에 온 힘을 기울였다. 70~80번의 교정을 보고, 원고는 만일을 위해 독에 넣어 간수했으며, 연구실을 떠난 늦은 저녁 길 금화산 동구재에서는 이 책의 완성을 위한 건강을 빌었다(『나의 걸어온 학문의 길』에서). 또한 외래어 표기법도 외솔 선생이 그 때 집필 중이던『한글갈』론 중의 음운문자 이론이 그 표기 논의의 중심에 있었다.『우리말본』은 광복 이후까지 우리나라 말 연구와 교육에 바탕이 되었다. 외솔 선생은 "말글 학문은 다만 학문을 위한 학문이 아니라, 겨레 문화 발전의 정신을 바탕으로 하는 학문"이라고 했다. 그러한 학문관은 그때 그대로 실천된 것이다.

최악의 환경에서의 '초생물학의 언어문화관'을 실천한 『한글갈』

조선어학회의 사전 편찬이 예정대로 진행되던 당시의 사회상은 급박했다. 1936년 12월 총독부에서는 조선사상범 감찰령을 내려, 민족주의자의 감시를 강화했다. 『한글표준말모음』이 발표된(1936) 이듬해인 1937년에는 만주침략에서 확대되는 중국 침략을 앞두고, 민족주의 단체 회원들을 예비금속하고 (수양동우회 수난), 1938년에는 흥업구락부 회원을 검거한다(흥업구락부 수난). 외솔 선생은 이 이른바 흥업구락부 사건으로 검거되어 석 달 동안 감옥에서 고생한다. 그리고 이 일로 연희전문학교 교수직을 박탈당한다. 이때 겨레 문화의 스러짐을 직감한 외솔 선생은 한글에 관한 일체의 지식을 후손들에게 물려줄 생각으로 『한글갈』을 완성한다(1940). 그러나 이 해 7월에 훈민정음 원본이 발견되면서 이를 기워서 1942년에 펴낸다. 이는 이른바 조선어학회 사건으로 검거되기 몇 달 앞선 최악의 격동기에 이루어진 일이었다. 이 연구는, 생물의 죽음은 그것으로 끝이지만 외세의 억압의 힘으로 죽은 말의 문화는 겉으로는 죽어 있어도 안으로는 살아 있다가 결국 다시 살아난다는, 이른바 '초생물학의 언어문화관'을 드러낸 것이다. 외솔 선생은 이 책을 펴내고서 "이제 할 일을 다 했으니, 이제부터 사는 것은 덤의 삶"이라고 했다. 그리고 감옥에 들어가서는 "나는 나의 생명의 대가로 그것이 세상에 남게 된 것을 보고 스스로 위안을 느꼈다"고 했다. 『한글갈』은 세종의 한글 창제야말로 우리 겨레, 나아가 사람의 지적탐구 중 가장 뛰어난 결실임을 확인해 주는 것이요, 선각들이 이룩한 한글 탐구의 역사를 체계화한 것이요, 한글의 과학적 이론을 정밀하게 펴 놓은 역작이다. 이는 광복 이후 우리 고유의 지적 문화를 깨우쳐 되살림에 크게 이바지했다.

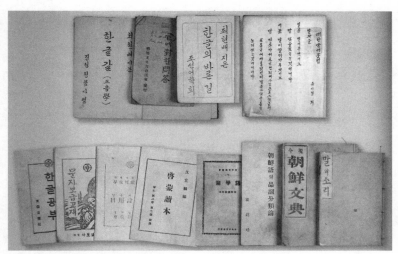

조선어학회의 한글교육운동을 위한 책자
출처:『독립기념관 전시품도록』

내일이 기약없는 형옥에서 시조 짓기와 연구

　일제가 우리말글을 억압하면 할수록 역설적으로 선각들은 겨레문화의 보전·발전을 위한 작업을 더욱 서둘렀다. 특히『큰사전』편찬이 그러하다. 그러나 말글이 겨레문화 수호 발전의 핵심임을 잘 알고 있는 일제는 우리말글의 박탈을 위한 극단의 식민언어관을 펼친다. 그리하여 사전 편찬을 중심으로 하는 우리말글의 연구 정리를 치안유지법 제1조 내란죄로 몰아붙인 이른바 '조선어학회 사건'을 일으킨다. 이것이 곧 선각들이 당한 혹독한 '조선어학회 수난'의 성격이다. 다시 말하면 우리의 민족언어관과 일제의 식민언어관과의 부닥뜨림이 곧 '조선어학회 수난'의 역사적 성격이다. 이 일로 33명이 검거되고, 예심 종결 결정에서 고등법원 최종 판결이 나기까지 그 질곡의 옥고는 말로 다할 수 없었다. 마침내 외솔 선생은 1945년 1월 18일 고등법원 최종 판결에서 징역 4년의 무거운 언도를 받는다. 그러나 천만다행으로 그 해 8월 15일 광복을 맞아 풀려나니, 이는 총살집행을 사흘 앞두고의 일이었다(『나의 인생과 나의 학문』). 외솔 선생은 옥고 중에서도 겨레를 생각하며 시조 「임 생각」을 지었다.

> ……임이여 어디 갔노
> 어디메로 갔단 말고?
> 풀나무 봄이 오면
> 해마다 푸르건만
> 어쩔다 우리임은
> 돌아올 줄 모르나……
> (옥중 시조 「임 생각」. '외솔 최현배 선생 기념비'의 뒷벽에 음각되어 있음)

외솔 선생은 모진 고문을 받아 가면서도 조국과 겨레를 사랑하는 옥중 시조 「임 생각」 등 많은 옥중 시조를 읊어 남겼을 뿐만 아니라 우리말의 '가로쓰기' 연구에도 몰두했다. 연구의 일부는 옥바라지한 가족에게 몰래 전해 주는 한편, 죽음과 삶을 헤아릴 수 없는 자신의 몸을 직감하면서 곧 출옥할 두 청년에게 이를 가르쳤다. 다행히 광복의 덕으로 출옥한 외솔 선생은 이 옥중 연구를 책으로 펴내니, 이것이 그의 피어린 저서 『글자의 혁명』(1947)이다.

외솔 선생의 이 연구는 주시경 스승으로부터 배운 것을 늘 생각해 오다가 옥중에서 창조·완성한 이름 그대로 혁명적인 것이다. 우리 '한글의 기계 정보화' 한글 자판의 형성 등으로 인한, 사람의 눈이 가로 놓인 '해부학적 특성'과, 같은 길이의 수직선은 수평선보다 칠분의 일이 더 길어 보인다는 심리학적

1945년 조선어학회 수난인사들(첫째 줄 왼쪽에서 네 번째가 외솔)
출처: 『독립기념관 전시품도록』

'착각의 원리'와, 기계화의 편리 등이 바탕이 된 '한글 가로쓰기'와 가로 문화
형성, 한글만 쓰기 등은 이에서 과학적 근거를 밝게 찾을 수 있다. 외솔 선생은
이『글자의 혁명』을『우리말본』·『한글갈』과 함께 자신의 주된 연구 저서라고
자부한다. 그것은 이 연구들이 창의적인 것이요, 우리 근·현대 문화사 발전에
크게 이바지한 결정체이기 때문이다.

  참으로 외솔 선생의 큰 업적은 고난 속에서도 굳게 믿는 '초생물학의 언어문
화관'을 관철하여 얻은 바로 그 열매이다.

이론을 바탕으로 하여 나라사랑을 실천한 외솔의 한글 정책

  광복 이후의 시급한 자주 민주 교육의 기틀을 잡기 위하여, 외솔 선생은
문교부 편수국장의 일을 맡는다. 그리하여 새 시대에 대한 예리한 판단과 일제
와 격돌하는 고난 속에서도 '되살아날 그날을 위하여 빈틈없이 준비한 말글

연구'를 바탕으로 자주 민주 국민이 나아갈 새나라 교과서 편찬에 온힘을 쏟았다. 이 일은 외솔 선생만이 해낼 수 있는 막중한 일이었다. 외솔 선생은 교과서 편찬을 하면서는 문교부 일터에서 의자 뒤로 등댈 틈도 없었다고 한다. 광복 이후의 한글 교육이 큰 어려움 없이 잘 이어 오늘에 이르게 된 바탕이 여기에 있다 할 것이다.

한글은 우리 겨레, 나아가서 사람의 지적 소산 중 가장 위대한 창조물임을 외솔 선생은 굳게 믿는다. 이러한 창조물은 우리의 생각(사상)을 상징하는 것이요, 우리 정체성을 굳히는 힘임을 또한 굳게 믿는다. 그러므로 지적·문화적 행위는 '오로지 한글로만 가로쓰기'를 원칙으로 삼음이 마땅하고, 이러한 원칙은 나아가 한글을 세계화로 이끌어 가야 한다고 한다. 이것은 외솔의 한글관이요, 신념이요, 이상이다.

'오로지 한글만 쓰기' 위해서는, 오랜 한자 생활의 중독에서 벗어나는 혁신적인 '의식 변화'가 있어야 한다고 역설한다. 그리고 그 중독을 치유하는 방법으로는 아편중독자에게 죽음을 방불할 만한 고통이 오더라도 당장 아편의 공급을 끊어야 한다는 '병리학적 방법'을 내세운다. 또한 '한글 가로쓰기'의 근거로는 앞에서 밝힌 바와 같이 사람의 눈이 가로로 놓인 '해부학적 특성'과, 같은 길이도 세로가 더 길어 보인다는 '심리학적 착각의 원리'에서 찾는다. 외솔 선생의 주장에는 반드시 이론이 뒷받침 된다. 그러한 이론서로는 『글자의 혁명』(1947)을 비롯하여 『한글의 투쟁』(1954), 『한글만 쓰기의 주장』(유고, 1970) 등이 있다.

오늘날 '한글문화'와 '가로문화' 아래 '한글세대'가 이루어짐은 이로 말미암은 것이다. 한글날을 기념하는 공휴일 제정에 남달리 힘썼고, "강산도 빼어났다 배달의 나라 …… 거룩한 세종대왕 한글 펴시니 새 세상 밝혀 주는 해가 돌았네"라고 한글날마다 부르는 「한글 노래」도 외솔 선생의 지음이다. 이처럼 오늘날 한글과 외솔 선생은 떼려야 뗄 수 없는 하나이다.

또한 우리말순화론에서는 창조주의와 자연법칙을 적용하였다. 지난 수세기 동안, 우리 정신세계를 지배한 사대사상과 억압의 역사로 말미암아, 오염된 말은 본디 우리말로 순화되어야 함을 외솔 선생은 역설하며 이를 실천했다. 그 실천의 철학은 '말의 창조주의'이다. 잊혀진 고유한 말은 찾아 캐내고, 들어온(또는 들어오는) 말은 사람에게 주어진 창조적 능력을 통해 새로이 만들거나 걸러내기를 하는 것이다. 이 과정에서는 굽은 나무를 바루기 위해선 반대 방향으로 크게 돌려놓아야 하는 '식물의 자연법칙'을 따라야 한다는 것이다. 이는 외솔의 순화 법칙이다. 이러한 '말 순화론'은 자연 그대로 맡기는, 따라서 말에 인위적인 손을 댈 수 없다는 주장인 말의 '자연생성설'을 부정하고, 말의 잡초를 솎아내고 올바른 말을 다듬어 가꾸는 말의 '창조설'을 긍정하는 데서 말미암는 것이다. 이와 같은 이론서로는 외솔 선생의 『우리말 존중의 근본 뜻』(1951)이 있다.

세계 속의 우리됨을 이상으로 삼은 한글의 기계화, 한글의 세계화

한글 부림의 이상은 한글의 과학성을 기계 정보화하는 것이다. 외솔은 그 실천으로 1957년에 한글타자기 자판의 합리적 통일위원회(외솔, 공병우, 주요한)를 구성하고 이를 계기로 한글학회에 '한글기계화연구소'를 차리고 해마다 타자경연대회를 열었다. 사실 이 기계정보화를 내다보는 외솔의 밝은 눈은 일찍 그의 논문 「한글 낱낱의 쓰이는 번수」(『조선어문연구』, 연희전문문과 연구집 제1집, 1930)에 투영되어 있었다. 다시 말하면 이 논문이야말로 컴퓨터 글자판의 글자 위치를 예고해 준 것일 뿐만 아니라, 이는 한글의 세계 정보화의 길을 일찍이 열어놓은 것이라고도 하겠다. 그리고 이 길은 『글자의 혁명』을 거쳐 용의주도하게 실천의 길로 나아가게 된 것이다.

외솔 선생의 한글의 기계화는 궁극적으로 우리말글의 세계화가 이상이다. 외솔 선생의 이 이상은 이미 "세계인이 되기 전에 먼저 조선인이 되라, 조선을 구함으로써 세계를 구하라"(『조선민족 갱생의 도』에서)고 역설한 그의 민족관과 세계관을 바탕으로 하는 것이다. 다시 말하면 외솔 선생은 '세계 속의 우리됨'을 이상으로 삼아 그 이상을 실천하기 위한 큰길을 달리고 있었다고 할 것이다.

다시 겨레 나라사랑의 길을 외치다

외솔 선생의 삶의 길에서 연구 실천된 온갖 결실은 결국 외솔 선생의 내면세계에 자리잡은 '겨레 나라사랑'이 밖으로 드러나는 것이었다. 오랜 어두운 역사와 급박한 외세의 눌림에서 죽살이치는 시대를 맞은 겨레가 삶의 새 생명을 얻을 수 있는 길을 밝혀 준 것이 『조선민족갱생의 도』(1926)라면, 민족갱생의 도에서 표방한 '생기'는 온데간데없고 온갖 허세와 거짓과 우악과 도덕의 타락으로 나라가 글러져 가는 시대를 맞은 우리에게 참된 길을 밝혀 준 것은 『나라사랑의 길』(1958)이다. 이 둘은 쌍벽을 이루는 그 시대적 반영의 사상적 결정체이다. 그러나 결국 그 둘은 외솔 선생의 겨레와 나라사랑의 뿌리를 같이하고 있는 것이다.

"사람이어야 사람이다"

'외솔'의 아호가 성삼문의 시조에서 유래함을 반영하듯, 외솔 선생은 옳지 않다고 판단한 일에는 결코 타협하지 아니한다. 옳다고 판단한 일에 대해서는 치밀한 이론으로 상대를 설복하여 마지않는다. 더욱 참 이치(진리)의 추구에서는 흔히 논전에서 원만한 마무리를 짓기 위한 수단으로 쓰곤 하는 다수결을 절대 거부한다. 한 사람의 참 이치가 다수의 허구보다 값지다는 것이다. 이는, '지동설'에 대한 여러 부정론의 힘이 아무리 윽박질러도, 끝내 "그래도 지구는 돈다"라고 한 코페르니쿠스를 연상케 하는 대목이다. 나라 안팎의 문화계를 뒤흔들었던 '한글파동'(한글간소화안 문제, 1953~1955) 때에 편수국장의 자리를 내놓고 대학으로 혹은 국회로까지 가서 비판 강연을 함으로써 위기를 극복할 수 있었던 것은, 따지고 보면 외솔의 올바른 판단과 치밀한 이론적 힘에 말미암은 것이라 하겠다. "그간의 일은 없었던 것으로 한다"라는 이승만 대통령의 한글간소화안의 철회는, 외솔의 치밀한 이론의 고집이 이승만 대통

1954년 연세대 소강당에서 한글간소화안에 대한 비판 강연을 하는 외솔 선생

(위) 1955년 연희 동산에서 문과대학 신입생을 환영하며 말씀하시는 외솔 선생
(아래) 1956년 연세대 국문과 졸업생들과 함께

령의 고집을 꺾었다는 의미로 역사는 풀이하여 전한다.

　외솔 선생의 교수로서의 대학 강의의 특징은 주제의 합리성을 위하여 다양한 각도의 논증을 거쳐 그 맺음을 '귀납법'으로 이끌어내는 데 있다. 이 방법은 학생들을 처음부터 긴장시켰다. 외솔 선생은 때로는 자신의 주장에 대하여 학생으로 하여금 반론하도록 하기도 한다. 이는 학생들에게 자생적 생각의 힘이나 창의의 힘을 키우는 데 중점을 둔다는 것, 또한 이는 외솔 선생 스스로 있을지도 모르는 논리적 허점을 발견하려는 겸허한 강의 방법으로도 받아들여진다.

외솔 선생의 강의는 일정한 공간에 한하지 않는다. 시간이나 장소에 구애 받음이 없다. 다시 말하면 대화하거나 글월을 써 올리는 그 시간, 그 장소가 바로 말 쓰임과 글쓰기를 교육하는 곳이요, 뭇 과제를 토론하는 곳이 되는 것이다. 외솔 선생이 늘 "진리는 평범한 데 있다"고 말함은 이를 뜻하는 것이

장충단 공원에 세워진 외솔기념비

다. 제자들은 이를 두고 '평범한 가운데 위대한 스승 외솔'이라 했다.

외솔 선생은 늘 참사람을 이상으로 삼는다. "사람이 사람이냐, 사람이어야 사람이다." 이는, 사람됨의 근본 뜻을 찾아 사람의 도리를 지키는 사람다운 사람, 곧 '참사람'을 이상으로 삼는 외솔 선생의 어록이다. 거짓과 사치스러움을 절대 물리침은 물론, 공과 사를 엄격하게 구분하여 공용으로 쓰는 종이 한 장도 사사로운 일에는 결코 쓰지 아니한 것은 외솔 선생이 참사람의 이상을 실천한 한 보기이다.

외솔 선생은 창조와 진취의 기상과 올곧은 대쪽으로만 상징되지는 않는다. 그것은 정이 어린 다사로운 선생의 내면세계를 읽을 수도 있기 때문이다. 제자들의 노천강의 요청에 대하여 그들의 심리를 잘 읽고 넓은 마음으로 이를 받아들이는 일, 제자들의 건강과 일자리에 대하여 특별히 마음을 쓰는 일들은 스승

의 다사로운 내면세계를 읽을 수 있는 보기이다.

　외솔 선생은 늘 "내가 죽으면 스승 옆에 묻어 달라"고 당부했다. 외솔 선생은 1970년 3월 23일에 돌아가시고, 그 달 27일에 사회장으로 모시니, 스승 주시경 선생의 옆에 묻히셨다(이후 주시경 선생 무덤은 양주군 진전면 장현리에서 1980년 12월에 국립묘역으로 옮겨졌다). 나라에서는 장충단 공원에 '외솔 최현배 선생 기념비'를 세웠다. 이 기념비는 우리의 영혼을 일깨워주는 영원한 상징물이다.

김석득
1931년생/연희대학교 졸업, 동 대학원에서 최현배 선생에게 가르침을 받음/외솔 선생의 추천으로 한양대학교 전임교수, 조교수, 연세대학교 교수, 연세대 부총장 역임/현 연세대학교 명예교수, 외솔회 회장 및 이사장
대표 저서로『우리말 연구사』『우리말 형태론』『외솔 최현배 학문과 사상』등 다수

청렴과 지조의 올곧은 삶
일석 이희승 선생

강신항

이희승(李熙昇, 1896~1989)

경기 출생
경성제국대학 조선어문학과, 도쿄대학대학원 언어학과 졸업
서울대학교 문리과대학 학장, 서울대학교 대학원 부원장, 동아일보 사장,
단국대학교 동양학 연구소장 등 역임
대표 저서로『딸각발이 선비의 일생』『국어학 개설』『국어대사전』등 다수

근검절약과 자립정신이 몸에 배셨던 스승님

여든 가까운 나이로 버스 손잡이에 매달려 있으려니 일석 이희승 선생의 생각이 났다.

어떤 모임이 있을 때, 우리 제자들은 선생을 모셔오는 일이 가장 힘들었다. 선생께서는 언제나 버스를 고집하셔서 댁의 집 밖에서 택시기사와 함께 기다리던 제자들이 몹시 애탔다. 이래서 꼼짝달싹 못하는 만원버스에 매달려 가다시피 하시던 선생의 모습은 흔히 볼 수 있었던 광경이었다. 이와 같이 근검절약은 선생의 생활신조였다.

세뱃돈이 적어도 만 원으로 보편화되었던 시절에도 선생께서는 연말에 은행에서 백 원짜리를 준비해 놓고 세배 온 자손들에게 백 원씩 주셨다는 일화도 있다. 그러면서도 선생 댁 경조사에서는 돈을 받으시는 일이 없었다.

62년 여름에 선생께서 며칠 동안 충남 아산시에 소재한 도고온천에서 묵으신 일이 있었다. 마침 고향이 그곳이었으므로, 한가한 낮에 선생을 모시고 가까운 수덕사(修德寺)에 갔었다. 그날 기찻삯은 도고온천역에서 수덕사 앞 삽교역까지 다 합해서 겨우 22원이었다. 그러나 나는 그 차표를 사고 선생님한테서 온화하면서도 단호한 큰 꾸지람을 들었다.

"나는 아무리 적은 액수라고 하더라도, 남의 물품을 바라고 살아오지를 안했네."

이것은 선생께서 평생 실천해 오신 생활신조의 하나였다.

"분에 넘치는 생활은 안한다."

"절대로 공짜를 바라지 않는다."

"나는 내 힘으로 살아간다."

이러한 정신이 현실적으로 구현(具現)된 것은 1951년 1월 초, 소위 1·4후퇴 때의 일이었다. 1950년 6월 25일에 발발한 한국전쟁은 우리 겨레에게 커다란 비극과 고통을 안겨주었다. 전선이 남으로 밀렸다가 북으로 밀고 가고 또다시 남으로 밀리는 바람에 수십 만 명이 전사하거나 피살되고, 수백 만 명의 가족이 흩어지고 남북으로 갈렸다.

이 비극은 선생 댁도 예외는 아니었다. 서울 서대문구 둥구재(金華山) 중턱(아현동)에 살던 집은 1950년 가을의 9·28 수복 때, 귀중한 장서(藏書)들과 함께 모든 재산이 불타버렸다. 또 6·25 때 남으로 피신하지 못하고 3개월 동안 적치하(赤治下)에 있던 잔류파(殘留派)라고 하여 서울대학교 교수직도 3개월 감봉 처분을 당하셨다. 살 길이 막막하던 시절에 또다시 전선은 남으로 밀리어, 서울을 수복한 지 겨우 3개월 만에 150만 서울 시민의 대부분이 서울을 버리고 온갖 교통수단을 이용하여 남으로 남으로 이동하였다. 그러나 그 무렵 어려운 처지에 계셨던 선생을 도와주는 사람은 아무도 없었다. 그해 겨울은 유달리 추웠다. 이런 형편이었는데도 선생께서는 가방 하나만 짊어지고 서울에서 부산까지 거의 걸어서 내려가셨다.

1951년 2월 5일, 당시 부산시 동광동 2가 12번지에 있던 국방부정훈국전사편찬위원회에 근무하고 있던 문하생한테 짐가방을 짊어진 모습으로 찾아오셨을 때 나는 한국 제일의 대학자께서 민족의 비극으로 겪으시는 큰 시련의 참상에 할 말이 없었다.

선생은 우리 사무실 소파에서 쭈그리고 주무셨다가 새벽에는 어디론가 시내로 나가셨는데 1951년 3월 28일부터 진해의 해병대사령부 문관으로 가셨다가 1952년 3월에 서울대학교 교수로 복직되었다.

휴강 없는 강의

1949년 무렵 대학 강의는 대개 두 시간 연속(120분) 단위였다. 세 시간 연속(180분) 강의도 있었다. 이런 강의를 선생께서는 중간에 쉬지도 않으시고 꼬박 120분을 채우셨다.

때로는 120분을 채우고도 모자라, "벌써 시간이 다 되었나?" 하고 묻는 일이 많으셨다. 그 시대에는 교재용 저서나 참고서가 드물었으므로 대학 강의는 대부분 교수나 강사가 준비해온 강의 노트를 읽고 수강생들은 받아쓰는 것이 통례(通例)였다. 그래서 선생의 유명한 '국어학 개설' 강의도 팔목이 아플 정도로 두 시간 동안 받아써야만 했다. 이 강의 노트는 1955년에 민중서관에서 『국어학 개설』이라는 이름으로 간행되었으며, 그 뒤 몇 십 년 동안 국어학 전공자들에게는 가장 권위 있는 입문서였다. 광복 후 60년대까지 휴강이 많았던 교수 사회에서 선생께서는 '국어학 개설' 이외에도 '국어문법론'과 '훈민정음 연구' 등 여러 과목을 휴강 한 번 하신 일이 없이 꾸준히 강의를 계속하여 광복 후 왕성하게 일어난 국어학 연구의 기반을 잡아주셨다. 특히 '국어문법론 강의'의 이론 체계는 외솔 최현배 선생의 '우리말본'의 이론과 함께 우리나라 문법학계에서 커다란 두 줄기 주류를 이루었다.

선생의 학문적인 업적 가운데에서 또 빼놓을 수 없는 것은 10여 년의 각고 끝에 1961년 12월 28일에 민중서관에서 펴낸 『국어대사전』이다. 선생은 국어학자이면서도 8·15광복 이전에 시집도 발표하고 『역대조선문학정화』를 펴낼 정도로 우리말 어휘에 대하여 해박한 지식을 가지고 있었으므로 사전편찬 때에도 수록되는 단어마다 섬세하게 검토하셨다. 그래서 이 사전은 출간된 지 수십 년이 지났어도 가장 믿을 수 있는 사전이라고 여러 사람들이 애용한다.

1935년 조선표준어 사정위원회 때의 조선어학회 기념사진
① 이윤재, ② 한징, ③ 안재홍, ④ 이숙종, ⑤ 이희승 선생.
출처:『사진으로 보는 독립운동』하권(서문당)

형무소에서 만든 비상식량

1953년 3월 28일 피난 수도인 부산시 영도 소재 영선 초등학교 강당에서
서울대학교 제7회 졸업식이 거행되었다. 우리 국어국문학과 학생은 49년 9월
1일에 21명이 입학하여 이날 겨우 세 사람이 졸업하였다.

졸업생 세 사람은 졸업식 전날 부산 시내의 작은 음식점에서 은사이신 이희
승, 이숭녕(李崇寧) 두 선생을 모시고 이른바 사은회를 개최하였다. 저녁을
잡수시면서 실로 놀라운 말씀을 들려주셨다.

1942년 10월 1일부터 함경남도 홍원(洪原)경찰서에서 수사가 시작된 조선

어학회(朝鮮語學會) 사건 때 일석 선생은 주모자의 한 분으로서 1943년 3월까지 갖은 고문 끝에 조사가 끝나 일본의 '치안 유지법 제1조의 내란죄'에 저촉되었다는 제목으로 1943년 3월 12일부터 함흥 형무소에서 복역하셨다.

그 때 형무소의 급식은 말이 아니어서, 옥수수, 피, 기장, 콩깻묵 등 잡곡한 덩이와 시레기국 정도로 젊은 수감자들이 굶어 죽은 몸으로 실려 나가는 일이 부지기수였다. 함께 복역하던 학자 가운데 1943년 12월 8일에 이윤재 선생이, 1944년 2월 22일에는 한징 선생이 기한(飢寒)으로 옥사하셨다.

선생께서는 이러한 혹독한 환경 아래에서도 음식을 수십 번씩 씹고 또 얼마 안 되는 밥에서 몇 알을 떼어내어 모아가지고 주물러서 캐러멜 크기로 만들어서 탈옥했을 때의 비상식량으로 준비하셨다고 한다. 이런 식량은 급할 때 물과 함께 마시면 하나가 한 끼 식사 구실을 할 수 있다고 하셨다.

형무소 수감 시절인 1945년 4월 29일 미명에 '함흥대파옥(破獄)'이라는 탈옥사건이 발생하였으나 당일로 실패하여 다시 붙잡혀서 비상식량을 활용할 기회는 놓쳤어도 오래 씹고 비상식량 준비는 계속하신 것 같았다.

형무소 생활 이전부터의 습관이신지 확인해 보지는 못했으나, 선생의 식사 시간은 참으로 길었다. 그래서 함께 식사를 할 때에는 여간 조심하지 않으면 안 되었다. 우선 선생의 식사 속도에 맞추어서 밥상 앞에서 한 시간 이상 앉아 있어야 했다. 그러나 꼭꼭 씹어 먹는 습관은 좋은 일이며, 이 습관이 산보와 함께 선생께서 94세까지 장수하신 비결일 것이다.

1962년 여름 수덕사에 가셨을 때, 천 개가 넘어 보이는 뒷산의 계단을 그때 60대 반을 넘기신 선생께서 어찌나 사뿐사뿐 올라가시는지 30대 초반이었던 필자가 도저히 따라갈 수가 없었다. 올라가다가 산 중턱에서 작은 시냇물을 만나, 좋은 기회라는 생각이 들어 "선생님! 손 좀 씻고 올라가시는 것이 좋겠습

1974년 4월, 성대 교수회관에서 열린 강신항 박사학위 축하연에 참석하신
모습. 선생 뒤가 필자

니다"하고 여쭈었으나 "자네나 씻게!"라고 하셔서서 내 꾀는 빗나가 버렸다.

정상에 올라갔을 때 여쭈어보았다.

"선생님 건강을 유지하시는 비결은 무엇입니까?"

"그거야 아주 간단하지. 특별한 등산을 하지 않아도 쉴 새 없이 걷는 거지.
시간이 나면 아무 버스나 타고 종점에 가서, 종점 근방의 들판을 한 없이 걸어
다니다가 돌아오곤 하네."

60년대 서울 시내버스의 종점은 대개 허허벌판이었으므로 이 말씀을 들으
니 실감이 났다.

선생께서는 고등학교를 졸업하고 25세에 한 번 술을 마셔본 일이 있으나,
그 뒤 거의 술을 입에 대신 일이 없었고, 우리 문하생이 뵙게 된 광복 후에도
술을 드시는 일이 없으셨다. 하루 세 끼의 식사도 조심스럽게 잡수시고, 술도
안 드시니 언행에 흐트러짐이 없으셨다.

공리(功利) 따르는 이적(移籍)을 꾸짖다

근래에는 젊은이들이 일 년도 못 가서 직장을 옮기고 또 여러 회사에서는 이러한 현상을 부추기기라도 하듯이 '경력사원 모집'이라고 대서특필하고 있다.

그러나 선생께서는 이러한 현상을 몹시도 못마땅하게 여기셨다. 어떤 제자가 불과 3개월만에 직장을 옮기는 것을 보고 이렇게 탄식하셨다.

"사람은 인생을 길게 보고 살아야 하네. 평생을 살다보면 젊었을 때에 한 시기의 이해관계가 크게 좌우하는 것은 아닐세."

그래서 문하생인 필자를 성균관대학교에 추천하시면서 '30년'은 봉사하라고 말씀하셨다. 그 말씀대로 '32년' 동안 봉직하다가 정년퇴임하였지만, 봉직기간 동안에 어려움이나 유혹이 있을 때마다 늘 이 말씀을 떠올렸다.

선생의 학문도 초지일관, 애당초 18세에 품었던 결심을 그대로 실천에 옮긴 것이었다.

선생께서는 1896년 6월 9일에 경기도 시흥군 의왕면(儀旺面) 포일리에서 태어나신 뒤, 집안이 넉넉지 못하기도 하였거니와 나라가 망해가던 20세기 초에 시작한 공부가 순탄치 못하였다. 열세 살 때 관립 한성외국어학교에 입학하였으나 1910년 8월 29일에 나라가 망하여 경성고보(京城高普, 경기고의 전신)에 편입되었다가 중퇴하고 취직, 부업 등 여러 고단한 삶을 겪으면서 다시 양정, 중동, 중앙 등 여러 학교를 전전해야만 했다. 22세 되던 해인 1918년 3월에야 겨우 중앙고등보통학교를 졸업한 다음 곧바로 진학하지 않고 경성방직회사 서기로 취직하였다. 이것은 18세 때부터 마음먹었던 언어학 공부를 하기 위한 준비였다.

1924년에 경성제국대학이 설립되어 언어학 공부를 할 수 있는 길이 열리자 미리 1923년 10월에 '전문학교 입학 자격시험'을 치른 것을 바탕으로 해서 1925년에 30세가 되어서야 경성제국대학 제2회생이 되었다. 학비는 그동안 꼼꼼히 모았던 돈으로 대셨다.

언제나 꿋꿋하셨던 일석 선생

선생은 대학 졸업 후 교편생활과 연구생활을 계속하였으나 1960년 4월 25일에는 계엄령 아래에서 '학생의 피(4 · 19)에 보답하자'고 교수들의 데모에 앞장을 서셨고, 1961년 9월 30일에 서울대학교를 정년퇴임한 뒤, 1963년 8월 1일부터 2년 동안 동아일보 사장을 지낸 일이 있으셨다. 이 시기는 1961년 5월 16일에 실권을 장악한 군부세력의 감시가 철저한 때였으므로, 이러한 위험한 환경 아래에서 반 집권세력 논조가 가장 격렬했던 언론기관의 장 노릇을 한다는 것은 여간 위험한 일이 아니었다. 그러나 선생께서는 관계기관의 탄압을 언제나 앞장서서 막았고, 지조를 굽히지 않은 채 2년 동안의 임기를 무사히 마치셨다.

선생은 동아일보 사장을 사임한 뒤에는 1965년 9월 1일에 대구대학 대학원장과 1966년 9월 1일에 성균관대학교 대학원장을 지낸 다음 1971년 1월 1일부터 1981년까지 10년 동안 단국대학교 부설 동양학연구소 소장직을 맡아 국학 및 동양학 발전에 크게 공헌하셨다. 그 밖에도 국어학회 명예회장, 고문(1966~1989), 현정회(顯正會) 이사장을 맡았고 정부의 '한글전용정책'에 맞서서 '한자 교육을 통한 국어 교육의 정상화'를 목표로 한 '한국어문교육연구회'를 설립하여 회장(1969~1988, 1988년 3월~1989년 11월 명예회장)을 지내셨다.

1956년 11월 24일 강신항 결혼식에서 축사를 하시는 일석 선생

이와 같이 90세 때까지도 학술활동을 계속한 것은 섭생(攝生)에 주의하면서 꾸준히 건강관리를 잘 하신 덕분이었다.

선생께서 심신(心身)을 언제나 깨끗하게 유지하려고 노력하시던 모습은 '결혼식 주례'를 맡는 마음가짐에도 뚜렷하게 나타나 있었다. 선생은 다음과 같은 원칙을 세우고 평생에 천 번 이상 주례를 맡으셨다. "본인들만 와서 부탁하는 주례는 안 맡는다. 부모나 집안 어른이 반드시 와야 한다"(결혼식 중에 신부나 신랑이 복수로 나타날지도 모르니까 하신 말씀이었다).

한번은 발에 '종기'가 나서 '불결한 몸'으로는 '주례'를 설 수 없다시며 극구 사양하셨다. 선생의 모습을 본받아 문하생인 필자도 주례를 맡으면 혼인식 날 목욕재계하고 이발도 하며 될 수 있는 대로 양복과 속옷까지 새 옷으로 갈아입으려고 힘쓰고 있다.

사람은 한 평생을 살다 간 뒤 지조, 청렴도, 학문, 언행 등 여러 면으로 평가를 받는다. 선생은 언제 뵈어도 노기등등(怒氣騰騰)한 모습을 보인 일이 없고,

1984년 5월 진단학회 창립50주년 기념행사를 마치고 안국동 백상회관에서
앞줄 왼쪽에서 두 번째가 일석 선생, 뒷줄 왼쪽에서 두 번째가 필자

늘 온화하셨다.

더군다나 94년이라는 긴 세월을 살아오시는 동안 한 번도 지조를 굽힌 일이 없으셨고, 어려운 가정 살림 속에서도 남에게 의지하지 않고 근검절약하면서 언제나 꿋꿋하게 사셨으며, 18세 때 주시경 선생의 저술을 읽고 국어학[言語學] 연구를 뜻하신 이후, 일생동안 학문 연구에 대한 뜻을 굽히지 않으셨다.

1989년 6월 8일, 선생께서는 94회 생신날을 하루 앞두고 제자 몇 사람과 아드님을 댁으로 부르서서, 돌아가신 뒤 시행할 '학술상' 기금을 비롯하여 여러 학회에도 희사하실 상당한 액수의 연구 장려금에 대하여 자세히 말씀하셨다. 평생 동안 택시도 타지 않고 아끼고 아끼신 정재(淨財)를 자손에게 남기지 않고 학계의 발전을 위하여 거금을 희사하신다는 것이었다.

오늘날 우리나라에는 선생께서 뜻하신 대로 '재단법인 일석 학술재단'이 설립되어 우수한 업적을 남긴 국어학자들에게 해마다 선생의 생신날에 '일석 국어학상'을 수여하고 있다.

강신항
1930년생/서울대학교 국어국문학과 졸업, 동대학원 석·박사/현 성균관대 명예교수, 사단법인 한국어문회 이사장
대표 저서로 『훈민정음연구』 『국어학사』 『현대국어 어휘 사용의 양상』 등 다수

국어사전 편찬에 일생을 바친
건재 정인승 선생

임용기

정인승(鄭寅承, 1897~1986)

전라북도 장수 출생
연희전문학교 졸업, 중앙대학교, 연세대학교 명예문학박사
조선어학회(한글학회)에서 『큰사전』을 펴낼 때, 주도적인 역할을 함
대표 저서로 『표준중등말본』 『표준고등말본』 『의문해설 한글강화』 등 다수

우리말과 함께 한 삶

　건재 정인승 선생은 「국어 운동 50년」(1977)이라는 글에서 당신의 일생을 '장수의 독학 시절' '연희전문 시절' '고창고보 교사 시절' '조선어학회 시절' '함흥 감옥 생활' '8 · 15 해방' '6 · 25 사변 이후' '4 · 19 이후' 등 여덟 시기로 나누어 정리한 적이 있다. 이 글을 보면, 선생이 평생을 어떻게 살아왔는지를 잘 알 수 있다. 한마디로 선생의 일생은 오로지 우리말과 함께 한 삶이라 할 수 있다. 선생은 평생 당신의 모든 것을 국어를 연구하고, 가르치고, 또 국어사전을 편찬하는 데 다 바쳤다. 그 가운데서도 특히 국어사전을 편찬하는 데 온갖 정성을 다 기울였다. 국어사전을 편찬하던 때는 또 당신이 가장 왕성하게 일 할 수 있었던 시기이기도 하였다. 선생은 1936년 4월부터 조선어학회에서 사전 편찬 일을 맡게 되는데, 그 뒤 『큰사전』(1947~1957), 『중사전』(1958), 『소사전』(1960) 등을 편찬할 때 늘 주도적인 역할을 하였다. 『큰사전』은 우리나라의 대표적인 국어사전인데, 이 사전을 갖게 됨으로써, 우리는 비로소 문화민족으로서의 자긍심을 가질 수 있었다. 선생의 국어사전 편찬은 일제 강점기, 광복 이후의 혼란기, 6 · 25사변 등 우리 역사에서 가장 혹독하고 어수선한, 그렇기 때문에 겪어내기가 무척이나 어려웠던 시기에 이루어졌다. 거기에는 물론 '조선어학회 사건'까지 들어 있다. 1942년 10월부터 1945년 8월까지, 이 사건에 연루된 선생을 포함한 선각들이 겪은 고통은 이루 다 말할 수가 없다. 우리는 이와 같은 사실을 이미 잘 알고 있다. 선생이 조선어학회에서 사전 편찬 일을 맡기 전까지, 곧 고향에서 독학하던 시기, 연희전문학교에서 수학하던 시기, 그 뒤 고창고등보통학교에서 교사로 지내던 시기는 결국 국어사전을 편찬할 수 있는 바탕을 마련한 시기라고 할 수 있다. 그리고 선생은 국어사전

사전 편찬 작업을 하고 계시는 건재 선생
출처:『나라사랑』제95집(외솔회, 1997)

을 편찬하면서 국어사용의 다양한 실례들을 폭넓게 확인하게 되는데, 이것은
선생이 국어학을 체계적으로 연구할 수 있는 바탕이 된다. 광복 이후 선생이
연희대학교, 중앙대학교, 건국대학교 등에서 국어학을 강의할 수 있었던 것은
이 때문이다. 따라서 선생은 국어학자이면서 한편으로는 뛰어난 국어사전
편찬 학자라 할 수 있다. 원래 국어사전 편찬은 국어학에 대한 이해가 없이는
불가능하다. 선생은 또 1936년 4월 조선어학회와 인연을 맺은 뒤, 평생토록
조선어학회와 한글학회의 모든 일에 관여하였고, 또 그 일에 온갖 정성을 다
쏟았다. 광복을 맞으면서 시급해진 우리말 교육 때문에, 서둘러 교재를 편찬하
거나 국어 교사들을 강습한 일, 한글학회의 기관지인『한글』의「물음과 대답」
난을 통하여 한글맞춤법 등 국어사용과 관련한 구체적인 문제들에 대한 일반
독자들의 물음에 대하여 일일이 자세하게 그 의문을 풀어 준 일, 그리고 한글맞
춤법을 고치는 일 등이 그것이다.

건재 정인승 선생의 생애

선생은 1897년 5월 전라북도 장수군 계북면 양악리에서 정상조 님과 송성녀 님의 둘째 아들로 태어났다. 본관은 동래이다. 일찍이 향리에서 한문을 배우는 한편, 혼자 역사, 지리, 산술, 천문학, 일본어 등 이른바 신학문을 두루 익혔다. 선생의 연희전문학교 학적부 학업 난에 적혀 있는 입학 전 학력은 다음과 같다. 1908년부터 1915년까지 구 용담군 이북면에 있는 사립 중화측량학교, 1915년부터 1917년까지 용담공립보통학교, 그리고 1918년부터 1919년까지 경성사립국어보급학관 고등과 등에서 공부한 것으로 되어 있다. 진안의 용담공립보통학교에 입학할 때 선생의 나이는 이미 열아홉 살이었다. 늦은 나이에 보통학교를 다닌 것은 상급학교에 진학하기 위해서는 그 자격이 필요했기 때문이다. 선생은 1919년 9월부터 1921년 3월까지 다시 고향에 내려와 사촌형과 함께 와세다대학의 문학 강의록과 법률학 강의록을 구하여 공부하였다.

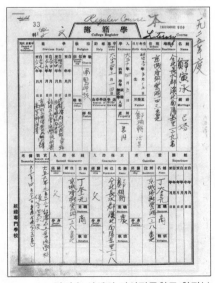

선생은 스물다섯 살이 되어서야, 그렇게 바라던 전문학교에 입학하게 되는데, 1921년 4월 연희전문학교 문학과에 입학하여 1925년 3월에 졸업하였다. 여기서 석인 정태진을 만나게 되는데, 이 만남은 '조선어학회 사건'의 실마리가 된다. 이

정인승 선생의 연희전문학교 학적부

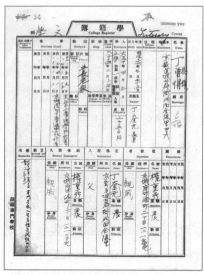

정태진 선생의 연희전문학교 학적부

두 사람의 만남은 그 뒤 1952년 11월 석인이 세상을 떠날 때까지 이어졌다. 석인 역시 국어학자이면서, 조선어학회에서 국어사전 편찬을 하였는데, 석인이 조선어학회에서 일하게 된 것은 연희전문 동창이지만 석인보다 여섯 살 위인 건재 선생의 권유로 이루어진 것이다. 그때 석인은 미국 유학을 마치고 귀국하여, 함흥에 있는 영생여자고등보통학교에서 영어를 가르치고 있었다. 선생의 연희전문학교 학적부를 보면, 선생과 석인의 사이가 어떠했는지를 알 수 있다. 거기에는 선생의 학교생활의 감독자 및 부보증인이 석인의 부친인 정규원 님으로 되어 있다. 사는 곳도 석인이 살았던 경성부 필운동 138번지에서 가까운 필운동 143번지로 되어 있다. 선생은 3학년 때 학교 기숙사로 들어가는데, 적어도 그 전까지는 석인과 한 동네에서 살았다. 그리고 4년 동안 내내 한 학교에서 함께 공부를 하였다.

연희전문학교에서의 생활을 선생은 「나의 국어 생활을 돌아봄」(1983)이란 글에서 다음과 같이 적고 있다.

원하고 원하던 독립을 고대하기 해포가 넘은 1921년 봄에 나는 마음을 다시 가다듬고, 서양 선교회의 조선인 교육기관인 연희전문학교에 일단 입학을 하였다. 서양 문화와 일본 문화를 내 나름으로 비교해 보고 싶어서였다. 우선 나보다 삼년 먼저 입학하여 졸업반이 된 김윤경 님과 사귀게 되어, 그의 옛 스승인 주시경 선생의 창의적인 국어 문법 학설을 체계적으로 습득한 것과 영문법 교수인 백남석 선생의 영어구문론 해설을 논리적으로 체득한 것, 그리고 국문학자인 정인보 교수의 수사학 강의, 미국인으로 영문학 전공인 피시어 교수의 셰익스피어 강의, 심리학 전공인 원한경 교수의 아동심리학 강의 등이 모두 나에게 깊은 감명을 주었다. 그러나 이런 중에서도 나에게 학문적으로나 사상적으로 가장 가깝게 친밀하게 접촉하여, 뒷날 나의 생애에 길이 영향을 남겨준 분은 김윤경 선배와 정인보 교수 두 분임을 잊을 수가 없다.

선생이 국어 문법 공부를 체계적으로 한 것은 연희전문학교에 입학한 뒤였던 것으로 짐작되는데, 한결 김윤경 선생의 영향이 컸었던 것 같다. 선생의 「강개의 선비 외솔형」(1974) 이란 글에서, 이때 선생은 이미 유길준, 주시경, 이규영, 장지영 등 여러 선배들의 국어 문법에 관한 저서를 다 읽었다고 적고 있다. 그 뒤 외솔 최현배 선생이 1929년에 펴낸 『우리말본』(첫째매)과 1930년에 쓴 「조선어의 품사 분류론」까지 자세하게 읽었다고 한다.

선생은 연희전문학교를 졸업한 뒤, 곧 바로 고창고보에 영어 교사로 부임하는데, 처음부터 영어보다는 조선어를 가르치는 데 더 정성을 쏟았다. 물론 부임을 약속할 때부터 조선어 교육을 하겠다는 다짐을 받지 않은 것은 아니지만, 막상 부임하여 확인하게 된 가장 심각한 사실은 일본어 시간에 비해 조선어 시간이 형편없이 적다는 것이었다. 일본어 시간은 일주일에 6시간인데 비하여, 조선어 시간은 일주일에 1시간뿐이었다. 이 시간으로는 도저히 우리말을 제대로 가르칠 수 없었다. 그리고 당시 상황은 이미 조선어 시간을 없애려는 움직임까지 보이고 있었던 것이다. 제 나라 말도 제대로 모르는 학생들을 졸업시킬 수 없다고 판단한 선생은 영어 교육보다는 나라와 겨레의 의식을 심어줄 수 있는 우리말 교육을 더 중요하게 여겼다. 그리고 영어는 연희전문학교 동창

고창고보에서 교편을 잡고 있을 무렵
앞마당에서 가족들과 함께
출처: 『나라사랑』 제95집(외솔회, 1997)

생인 박희성을 불러 맡게 하였다. 선생의 노력으로 학생들은 물론 선생들까지
국어 공부를 하게 되었다. 선생은 공식적으로 국어 시간을 늘리기 위하여 갖은
노력을 다하였다. 그렇게 해서 이 학교에서는 다른 학교와는 달리, 비공식적이
기는 했지만 국어시간을 일주일에 5시간으로 늘릴 수가 있었다. 광복 직후
국어 교사가 절대로 필요했을 때, 고창고보 졸업생들은 시험도 보이지 않고
국어 교사로 채용했다고 하는 일화는 이 때문에 생긴 것이다. 이 학교의 졸업생
권성욱은 선생의 제자인데, 광복 이전부터 줄곧 선생과 함께 국어사전 편찬
일을 하였다. 선생은 이때부터 국어를 가르치는 한편, 조선어학회 기관지인
『한글』의 「물음과 대답」 난을 통하여 국어를 가르치면서 부닥쳤던 구체적인
문제들을 묻기 시작하였다. 이때 선생이 질문한 내용들이 『한글』 제11호
(1934년 4월)에 실려 있는데, 그 묻는 것이 워낙 조리가 있고 분명하여 대답하

고창고보 제3회 졸업생과 함께, 뒤에서 둘째 줄 오른쪽에서 두 번째
출처: 『나라사랑』 제95집(외솔회, 1997)

는 이들이 진땀을 뺐다고 한다.

고창고보를 그만둔 선생은 상경하여 지금의 돈암동에서 조그마한 목장을 경영하고 있었다. 이때 외솔이 직접 찾아와서 조선어학회에서 하고 있는 국어사전 편찬 일을 맡아 줄 것을 권유하였다. 외솔이 굳이 선생을 찾아와 권유한 까닭은 이미 『한글』지를 통하여 선생을 익히 알고 있었기 때문이다. 이처럼 외솔의 권유로 선생은 1936년 4월부터 조선어학회에서 『큰사전』 편찬 일을 맡아보게 되는데, 그 뒤 1937년 10월 1일부터 1942년 5월까지 학회기관지 『한글』의 편집과 발행을 맡았고, 또 1937년 9월 『한글』제48호(5권 제8호)부터 『한글』의 「물음과 대답」 난을 맡기 시작하였다.

그리고 1942년 10월 1일부터 1945년 8월 17일까지는 이른바 '조선어학회 사건'에 연루되어 함흥형무소에 수감되어 옥고를 치렀다. '조선어학회 사건'의 경위와 함흥형무소에서 있었던 일들을 선생은 『남기고 싶은 이야기들』 가운데 「조선어학회 시절」(1972)이라는 글에서 자세하고 밝히고 있다. 다음은 그 가운데 일부이다.

1938년 『한글』(6권 제11호)
출처: 『독립기념관 전시품도록』

다행히 사전 편찬 일은 1942년 3월에 대동출판사의 협력을 얻어, 원고 일부를 인쇄에 부쳤고, 언제 어떻게 또 원고가 없어질지 몰라 원고를 따로 또 한 벌 만들어 비밀히 간직케 했다. 그러나 원고의 일부가 인쇄에 부쳐졌다고 하지만, 원고 정리하는 일손이 모자라, 이극로와 권승욱, 그리고 나는 화동 조선어학회 이층 사무실에서 번번이 밤을 새워야 했다. 같이 밤을 새우며 원고 정리를 하던 정태진이 지난 9월 5일 함경도 홍원경찰서에서 날아온 한 장의 증인 소환장을 받고 내려간 지 한 달이 가까이 돼도 아무런 소식 하나 없어, 이극로와 나는 "그 사람 정신 있는 사람이야" 하고 짜증까지 내고 있는 판이었다. 정태진은 그 날 소환장을 받은 즉시 "하여간 오라고 하니 뭐 죄 지은 것도 없으니 다녀오는 것이 낫겠다"라고 하여, 별 염려 없이 내려가고 만 것이었다.

희끄무레하게 밝아오는 혜화동 로터리를 돌아 성벽을 향해 가며, 나는 피로도 잊고, 머릿속에서는 정리하다 만 낱말들이 하나하나 다시 떠오르고 있었다. "원고 정리를 빨리 하여 인쇄소에 넘겨주어야 할 텐데……" 이극로와 권성욱, 그리고 나는 오늘 새벽에도 일손을 놓고, 잘 진척되지 않는 편찬 일을 다시 서두를 것을 마음속에 되새겼다. 정태진이 오늘이라도 돌아오면, 다시 활기를 찾아, 일이 눈에 띄게 진전될 것이라고 기대하였다. 이런 생각 저런 생각을 하며 걷는 나의 발걸음은 어느 덧 집 앞 막바지 언덕을 올라 대문 앞에 닿았다. 그러나 이제 막 먼동이 트기 시작하는 골목길에 우리집 문이 활짝 열려 있는 것이 보였다. 새벽이면 돌아오는 조용한 골목길, 그 조용하고 아늑해야 할 골목길에 대문이 활짝 열려 있는 일은 이상한 두려움을 한순간에 나의 가슴에 안겨주었다. 나는 성큼 대문을 들어서며 주위를 둘러보았다. 내가 서재 겸 살림방으로 쓰고 있는 안방문도 열려 있었다. 문을 열어 놓은 안방에는 낯모르는 양복장이 두 사람이 반듯이 앉아 있었다.

이극로, 이윤재, 최현배, 이희승, 정태진, 김양수, 김도연, 이우식, 이중화, 김법린, 이인, 한 징, 정열모, 장지영, 장현식, 그리고 나까지 16명은 검사의 정식 기소로 예심에 회부되었다. 기소 이유는 치안유지법 제1조에 해당하는 내란죄로 16명의 피의자들은 대역의 사상범으로 각각 구치소 독방에 수감되었다. 경찰서 유치장에서와는 달리, 함흥형무소에 들어오자 전부 입은 옷이 벗겨지고, 죄수가 입는 반물빛 홑두루마기를 하나씩 주었다. 그 당시에는 치안유지법 위반자 등 내란죄 및 사상범과 같이 중대한 피의자들은 검사의 기소로 직접 재판에 회부되는 것이 아니라, 그 중간에 예심이란 것을 받아야 했다. 예심제를 둔 것은 표면상으로는 사건을 신중히 처리하기 위한 것이었으나, 실제로는 피의자들을 되도록 장기간 구속하여 재판을 받기 전에 미리 톡톡히 골탕을 먹이려는 악랄한 속셈에서 만든 것이었다. 실제로 그 당시 예심을 핑계로 많은 우리의 독립운동가들이 옥중에서 정식 재판을 받기 전에 몇 해를 고생하는 예가 허다했다. 더욱이 조선어학회 사건은 그 자매기관 및 활동 상황으로 보아 사건이 여러 가닥이 되고 관계자도 많아, 경찰과 검사의 심문 조서만 해도 50여 책이나 넘었으므로, 예심판사가 조서를 검토하는 데만도 상당한 시일이 걸릴 것이기 때문에, 이제 16명은 언제 열릴지도 모르는 예심 판결을 기다리며, 무료한 옥중 생활을 시작하지 않으면 안 되었다. 내가 들어간 미결감에는 단 한 사람 박병순이란 사회주의자가 있었다. 이 사람은 평북 영변 농업조합사건으로 끌려왔다고 했는데, 6개월간을 함께 있었다. 대부분 사상범인데도 구치소가 모자라, 민족주의자 한 명과 사회주의자 한 명씩을 한 감방에 두는 듯했다. 10월에 접어들면서 혹심한 추위가 몰아왔다. 거기다 극심한 식량난으로 수감자에게 주는 식사의 양도 나날이 줄어들었다. 들리는 이야기로는 10월과 11월 두 달 사이에 함흥형무소에서 약 350명이 죽어 나갔다고 했다. 12월 8일은 일본이 이른바 대동아전쟁을 일으킨 날인데, 이 날은 몹시도 추웠다. 나는 하루 종일 춥고 배가 고파 있을 수가 없어, 서성거리며 온기를 모으느라고 하루를 다 보냈다. 바로 이 날 이윤재가 세상을 떠났다. 이윤재는 고문에 몸이 쇠약할 대로 쇠약해져서, 전에도 심문을 받으러 끌려갈 때 몇 번인가 도중에서 쓰러진 일도 있었다. 이윤재의 옥사 소식은 이틀이 지난 10일에야 한국인 간수가 내게 귀띔을 해 주어 알았다.

광복이 되면서, 모든 사람들이 그동안 잃어버렸던 우리말을 되찾아 쓰려고 하였다. 이 때문에 우선 우리말과 글자를 가르치는 일이 시급하게 되었다. 그러나 우리말 교육을 위해서는 우선 교사와 교재가 있어야만 했다. 이 때문에 선생은 국어 강습과 국어학 강의, 그리고 국어 교재를 편찬하는 데 정성을 다하였다. 1945년 11월부터 연희대학교와 경성사범대학의 강사로 출강하기 시작한 것과 한글학회에서 설치한 세종중등교원양성소(1948년 7월~1950년 6월)의 강사로 강의를 한 것 등이 그것이다.

그 뒤 선생은 한글학회의 이사와 명예이사에 추대되어,『큰사전』은 물론 『중사전』과『소사전』등을 편찬하는 데 관여하는 한편, 한글맞춤법 개정 등 학회의 모든 일에 관여하였다. 또 선생은 1945년부터 1986년 세상을 떠날 때까지 전북대학교, 중앙대학교, 건국대학교, 원광대학교 등에서 총장, 교수, 강사 등을 역임하면서 많은 후학들을 가르쳤다. 선생은 정부의 여러 가지 일에 도 관여하였는데, 문교부 학술용어제정위원회 위원, 교수요목제정위원회 위

1949년 세종중등교원양성소 교직원들과 함께
출처:『나라사랑』제95집(외솔회, 1997)

원, 문법용어제정위원회 위원, 국어심의회 심의위원, 교수자격심사위원회 위원, 국정교과서편찬심의회 위원, 중등교사자격고시위원회 위원, 한글전용 특별심의회 전문위원, 국어조사연구위원회 위원, 총무처의 고등고시 위원, 국방부의 중앙지명제정 위원, 문화공보부의 방송용어심의위원회 위원, 학술 원 회원 및 원로회원 등이 그것이다. 선생이 남긴 글에는 다음과 같은 것들이 있다. 저서로는 『한글소리본』(1947, 유열과 공저), 『표준중등말본』(1949), 『표준중등말본』(1956), 『표준고등발본』(1956), 『의문해설 한글강화』(1960) 등이 있다. 논문으로는 「 ㅣ '모음 역행동화 문제」(1937), 「모음상대법칙과 자 음가세법칙」(1938), 「고본 훈민정음 연구」(1940), 「고대 사이된소리 표기법 의 새 고찰」(1954), 「'다그다'와 '다가'가 『큰사전』에 어찌 실렸나」(1956), 「이 두 기원의 재고찰」(1957), 「우리말의 씨가름에 대하여」(1959), 「동국정운연구: 원본 교주를 시도하여 고금운회거요와 재구편을 비교하면서」(1973, 성원경과 공저) 등이 있다.

1955년 『한글』 110호 출간기념 사진
출처: 『나라사랑』 제95집(외솔회, 1997)

건재 정인승 선생과 『큰사전』 편찬

국어사전의 편찬 과정

우리의 국어사전 편찬은 1911년 '조선광문회'의 주관으로 주시경, 김두봉, 이규영, 권덕규 등이 『말모이』란 사전 원고를 작성한 데서 비롯한다. 그러나 이 일은 마무리되지 못하고, 개인적으로 얼마간 지속되다가, 1927년 최남선의 주선으로 계명구락부에서 그 원고를 넘겨받아 계속하게 된다. 그러나 그것도 한 해를 넘기기 못하고 중단된다. 그러다가 1929년 10월 30일 한글날 기념식에서 뜻있는 사회 각 방면의 인사 108인이 '조선어사전편찬회'를 결성함으로써 이 일은 다시 시작된다(『조선문자급어학사』 1938, 657~659쪽 참고). 그런데 선생은 「한글 운동과 이윤재 선생」(1973)이란 글에서 환산은 1927년부터 국어사전 편찬에 관여하고, 이극로는 1929년부터 이 일에 관여한 것으로 적고 있다.

이윤재 선생은 여러 학교의 교직을 역임하여 국어 국문의 지도 발전에 노력하는 한편, 1927년 봄에는 당시 민족 문화 발전의 유지인 최남선, 정인보, 변영로, 임규, 양건식 등 여러 분과 함께 계명구락부에 모여서, 국어사전 편찬 사업을 의논하였다. 그리하여 그보다 약 15년 전부터 우리 국어학계의 선구자이었던 주시경, 김두봉 등 몇 분이 조선광문회에서 3~4년 동안 어휘 수집을 하다가 중지하였던 원고(카드)를 기초로 하여, 약 일 년 남짓 사전 편찬의 일을 추진하다가, 경비 관계와 편찬원들의 사정으로 부득이 성과를 보지 못하고 중지하였다. 원래 사전 사업은 아무리 뜻이 있더라도 몇몇 소수의 인원이나 단기간의 시일로는 소기의 목적이 이루어질 수 없는 일이요, 더구나 우리 경우와 같이 역사상 처음으로 시도하는 일로서는 여간한 준비와 계획을 여러 모로 갖추지 않고서는 될 수가 없는 일이다. 이것을 절실히 깨달은 선생은 새로운 각오와 새로운 계획을 여러 모로 모색하고 있던 중에, 때마침 1929년 봄에 독일 유학을 마치고 귀국한 이극로 동지를 맞이함과 동시에 국어학계의 중진인 최현배 교수를 비롯한 각계 유지들과 손을 잡게되어, 우리말 사전 편찬의 사업을 역사적인 민족 사업으로 전개할 새로운 계획을 마련하기로 뜻을 모았다. 그리하여 1929년 10월에 사회 각 방면의 인사 108인의 공동 발기로 '조선어 사전 편찬회'를 조직하고 …… 이로부터 이윤재 선생은 이 사전 편찬회의 편찬위원으로 선임됨과 동시에, 한편으로는 조선어학회의 상임 감사로 피임되어, 사전 편찬회의 계획 준비와 조선어학회의 여러 가지 실무를 겸행하게 되었다 …… 이어서 1930년 12월에는 조선어학회가 독자적으로 가장 합리적이요 실용적인 한글 맞춤법의 제정과 우리말 표준말의 사정, 그리고 외래어의 표기법 작성 등을 서두르기로 결의하여 곧 실무에 착수하였으니, 이는 실로 현대 국민의 문화생활에 가장 중요한 일임은 물론이요, 이 세 가지 일이 곧 사전 편찬에 선행되어야 할 기초 작업이기 때문이다.

조선어학회에서는 국어사전 편찬과 관련하여, '한글 맞춤법 통일안'(1933년 10월 29일)과 '사정한 조선어 표준말 모음'(1936년 10월 28일), '외래어 표기법 통일안'(1940년 6월 25일) 등을 마련하였다. 물론 이것은 국어사전 편찬을 위한 기초 작업으로 이루어진 것임은 말할 것도 없다. 이와 관련하여 선생은 「나의 국어생활을 돌아봄」(1983)이란 글에서 다음과 같이 적고 있다.

1935년에 이르러서는, 일찍이 계획해 오던 사전 편찬의 기초 작업인 한글 맞춤법 제정은 앞에서 말한 대로 이미 완성되었고, 표준말 사정도 거의 완결 단계에 이르렀고, 다만 외래어 표기법 제정이 아직 진행 중에 있으나, 대개의 윤곽은 잡을 만한 정도에 이르렀으며, 처음부터 걱정하였던 경비 문제는 본 회의 하는 일에 은근히 호의를 가진 몇 특지가들, 이우식, 김양수, 장현식, 김도연, 이 인, 서민호, 신윤국, 김종철, 민영욱, 임혁규, 장세권 등의 남모르는 후원으로, 현금 일만 원의 회사와 사무소용 건물 한 채의 기증으로, 다음 해(1936년) 봄부터 편찬위원 여섯 사람, 곧 이극로, 이윤재, 최현배, 정인승, 이중화, 한 징(나중에 이윤재와 최현배의 휴직으로 권승욱과 정태진이 편찬 일을 맡게 됨) 등이 집필 업무를 개시하였다.

1936년 3월 20일 조선어학회와 조선어사전편찬회가 합의하여 편찬회를 발전적으로 해체하고, 그 동안 해 오던 사전 편찬 사업의 일체를 조선어학회가 전담하기로 하였다. 이와 같이 사업 일체를 맡은 조선어학회는 1936년 4월 1일부터 새로운 사전 편찬 계획을 세우는데, 우선 전임 책임 집필 위원으로 선생과 이극로, 이윤재, 이중화, 한 징 등 다섯 명을 선정하였다. 그리고 곧 원고 집필을 시작하였다. 선생이 조선어학회에서 국어사전 편찬 일을 맡은 것이 1936년 4월 1일이니까, 선생은 조선어학회에서 사전 편찬을 전담하기 시작하면서부터 참여한 것이다. 그리고 선생은 광복 이후 『큰사전』이 완간될 때까지, 이윤재, 이극로의 뒤를 이어 사전 편찬 작업을 이끌게 된다.

국어사전 편찬의 문화사적 의의

당시 국어사전의 편찬은 뜻있는 인사들의 공통된 소망이었다. 이 때문에 1911년에 시작된 편찬 사업은 그 맥이 끊이지 않고 이어졌던 것이다. 국어사전 편찬의 문화사적 의의는 '조선어사전편찬회'의 취지서에 잘 나타나 있다. 그 일부를 소개하면 다음과 같다.

인류의 행복은 문화의 향상을 따라 증진되는 것이요, 문화의 발전은 언어 및 문자의 합리적 정리와 통일을 말미암아 촉성되는 것이다. 그러하므로 어문의 정리와 통일은 제반 문화의 기초를 이루며, 또 인류 행복의 원천이 되는 것이다. 언어와 문화의 관계가 여사히 중대하므로 일찍이 문화 발전에 유지한 민족들은 언어 및 문자의 정리와 통일을 급무로 하지 않은 자가 없으니, 과거의 모든 문명의 민족이제가끔 자기 어문의 표준을 확립하기 위하여 표준 언어와 표준 문자를 제정하며, 동시에 표준 사전을 편성하여 어문의 통일을 도모하였고 ……그러하므로 금일 언어를 소유하고 문화를 소유한 민족으로서는 사전을 가지지 않은 민족이 없다. 그러나 우리 조선 민족은 언어를 소유하고 또 문화를 소유하면서도 금일까지에 아직 사전 한 권을 가지지 못하였다. 그러므로 조선의 언어는 극단으로 문란을 일으키게 된 것이요, 또 조선 민족의 문화적 생애는 금일과 같은 황폐를 이루게 된 것이다. 조선의 언어는 상술한 것처럼 어음, 어의, 어법의 각 방면으로 표준이 없고 통일이 없으므로 하여 동일한 사람으로도 조석이 상이하고 동일한 사실로도 경향이 불일할 뿐만 아니라, 또는 어의의 미상한 바가 있어도 이를 질정할 만한 준거가 없기 때문에 의사와 감정은 원만히 소통되고 충분히 이해될 길이 바이없다. 이로 말미암아 문화의 향상과 보급은 막대한 손실을 면할 수 없게 되는 것이다. 금일 세계적으로 낙오된 조선 민족의 갱생할 첩로는 문화의 향상과 보급을 급무로 하지 않을 수 없는 것이요, 문화를 촉구하는 방편으로는 문화의 기초가 되는 언어의 정리와 통일을 급속히 꾀하지 않을 수 없는 것이다. 그를 실현할 최선의 방책은 사전을 편성함에 있는 것이다.

건재 선생의 『큰사전』 편찬

국어사전 편찬을 위한 기초 작업인 맞춤법·표준말·외래어 표기법 등이 제정되면 곧바로 사전 편찬 실무에 들어가게 되는데, 이때부터 해야 할 일에는 다음과 같은 것들이 있다. 먼저 사전에 올릴 어휘를 수집해야 한다. 어휘 수집은 편찬하려는 사전의 성질과 종류에 따라 조금 차이가 있는데, 『큰사전』의 경우 일상적인 어휘는 물론, 정치·경제·사회·문화·종교·철학 등 각 분야의 전문용어·옛말·방언·속어·비어·변말·곁말·높임말·낮춤말 등 국어생활에 필요한 것들은 다 거두어 들였다. 일상적인 어휘에는 고유한 우리말은 물론 한자말과 외래어가 다 들어간다. 전문용어는 다시 여러 갈래의 하위 분야로 나뉘는데, 각 하위 분야마다 상당한 어휘가 있다. 어휘의 수집이 끝나면, 수집된 어휘 사이의 관계를 살펴 올림말을 가려 뽑아야 한다. 곧 낱말들 사이의 관계를 정밀하게 살펴 같은말·비슷한말·반대말·큰말·작은말·센말·거센말·높임말·낮춤말·어린이말·옛말·이두말 등을 가리는 것을 말한다. 물론 올림말을 가려 뽑을 때는 일정한 기준이 마련되어 있어야 한다. 올림말이 결정되면, 그것들의 음운·형태·통어·어휘상의 특징들을 밝혀야 한다. 이것은 결코 쉬운 일이 아닌데, 그때는 특히 형태론적으로 각 낱말의 짜임새를 밝히는 데 매우 관심을 가졌다. 이것을 위해서는 조어법은 물론 굴곡법에 대한 이해가 충분해야 한다. 그것이 밝혀지면, 이것들을 근거로 하여 뜻풀이를 하게 된다. 물론 뜻풀이를 하는 데도 일정한 원칙과 기준이 있다. 이 일 또한 결코 쉬운 일이 아니다. 뜻풀이가 끝나면 그것이 쓰이는 구체적인 용례를 찾아야 한다. 그리고 가능하면, 그 말의 어원까지 밝혀야 한다. 이러한 일들이 끝나면, 마지막으로 사전을 제작하게 되는데, 이때는 책판의 형식, 차례와 범례, 낱말의 배열 순서, 각종 부호, 삽도와 도표 같은 것을 결정해야 한다. 이처럼 사전 편찬은 하나 같이 복잡하고 어려운 작업이다. 그리고 국어학에 관한 전문적인 지식이 없으면 안 된다. 선생은 이러한 것들을 충실하게 해낼 만한 충분한 자질과 지식을 가지고 있었던 것으로 보인다. 광복 후 국어사전 편찬 일을 함께 한 이강로 님은 「건재 선생이 사전 편찬에 남긴 이야기」(1996)란 글에서 다음과 같이 적고 있다.

『큰사전』은 1929년에 편찬을 시작하여 1957년 여섯 권이 완성되기까지 무려 28년이란 긴 세월이 소요되었고, 건재 선생께서 1938년쯤부터 이 사업에 중점적으로 각고면려하였으니, 20년이란 세월을 사전 편찬에 바친 셈이다. 이 시기에는 사전 편찬에 관한 참고 자료가 거의 없었으니, 모든 업무가 건재 선생의 판단을 바탕으로 한 창작에 가까웠다. 사전 편찬은 복잡한 가운데에서도 가장 복잡한 업무이다. 우선 사전에 수록할 수 있는 낱말은 말로 표현할 수 있는 온 범위의 낱말을 모두 포함한다. 일상적인 어휘는 물론이요, 정치, 철학, 종교, 문화, 사회 …… 등 인류의 생활에 나타나는 정보는 모두 포함하고 있다. 전문 분야에 있어서도 '옹기' 만드는 일에 관련된 어휘만도 수백 개가 있고, '활'에 관한 어휘만도 팔백여 개나 된다. 이런 것들 가운데서 『큰사전』에 알맞은 것을 간추린다는 것은 보통 어려운 일이 아니고, 이렇게 수집된 어휘의 서로의 관계를 분명히 밝히는 작업, 다음으로 가려 뽑은 어휘에 대한 적절한 주석을 한다는 것 또한 쉬운 일이 아니다. 이러한 여러 문제를 즉석에서 분명하게 판단해야 할 위치에 있는 분이 건재 선생이었다. 이 일을 오래 해내는 동안에 건재 선생으로는 이 방면에 하나의 주관이 뚜렷하게 확립되었다. 그리하여 어떠한 풀기 어려운 문제이건 건재 선생의 눈을 거치면, 정확하게 해결되었다. 이런 점으로 볼 때, 건재 선생은 우리나라 사전 편찬사의 길을 닦은 선구자요, 빛나는 업적을 남긴 거룩한 사전 편찬학자라고 하여야 할 것이다. 오늘날은 사전 편찬의 이론서만도 수백 종이나 되고, 세계적인 편찬 협의 기구까지 설립되고, 월간 전문지도 많이 출판되고 있다. 이 중에서 가장 권위 있다는 이론서를 볼 기회가 있었는데, 이 내용과 건재 선생이 직접 집필한 사전의 내용을 비교하여 본 결과 많은 일치점을 발견할 수 있었다. 경험은 철학이라는 말이 과연 헛되지 않음을 실감할 수 있는 가장 좋은 본보기라 하겠다.

건재 선생을 기리며

글쓴이는 1981년 8월부터 일 년여 동안 한글학회의 『우리말 큰사전』의 편찬 일을 도운 적이 있다. 이것은 『큰사전』 보유 작업으로 이루어진 것인데, 1967년부터 시작되었다. 그때 선생은 한글학회의 명예이사로 계셨는데, 가끔 학회에 들르신 것으로 기억하고 있다. 글쓴이가 건재 선생을 생전에 직접

(위) 전북대학교 총장으로 계셨던 무렵의 건재 선생 출처: 『나라사랑』 제95집(외솔회, 1997)
(아래) 1962년 건국공로훈장을 받으신 날 출처: 『나라사랑』 제95집(외솔회, 1997)

뵌 것은 1982년 10월 9일 한글학회에서 주관한 '조선어학회 사건' 40돌 기념식
자리에서였다. 그때 선생은 조선어학회 사건의 시말을 아주 조용하면서도
차분하게 그리고 분명하게 증언하였는데, 당시 선생의 말씀을 듣고 있는 이들
은 하나같이 모두 잔잔한 감동을 일으켰던 것으로 기억하고 있다. 그리고 선생
을 마지막으로 떠나보낸 것은 1986년 7월 9일 한양대학교 부속병원에서 열린
선생의 영결식장에서였다. 그때 나는 영결식에 참석한 조객들 가운데 매우
젊은 축에 끼었기 때문에, 먼발치에서 식이 진행되는 것을 바라볼 수밖에 없었

다. 그런 글쓴이가 선생에 대해 관심을 갖게 된 것은 1996년 10월 연세대학교 국학연구원에서 주관한 '건재 정인승 선생의 삶과 학문'이란 기획발표회에서 「건재 선생의 이두와 훈민정음, 그리고 동국정운 연구에 대하여」라는 제목으로 선생의 이두 및 훈민정음 관련 연구 업적을 뒤돌아본 뒤부터이다. 그때부터 선생의 국어학 연구업적과 사전 편찬 및 그것에 얽힌 여러 가지 일들을 살펴보기 시작하였다. 이 글은 그런 인연으로 이루어진 것이다.

　광복 후 선생과 사전 편찬 일을 함께 한 유제한 님은 선생을 "얼굴이 해맑고, 눈이 총명하고, 마음이 어질고, 학식이 해박한 학자요, 군자다"라고 하였다. 또 건재 선생에게 직접 배운 제자들의 눈에 비친 선생은 '늘 푸른 소나무 위에 목을 길게 하고 선 학'이었고, 또 '들풀같은 동네의 조용한 노인'이었다. 아마 선생의 아주 깨끗하고, 맑고, 조용한 얼굴 모습에서 받은 인상 때문인 것 같다. 이처럼 선생은 평생을 깨끗하고 조용하게 살다 가신 분이다. 가난하여 아무 것도 없으면서도, 자신이 옳다고 생각한 길을 꿋꿋하게 그리고 야단스럽지 않게 살다 가신 분이다.

임용기
1947년생/연세대학교 국어국문학과 졸업, 동 대학원 문학석사·박사/연세대 문과대학 학장, 국어사학회 회장, 구결학회 회장 등 역임/현 연세대학교 국어국문학과 교수, 한글학회 이사
대표 저서로 『국어학서설』 『국어사연구』 등 다수

영혼의 눈으로 만난 위대한 스승

김교신 선생

● 김정환

김교신(金教臣, 1901~1945)

함경남도 함흥 출생
함흥농업학교 졸업, 도쿄고등사범학교 지리박물과 졸업
함석헌 등과 월간지『성서조선』발간
양정중학교, 경기중학교, 개성송도중학교 교사 재직
성서조선사건으로 투옥, 1년간 옥고를 치름
함흥 질소비료공장에 조선인 강제징용자들을 돕기 위해 입사
대표 저서로『김교신 전집』『산상수훈연구』『우치무라와 조선』(함석헌 공저) 등 다수

스승과 만남

인류 수 천 년의 역사에서 천재를 딱 한 명만 뽑아야 한다면 누구를 꼽을 수 있을까? 아마도 플라톤이리라. 여유로운 귀족 집안에서 태어난 플라톤은 건강한 체격과 잘 생긴 용모, 그리고 탁월한 지능과 뛰어난 글재주를 가지고 있었다. 그러나 플라톤은 이 모든 것을 제치고 다른 세 가지 자랑거리를 꼽았다. 남자로 태어난 것, 자유국 아테네 시민이라는 것, 그리고 위대한 스승 소크라테스와의 만남이었다. 이 중 남자로 태어났다는 것과 아테네 시민이라는 것은 그렇게 태어난 것이므로 그다지 자랑거리가 되지 못한다. 소크라테스와의 '만남', 이것만이 진정한 의미의 자랑이다. 실은 이 스승 자랑을 하려고 나머지 둘은 곁다리로 들었다고 한다. 그의 유머다.

플라톤의 꿈은 원래 비극작가였다. 그리스에서 가장 인기 있는 직업이었기 때문이다. 그래서 늘 비극 습작을 겨드랑이에 끼고 거리를 누비고 하늘도 우러러 보았다. 그러던 어느 날 길모퉁이에서 상인들, 아낙네들, 청년들에게 둘러싸여, 지금은 그의 명제로 정착된 명제 "먹기 위해서 사느냐, 살기 위해서 먹느냐?"를 두고 토론하고 있는 소크라테스를 보았다. 플라톤은 그 모습에 전율을 느꼈다. 독사의 침을 맞은 개구리 같았다고나 할까! 플라톤은 즉시 그 자리에서 원고뭉치를 불사르고 소크라테스의 제자, 문하생이 되었다. 그리하여 그는 하늘이 준 능력과 소질을 키워, 인류를 대표하는 철학자가 된 것이다. 만일 플라톤이 소크라테스를 만나지 못했다면 어떻게 되었을까? 아마도 인기 없는 삼류 작가로 머물렀을지도 모른다. 플라톤은 너무 논리적이어서 가슴에 울리는 정서적인 글은 쓰지 못했을 것이기 때문이다. 플라톤의 인생을 송두리째 바꾼 스승 소크라테스와의 만남이 오늘날 우리가 추앙해 마지않는 플라톤을 만들었다. 이 스승과 제자와의 만남, 일깨움, 열매가 진정한 의미의 '교육'이 아닐까? 플라톤도 "교육은 스승과 제자와의 진리의 공동생산이다"라고 말했다. 이 얼마나 귀한 말인가?

우리에게도 이렇게 위대한 스승과 제자와의 만남이 많다. 그 위대한 스승 중 한 분이 김교신(金敎臣) 선생이다. '김교신'을 잘 모르는 이들도 있을 것이다. 우리가 너무 몰라 인명사전에도 잘 오르지 않기 때문이다. 그러나 아는 사람은 그를 이 겨레의 위대한 교사의 반열에 넣고 추앙해 마지않는다. 김교신을 스승으로 만나 양정고등보통학교에서 배우고 삶을 설계하고 뒤에 위대한 업적을 남긴 제자 셋을 꼽아 보면, 새싹회로 어린이 존중운동을 벌인 아동작가 윤석중, 베를린올림픽 마라톤에서 우승하여 당시 식민지하에서 의기소침했던 한국 남아의 씩씩한 기상을 만방에 보여준 손기정, 그리고 평생 농촌계몽운동에 힘쓰고 또 우리나라 국화 무궁화를 백 종류나 품종개량한 무궁화 박사 류달영이다. 어찌 이 셋 뿐 이겠는가. 스승의 믿음·소망·사랑에 영혼이 눈을 뜬 제자들은 모두 들로 산으로 흩어져 이 강토, 이 겨레의 일꾼이 되어 자랑스러운 광복의 그날을 기약했던 것이다. 교육이 밑뿌리로부터 흔들리고 있는 이 때이기에 우리는 참 교육을, 참 스승을 생각해야만 하지 않을까. 교육도 없고, 스승도 없는 이 현실이 참 안타깝다.

믿음 · 소망 · 사랑의 발자취

김교신 선생은 1901년 함흥에서 태어나 고향의 함흥농업학교를 졸업하고 일본에 건너가 당시 명문으로 꼽히던 도쿄고등사법학교의 영문학과에 진학했으나, 뜻하는 바 있어 지리박물과로 전과하여 1927년 졸업, 바로 귀국하여

김교신 선생의 생가

고향의 함흥 영생여자고등보통학교에 교편을 잡는 한편, 이해 7월 일본에서
성경을 배운 우치무라 간조(內村鑑三, 1861~1930) 문하의 신앙 동지 함석헌,
송두용, 정상훈, 유석동, 양인성과 함께 격월간지『성서조선』을 창간했다.
이듬해 서울 양정고등보통학교로 전근하여 10년간 이 학교에 근속하다 1940
년 3월 복음 전도에 전념하기 위해 사임했다. 그 후 도쿄고등사범학교 선배인
교장의 강권으로 경기중학교에서 6개월간 교편을 잡았고, 1941년 10월 개성
의 민족사학 송도중학교에 부임하였다. 이듬해 1942년 3월 30일『성서조선』
제158호의 권두문「조와」(弔蛙, 개구리의 죽음을 애도함)가 발단이 되어 세칭
'성서조선사건'으로 전국의 약 300명의 구독자, 동지들과 더불어 검거되었다.
그 중 함석헌, 송두용, 류달영 등 12인과 함께 만 1년간 서대문 형무소에서
미결수로 옥고를 치른다. 창씨개명을 끝까지 거부하였고, 1943년 3월 29일
불기소로 출옥한 후에도 전국 각지, 멀리는 만주로까지 신앙 동지를 순회, 격려
했다. 1944년 7월 함경남도 소재 흥남일본질소비료회사에 입사하여 서본궁
(西本宮) 공장에서 주택계장을 맡아 5천을 헤아리는 조선인 강제징용자의 복
리·후생을 위해 힘쓰면서 해방의 날을 기다리는 한편, 전국의 신앙 동지 독자

김교신 선생의 가족

청년을 이곳에 불러 전쟁의 피해를 면하게도 하였다. 그러다 1945년 당시 그
지방을 돌던 유행병 발진티프스에 감염되어 그렇게도 기다리던 광복을 넉
달 앞둔 4월 25일 일주일 만에 쓰러졌다. 만 44세의 젊은 나이였다.

이상이 그의 삶의 간단한 발자취다. 해방 후 선생의 신앙 동지와 제자들이
힘을 모아 1975년에는 별권을 포함해서 전 7권으로 『김교신전집』(경지사)을
간행·완결하였다. 1982년에는 『성서조선』의 전 158호까지의 영인본이 별권
까지 포함해서 전 8권으로 출간(일심사)되었다.

김교신을 소개한 책으로는, 내가 쓴 것이기에 좀 쑥스럽지만 굳이 든다면,
『김교신: 그 삶과 믿음과 소망』(한국신학연구소, 1994), 『성서조선 명논설집』
(한국신학연구소, 2003)이 있고, 학계의 특집으로는 「선교 초기 한국교회 인
물들: 김교신, 김재준, 이용도, 함석헌 선생님 탄생 100주년을 기념하여」(『신
학사상』 2001년 가을, 한국신학연구소)가 있다.

『성서조선』창간 당시의 동인들 - 뒷줄 왼쪽부터 양인성, 함석헌
앞줄 왼쪽부터 유석동, 정상훈, 김교신, 송두용(1927년)

　　선생의 삶의 발자취에서 우리가 특히 주목해야 할 사항은 무엇인가. 첫째는
스승 우치무라와의 만남이다. 우치무라는 일본제국주의 침략정책에 반기를
들고 또 그 체제에 안주하며 교세 확장만 노리던 당시의 교회를 비판하며,
순수하고 진정한 교회를 기려 교회를 떠나 '무교회(無敎會)'를 지향한, 참으로
예언자적 기독자였다. 둘째는 감옥에 수감되는 것을 무릅쓰며 그 스승의 문하
생들과 『성서조선』을 간행(제17호부터는 김교신 단독 편집 간행)한 일, 셋째
는 평생을 교실만을, 그것도 경기중학교의 반년을 빼고는 민족사학만을, 또
평교사 자리만을 지킨 일, 넷째는 그래서 학생들에게 민족과 이상과 참 삶과의
만남을 안겨준 일, 그리고 끝으로 근로 대중과 더불어 산, 시쳇말로는 '도시산
업 선교'의 삶이다. 이것이 해방의 그날을 넉 달 앞두고 쓰러진 만 44살의 의인,
그의 삶이었다.

『성서조선』창간호와 창간사

일깨워 키움

교사로서의 김교신은 어떠한 모습이었을까?

우선 그의 수업방식은 남달랐다. 50분 수업시간 중 앞뒤 10분씩은 완전히 '잡담·자유' 시간이었다. 처음 10분은 자신이 느낀 일들을 나누며 시간을 보낸다. 예를 들면 신문에서 읽은 기사, 거리에서 느낀 일, 소설을 읽고 감명을 받을 일 등 교과서와는 관계없는 일, 그래서 '진도'가 안 나가는 내용이었다. 그런데 바로 이 이야기들은 실은 넓고 깊게 학생들의 가슴에 파고들었고, 그래서 진정한 의미의 학습동기를 유발하고 스스로 공부하게 일깨워 주었다. 예를 들면 곤충의 부화와 새끼 낳는 과정과 정경을 소개하며 생명의 신비와 소중함, 부부의 사랑과 희생 등에 대해 이야기해주는 것이다.

그의 수업은 중점주의 수업이었다. 교과서를 열고는 여기와 여기가 중요하니 잘 익혀라, 나머지는 별로다 하면서 중요한 개념과 원리만을 철저히 학습하게 했다. 가장 중점을 두었던 부분은 학생들이 스스로 어떤 문제에 접근하여 그 문제를 풀면서 겪는 시행착오를 통해 성공의 즐거움과 실패의 좌절을 맛보게 하는 것이었다. 『탈무드』에 나오는 비유 즉, 말을 물가로 유도할 수는 있어도 물을 억지로 먹일 수는 없다는 말처럼, 물은 스스로 마시게 해야 한다든가, 고기를 낚아주지 말고 고기를 낚는 방법을 가르쳐주는 그런 자학자습 위주의 수업방식을 지향했다. 그의 교육 방식은 인문교육, 위대한 삶의 교육, 참 삶의 교육이었다.

김교신의 전공은 지리·박물이었다. 당시 이 박물(博物)과는 동물·식물·광물·지질들을 다루는 종합적 교과였다. 선생은 참으로 해박한 지식을 갖춘 분이었다. 그런데 그 모든 교육을 인격과 참 삶과 이어지도록 가르쳤다. 앞서 소개한 바 있지만 곤충의 생식과정을 가르치면서 암컷과 수컷의 상호 협력 모습에서 암컷의 희생적 모습을 돋보이게 하며, 남자는 연약한 여성을 각별히 보살펴야 한다는 가정 도덕훈을 하신다든지, 지리시간에 중국을 다루면서 중국의 '최대 산물'은 공자이자 제갈공명이라 하면서, 제갈공명의 출사표를 꼭 읽어라, 외워가지고 오라고도 했다. 보통 지리 시간에 배우는 교과 내용이 아닌 그 지방의 '최대 산물'은 인물이다 하면서 이렇게 가르쳤다. 교과서를 이탈하기 이만저만이 아니다. 그는 지리를 가르치는 지리 교사가 아니고, 지리 교과를 통해서 삶을 일깨워주는 삶의 교사였다.

또 선생은 겨레의 혼을 일깨워 주는 교육에 힘썼다. '물에 산에'라는 학생 동아리를 만들어 학생들과 같이 역사적 유적지와 경승지 탐방, 그리고 가까운 산에 올라 아름다운 우리나라 강산을 감상했다. 그 중에서 행주산성, 사육신묘, 북한산은 꼭 방문했다. 이렇게 겨레의 역사와 대지, 혼을 피부로 접하게 하였다. 이러한 겨레의 혼 일깨우기 교육은 당시로는 사표를 낼 각오가 있어야만 했다. 『성서조선』 간행으로 요주의 인물로 낙인찍힌 그에게는 더욱 그러했다. 그러나 이 일은 그의 삶의 발로이자 교사로서의 지상의 의무였기에 절대로 피할 수 없는 일이었다. 삶 따로, 교육 따로, 믿음 따로가 아닌, 온전한 삶에서 우러나오는 전인교육 그것이었다. 그에게 겨레를 뺀 삶은 없었다. 『성서조선』 제호에서 보듯, 조선을 뺀 성서는 없었고 성서를 뺀 조선도 없었다.

만남과 일깨움의 이모저모

"실존이 본질에 선행한다" 누구나 다 아는 사르트르의 실존철학의 대명제다. 그 뜻이야 일만 철학 해설책에 맡기고, 우리는 이 명제의 교육철학판인 "만남이 교육에 선행한다"라는 말을 음미해 보자. 이 말은 현대의 교육철학을 대표하는 독일 튜빙겐대학의 철학·교육학 교수 볼노브Bollnow의 교육 철학의 대표작 『실존철학과 교육학』의 대명제다. 교육철학자가 '교육'에 앞서 '만남'이 있어야 한다고 하는 말은 자기모순이 아닐까라고 여기기 쉽다. 단 여기에서 말하는 '교육'은 의도적·계획적·계속적인 교육, 즉 신병훈련소에서 교관이 아침부터 저녁까지 닦달하는 '연속적 교육'을 이른다. 요새 우리가 보는 학교 교육, 학원 교육 등이 바로 이것이다. 그런데 이보다 앞서야 하는 것이 교사와 학생과의 인간적·인격적 '만남'이어야 하고, 그래야만 '연속적 교육'도 새길 수 있다는 뜻이다.

'만남'이란 무엇인가. 예상하지도 노력하지도 계획하지도 않았던 어떤 일이 어느 날 갑자기 일어나 한 인격이 또 다른 인격을 사로잡아 삶에 결정적인 영향을 끼치는 작용, 이것이다. 이 '만남'은 위의 '교육'과는 달리 '비연속적'(또는 '단속적')이다. 그래서 이것을 '비연속적 교육'이라 한다. 볼노브는 마치

외과의사가 인체를 해부하듯 연속적 교육에만 의존하는 현대의 교육을 비판하고 이 비연속적 교육의 부활·재인식으로 인간 교육을 살려내자고 외쳤다. 왜 부활인가. 소크라테스와 플라톤의 사제 관계에서 비롯하여 진정한 교육에 이 같은 '만남'이 연연 이어져 왔는데, 근래 저차원의 사이비 교육이 교육의 과학화라는 미명 아래 고차원의 진정한 교육을 망치고 있기 때문이라 한다.

볼노브는 교육을 세 차원으로 나눈다. 첫째는 안에 지니는 소질을 길러주며 키워주는 성장조성 작용(grow), 둘째 차원은 밖에서 작용해서 만들어내는 형성 작용(make)과 훈련적 작용(train)이다. 그래서 이것을 목공적 작용, 동물 훈련적 작용이라고도 하고 있다. 물론 이 두 저차원의 교육도 기본적으로 필요하다. 그러나 이에 '만남'이라는 본질적인 고차원의 교육이 따라야만 한다. 이 '만남'(encounter)은 필연적으로 '일깨움'(awake)으로 이어진다. 그래서 볼노브는 이 차원을 각성적 교육이라 부른다. 만남의 교육은 각성의 교육과 뜻이 같다.

이제 이런 시각에서 김교신 이야기로 돌아가 보자. 그 윤석중, 손기정, 류달영이라는 제자의 이야기다. 윤석중은 졸업식을 일주일 앞두고 졸업을 포기하고 졸업장을 받지 않았다. 그 졸업장으로 총독부 치하의 관리가 되고 싶지 않았기 때문에 유혹을 미리 차단한 것이다. 그래서 그는 그 천분을 살려 어린이 문학가로 큰 발자취를 남겼다. 손기정은 어떠했나? 김교신은 손 선수의 도쿄 예선에 교사로 따라 나섰다. 중간 반환점을 돌았을 때, 앞 차에 타고 계신 선생님이 눈물을 흘리시는 모습을 보았다고 한다. 그때부터 선생님 눈물만 보고 달렸더니 우승했다고 했다. 필자인 나도 이 이야기를 처음 들었을 때 눈시울이 뜨거워졌다. 나 뿐 아니라 이 이야기를 전해들은 일본인 교수·교사들도 모두 눈물을 흘렸다고 한다. 류달영은 너무나도 유명해서 굳이 소개할 필요도 없지만, 심훈의『상록수』가 연애감정에 치우쳤다며, 김교신은 류달영을 시켜 그녀의 진정한 모습을 담은『농촌계몽의 선구여성 최용신 소전』(성서조선사, 1939)을 저술하도록 했다. 『상록수』에서는 주인공 이름이 '채영신'으로 되어 있었는데, 이것도 실명 '최용신'으로 살렸다. 류달영과 김교신과의 사제 관계는 정말 남달랐고, 그 이야기들은 모두 단편소설 소재감일 정도다. 감옥에도 1년 동안 같이 있었고, 나중에는 서로 사돈이 되기까지 했다. 한국에 덴마크식 농촌을 만들자는 꿈과 그 기나긴 싸움, 그 열매도 실은 스승과의 만남의 덕택인 것이다.

오늘의 내가 되게 해주신 스승

나는 김교신 연구를 꽤 오래 해왔다. 그래서 나의 본업인 페스탈로치 연구보다 김교신 연구에 관심을 보이는 사람이 실은 더 많다. 그런 사람들 중에 나에게 어디에서 배웠냐고 묻는 사람이 더러 있었다. 그런데 실은 배우기는 고사하고 생전에 한 번도 뵌 적도 없다. 김교신이 양정고등보통학교에 부임한 1928년에 나는 태어나지도 않았고, 돌아가신 1945년에 나는 중학교 2학년생이었다. 내가 김씨이기에, 그렇다면 경주 김씨 종친이냐 묻기도 한다. 물론 아니다. 단지 그의 '무교회'적 기독교의 논리와 믿음의 방식을 담은 저서, 특히 함석헌의 명저『성서적 입장에서 본 조선역사』와 쌍벽을 이루는 그의 「조선지리소고(小考)」의 '섭리적 민족지리관'과 '무교회' 성서 모임을 통해서 그를 만날 수 있었다. 나는 이 일에 대해 회심의 미소를 지을 때가 있다. 사도 바울도 예수님을 한 번도 뵙지 못했지만 예수님을 최고의 스승으로 삼는 이유는 몸으로 마음으로 만나기보다 영혼의 눈으로 만나서였을 것이다.

내가 김교신이라는 영혼의 스승에게서 배운 가장 귀한 것을 세 가지 들고 이 글을 맺기로 한다.

첫째, '무교회'적 기독교 논리다. 오늘날 교회는 외국의 교파와 그 신학에 의존하고 대형화를 기하고 있어, 그것이 우리 겨레의 역사와 삶으로 이어지지 못하고 있다. 그래서 이런 '교회 밖'에서 순수한 기독교를 키워나가자는 논리다. 기독교(christianity)는 간데없고 교회교(churchanity)가 된 이 교회에서 탈출하자는, 그래서 하나님이 이 겨레에 주신 장엄한 존재 이유 즉 사명을 찾자는, 민족적·민중적·토착적 기독교의 논리다. 김교신의 『성서조선』이라는 제호, 그리고 함석헌의 『성서적 입장에서 본 조선역사』에서도 그 신앙 논리를 엿볼 수 있다. 그런데 일반인들은 함석헌은 알면서도 김교신은 모르니 답답할 따름이다.

둘째, 한국인으로서의 자각이다. 위의 신앙 논리는 한국, 그 지리와 역사에 대한, 그리고 그 역사와 땅에 살고 있는 한 사람 한 사람의 삶의 섭리적 의미를 일깨워준다. 참새 한 마리도 뜻이 없으면 땅에 떨어지지 않으며, 한 사람의 생명의 무게는 온 지구보다 무겁다. 그래서 한민족, 한국인으로서의 자각이 불가결하다.

셋째, 교사로서의 성실함이다. 명문교 출신이기에 평교사로 10년만 하면 주임, 교감, 교장의 보직에까지 오를 수 있었지만, 평생 그 보직을 일부러 피하고 평교사로 일관했다. 학생들과의 만남이 교육의 행정보다 몇 배 귀하기 때문이다.

이 셋의 바탕은 성실성이다. 이것을 나는 세 가닥으로 분석해서 생각해 보기도 한다. 약속시간을 잘 지킨다. 아내를 위한다는 등의 인간적 성실성, 자기 맡은 바 직무를 하나님이 맡겨주신 일로, 또 자기실현의 과정으로 여기고 평생 힘쓰는 직업적 성실성, 그리고 이 땅, 이 삶, 이 역사를 하나님이 주신 것으로 사랑하는 역사 앞의 성실성이다. 이 세 가닥 중의 하나만 빠져도 진정한 성실성은 아니다.

김정환
1930년생/고베대학 교육학부 졸업, 히로시마대학 대학원 석·박사(교육학)/고려대학교 교수, 한국교육철학회 회장 역임/한국교육학회 학술상 수상(저작상)/현 고려대학교 명예교수
대표 저서로『김교신 - 그 삶과 믿음과 소망』『페스탈로찌의 교육철학』『한국교육 이야기 백가지』등 다수

생명과 역사에 대하여 눈뜨게 해주신
함석헌 선생

● 김경재

함석헌(咸錫憲, 1901~1989)

평안북도 용천 출생
종교사상가, 언론인, 역사가, 시민운동가, 동양고전 해설가, 종교시인
인촌언론상 수상
대표 저서로『뜻으로 본 한국역사』『함석헌 전집』등 다수

내성적 수줍음 성격 속에 감추인 용기있는 저항의 소년

철이 들어가는 사춘기 이후부터 나의 인격과 사상 형성에 가장 큰 영향을 끼친 사람을 생각해보면 국내외를 통틀어 몇 분의 인물이 떠오른다. 그 중에도 가장 창조적이고도 지속적 영향을 나에게 끼친 스승은 함석헌 선생이셨다는 생각이 든다.

21세기를 살고 있는 젊은이들에게 함석헌 선생은, 흰 수염을 날리고 흰 고무신에 흰 두루마기 입고 지난 시대 민주화운동 선두에 선 시민운동가, 『뜻으로 본 한국역사』를 쓴 종교사상가, 혹은 동양 고전에 해박한 신선풍(神仙風)의 기인쯤으로 신문에서 본 인상으로서 남아 있다. 그러나 지금 한국 사회에서 50대 이상 연령층에서, 어느 정도 깨어있는 사람치고 함석헌 선생의 이름을 듣거나 영향을 받지 않은 사람이 드물 정도이다. 그는 제자를 제도권 학교에서 평생 양성하지도 않았고, 무슨 학술단체나 사회단체를 만든 적도 없지만, 많은 사람들은 그 분 안에서 창조적 사상의 샘물을 마셨다.

함석헌 선생은 20세기가 동트던 첫 해 1901년, 평안북도 용천군 맨 서쪽 바닷가 마을에서 한의사였던 아버지와 마음이 자애로웠던 어머니 사이에서 태어났다. 일본의 한일합방 음모가 은밀하게 진행되던 시기요, 당시 2천만 조선 민족은 '개화'의 물결에 실려 오는 서구문화의 충격 속에서 불안정한 삶을 살던 때였다. 함석헌은 소년시절에 동네 서당에서 한문 공부와 동양 고전을 공부하고, 기독교에 접하여 평등사상과 평화사상을 흡수하였다.

나의 경험으로 미루어 보아도, 한 사람의 인생 과정에서 맨 처음 닥쳐오는 가장 귀중하고도 위기가 동반되는 시기는 '질풍노도의 계절'이라고 부르는 사춘기를 전후한 10대와 20대 초반이다. 그 시절은 청소년 시기에서 성인으로 넘어가는 시기요, 인생의 직업과 관련된 진학 진로를 결정해야 할 시기요, 남녀가 이성에 눈을 뜨고 사랑하고픈 열정과 냉혹한 현실 사회의 압력 사이에서 갈등을 일으키는 시절이기 때문이다. 함석헌에게도 그랬다. 함석헌은 요즘 중·고등학교 교육과정에 해당하는 교육을 '평양고등보통학교'에서 받았는데, 졸업반 19살이 되던 해에, 인생 길목에서 큰 시련과 도전이 다가왔다.

'평양고등보통학교'는 이름 그대로 일본총독부가 주관하며 평양남북도 지방의 수재들이 모여드는 엘리트 중등교육과정의 관립 학교였다. 교장은 일본 사람이고, 실력 있는 교사들이 조선식민통치를 지속적으로 담당할 관리들을 양성하려는 것이 교육 목적이었다. 일본인 자녀들과 조선인 자녀들이 섞여 있었다. 그런데 1919년 3월 1일, 함석헌 소년이 19세 되던 해, 조선독립만세 사건이 일어났다.

평소엔 수줍은 소년, 내성적 성격의 소년, 남의 앞에 나서서 무슨 일을 적극적으로 주도하지 않았던 조용한 성격의 함석헌 소년은 3·1 독립만세사건 때에 전혀 다른 사람이 되었다. 하루 종일 평양 시내를 돌며 '조선독립만세'를 목청껏 불렀다. 일본 경찰의 총칼 협박과 파출소에 연행 수감을 두려워하지 않고, 양심이 명령하는 대로 조선독립만세운동에 적극적으로 참여했다. 만세운동이 삼천리 반도를 진동시키고 사회가 어느 정도 안정이 되자, 학교는 임시휴교령을 풀고 다시 개교하게 되었다. 그런데 문제는 여기서부터 발생하였고, 함석헌의 진면목이 드러나기 시작했다.

평양고등보통학교 일본인 교장은 '조선독립 만세운동'에 참여한 조선인 학생들을 철저히 조사하고 그 명단을 작성한 후, 한 사람씩 교장실로 불렀다. 그리고 조선독립만세 사건에 참여한 것에 대한 반성문과 다시는 그러한 생각이나 운동에 참여하지 않겠다는 각서를 작성하도록 했다. 그것을 쓰는 학생은 학교에 정식 복학을 허락하고, 안 쓰는 학생은 퇴학을 감내해야만 했다. 대부분 조선인 학생들은 분통은 터지지만 요청대로 각서를 써서 제출하고 학교로 복교했다. 그런데 함석헌 학생에게 그 일은 쉽지 않았다.

자기의 양심이 옳다고 생각하는 일에 스스로의 자유의지로 참여한 일이요, 조선독립을 평화적으로 요청한 일이 잘못된 일도 아닌데, 양심에 거스르는 반성문과 각서를 쓰고 도저히 학교에 복교할 수는 없었다. 소년 함석헌은 양심의 순수한 소리를 따랐다. 그 결과 그는 학교로부터 퇴학 처분을 감내하고, 엘리트 출세가도인 평양고등보통학교 졸업증 받기를 스스로 포기하였다. 함석헌은 얼마동안 실의에 빠졌으나, 후회하지는 않았다. 고향에 돌아와 집안 농사를 거들며 '조선의 현실'을 몸으로 체험하면서 깊이 생각하는 청년이 되어갔다.

자신의 마음속에서 울려오는 순수한 양심의 소리를 귀중하게 여기고, 다수의 사람들이 어떤 길을 선택하더라도 자기가 옳다고 생각하는 일에 끝까지 고집을 부릴 줄 아는 그 용기를 나는 함 선생에게서 배웠다. 물론 그렇게 하면, 당장 불이익도 당하고 주위 동료들로부터 '미운 오리새끼'라는 평판을 들을 수도 있다. 수줍은 내면적 성격과 평소 조용하고 사려 깊은 성품을 보이는 분이, 정의·진실·생명·평화와 같은 근본 문제가 말살 당하려 할 때, 그 누구보다도 강한 저항정신을 발휘하는 용기를 보여주신 것이다.

1970년대 군부독재정치가 한국 사회를 짓누르던 시기, 나는 당시 단과대학이었던 한국신학대학 조교수로 봉직하고 있었다. 함석헌 선생은 이미 한국 민주주의와 인권을 지켜가야 한다는 재야 민주회복 시민운동체의 중심에 지도자로서 우뚝 서 있었다. 나는 동양의 평화사상과 철학종교사상의 원천인 '노장사상(老莊思想)' 특강을 몇 학기 출강해 주시라는 청탁을 하고자 교무처장이었던 안병무 박사를 대신해서 함석헌 선생댁을 자주 찾게 되었다. 당시 정보원과 경찰 및 문교부 당국은, 문제의 시민운동가 함석헌과 대학생들과의 접촉을 철저히 차단하기 위해서 '동양사상특강' 교양과목 출강을 허락하지 않고 협박 · 회유 · 방해 공작을 그치지 않았다.

당시 정부당국의 엄청난 압력과 방해를 뚫고 함석헌의 특강은 마침내 개설 되었고, 학생들은 교련시간 "찔러 총!" 총검술 훈련 기합소리가 진동하던 대학 캠퍼스에서 '노장철학' 안에 있는 평화사상 특강을 듣게 되었다. 평화를 사랑 하는 조용한 스승 함석헌 안에 있는 또 다른 성격, 옳은 일에는 절대 쉽게 그것을 양보하거나 포기하지 않는 성격, 곧 '정의와 진리에 대한 사랑의 열정'없이는 불가능한 사건이었다.

매달 마지막 날, 지금 생각하면 대학 재정이 넉넉하지 못한 때인지라 얼마 안 되는 강사료를 직접 전달해 드리는 것 또한 고역이었다. 요즘처럼 은행 자동계좌이체 송금제도가 없었던 시절이기 때문이다. 함 선생은 말씀하시기 를 "내가 장래 종교지도자로서 나설 젊은 학생들에게 동양 성현들의 지혜의 옛글을 가르치는 것은 즐거움이요, 보람인데 어찌 내가 강사료를 받겠소!"라 고 한사코 거절하는 것이었다.

생명의 원리는 스스로 함과 고난의 감내라는 선생님의 가르침

앞서 말한 대로 함석헌 선생은 20대 전후 평양고등보통학교에서 중도 퇴학 (?)과 다름없는 자퇴를 결행한 후, 얼마 동안 시골에서 농사일을 돕다가, 마침 평북 정주에 새로 개교한 기독교 사립학교 오산학교의 졸업반에 편입하여 요즘으로 말하는 중고등학교 교육과정을 마친다. 오산학교는 '3 · 1 독립선언문' 서명자 중 한 분이요, 당시 독립운동의 대표적 지도자 중 한 분이셨던 남강 이승훈 선생이 세운 기독교계 민족학교였다. 소설가 이광수, 정치가 조만식, 철학자 유영모 등 쟁쟁한 당시 지식인들이 교사로서 학생들을 가르쳤던 학교이다. 함석헌 선생은 평양고등보통학교를 졸업하여 입신출세하는 과정을 밟지 않고, 얼과 뜻이 있고 교육정신이 살아있는 오산학교에서 훌륭한 선생을 만나게 된 것을 늘 행운으로 여기고 감사하며 평생을 사셨다.

선생은 오산학교를 졸업한 후 신학문을 좀 더 깊이 공부해야 겠다는 청운의 뜻을 품고 일본 도쿄로 건너가서 '도쿄사범학교'에 입학한다. 이미 일본 식민 지배 통치 아래 신음하는 조선 민족을 다시 살려내고 독립을 쟁취하는 길은 '교육'을 통해서 조선 민족의 힘을 길러내는 일이 첩경이라고 생각한 것이다. 도쿄사범학교는 오늘로 말하면 교사를 육성하는 사범대학인데, 그 곳에서 함석헌은 역사와 윤리를 전공하고 졸업 후 모교 오산학교 강단에 교사로서 서게 되었다.

그러나 오산학교 교실 강단에 서게 된 30대 초반 역사교사로서의 함석헌은, 초롱초롱한 눈망울로 무엇인가 희망적인 메시지를 기다리는 듯한 젊은 세대 앞에서 고민하지 않을 수 없었다. 역사 교사로서 역사적 진실과 사실을 바르게 가르쳐야 한다는 교사로서의 양심의 중간 사이에서 괴로웠다. 아무리 식민지배 아래 고통당하는 조선 민족이 동족이라고 해도, 지난 조선 역사를 과장해서 가르칠 수도 없고, 그렇다고 진실을 말함으로써 그들을 절망시킬 수도 없었다. 한국의 역사에는 자랑할 만한 일도 있지만, 부끄러운 일들도 많았기 때문이었다.

함석헌은 역사 교사로서 두 가지를 먼저 확고하게 정립하였다. 생명의 첫째 원리는 '스스로 함'이라는 것이다. 둘째 원리는 생명이 있는 곳에 고난이 있게 마련이므로, '고난은 생명의 원리'라는 통찰이다.

　무거운 흙덩이를 들어 올리면서 파란 싹을 틔우는 풀잎의 생명은 공장에서 만들어내는 공산품이 아니다. 식물이나 동물 등의 생명체는 생명없는 물체와는 다른 것이다. 특히 만물의 영장이라는 사람 생명은 자발성, 자유의지, 창조적 활동, 스스로 결단하고 책임지는 인격적 존재임을 스스로 자각하는 것이 중요하다. 아무리 사회 환경이나 주위 자연환경이 나쁘더라도, 인간은 그 책임을 다른 그 무엇에게 책임전가 시킬 수가 없다. 나는 선생이 서울 쌍문동 자택에서 화분의 난초나 꽃들을 정성껏 돌보고 가꾸는 모습을 자주 보았다. 그것은 취미생활이 아니라 생명에 대한 외경의 사랑이었다.

　당시 조선 민족은, 일본제국의 식민지 노예생활을 하는 이유가 온전히 일본 군국주의자들과 세계열강들 때문이라고 분노하고 있었다. 그런 분노에 찬 생각은 사실적인 면이 있었다. 그러나 동시에 우리 조선 민족이 실력을 갖추었더라면, 열강들 속에서 주체적으로 깨어 있었다면 열강들 사이에서 휘둘리지는 않았을 것이다. 예를 들면 스위스나 네덜란드처럼 인구나 국토가 조선보다 훨씬 작은 국가들도 열강들 속에서 떳떳하게 잘 살고 있었기 때문이다. 일본 식민지 국가가 된 것은 조선왕조의 정치지도자들과 국민들의 책임이 크다고 아니 할 수 없음을 함석헌 선생은 강조하였다.

　한걸음 더 나아가서 식민지 백성으로서 고난의 생활을 비관이나 한탄만 할 것이 아니라, 고난을 직시하고 정면 돌파하려는 적극적 자세를 가질 것을 강조하였다. 개인이나 민족이나 삶의 과정 속에는 크고 작은 고난이 따를 수밖에 없는 것이다. 고난은 고통을 가져다주기 때문에 사람들은 고난을 회피할 뿐 직시하려고 하지 않는다. 물론 고난 그 자체를 미화하거나, 고난을 자청하는 비관주의적 인생관을 가져서는 아니 된다. 그렇지만 역사 선생 함석헌은

서재에서 독서하시는 함석헌 선생

강조하기를 '고난은 생명의 원리'이므로 고난을 적극적으로 극복하려는 삶의 자세를 가짐으로써, 인생은 정화되고 역사의식은 더 숭고하게 성숙되어 위대한 문학, 예술, 철학 등 사상의 진보를 가져다준다는 사실을 강조하였다. 그러한 관점에서 한국 역사를 전혀 새로운 사관으로 해석하여 서술한 책이 저 유명한 『뜻으로 본 한국역사』였던 것이다.

나는 함 선생님에게서, '역사란 무엇인가?', '생명이란 무엇인가?'를 배우게 되었다. 특히 사람 생명이란 '자유와 책임을 지닌 의지적 존재' 곧 '스스로 함'이라는 생명 원리가 뚜렷하게 드러나는 장소임을 강렬하게 자각하게 되었다. 동시에 '고난은 생명의 원리'라는 것을 깨달음으로써 천박한 행복주의나 경박한 진보적 역사낙관주의를 극복하게 되었고, 동시에 고난을 쉽게 면제해 주거나 방지해 준다는 사이비 종교들의 허구성을 꿰뚫어 볼 수 있게 되었다.

사람 생명은 '씨알'로서 존귀하며, 우주적 생명체로서 개체이자 전체

앞서 언급한 대로 함 선생은 역사 선생으로서 깊은 사상가셨다. 그의 사상은 '씨알사상'이라는 어휘로서 총괄된다. '씨알'이라는 새로운 단어는 그의 스승 유명모 선생이 유교의 경전 중 하나인 『대학』 첫 구절을 순수한 우리말로 번역한 데서 비롯되었다.

"한 배움의 길은 속알 밝힘에 있으며, 씨알어뵘에 있으며, 된데 머뭄에 있느니라(大學之道 在明明德 在親民 在止於之善)."

여기서 셋째 구절 '친민'(親民)을 '씨알어뵘'이라고 번역하였다. 핵심은 민(民)을 '씨알'(씨 올)로 옮겼다는 점에 있었다. '씨알'은 생명체의 은유이다. '씨알'은 모든 생명체의 마지막 결실물이자, 새로운 생명체가 시작하는 새 출발의 원점이다. 씨알은 우선 꾸밈이나 자기 과장이 없다. '알몸'이라는 단어에서처럼 있는 그대로의 순수성을 상징한다.

씨알은 낱알로서 보면 작고 힘이 없지만, 작은 그 생명 안에는 과거 생명의 전체 과정이 응축되어 있다. 작은 소나무 한 그루는 힘이 없지만, 나무들이 모여 숲을 이루면 홍수도 막아내고 태풍도 막아낸다. 씨알은 흔히 민초, 민중, 국민이라는 한문자로 표시된 생명의 실재로서, 사회공동체의 바닥이면서 사실은 그 중심이요 주인이다. 씨알이 건강하게 살아 있음으로서 해서, 나라도 있고 임금도 있고 정치도 있고 법률과 행정도 의미를 지니게 된다. 나는 함석헌의 '맘'이라는 제목의 종교시에서 다음 구절을 항상 외우고 사랑한다.

맘은 꽃
골짜기 피는 난(蘭)

썩어진 흙을 먹고 자라

맑은 향(香)을 토해

맑은 씨알

꽃이 떨어져 여무는 씨의 여무진 알

모든 자람의 끝이면서

또 온갖 형상의 어머니

함석헌 선생은 말년에 씨알운동에 전념을 쏟으셨다. 월간 『씨올의 소리』를 창간하고, 씨알 곧 민초들의 자기교육과 자기표현의 그릇으로 키워 나갔다. 올곧은 소리와 진실을 말하는 그 잡지는 1970~80년대에 '시대의 양심의 소리' 가 되었고, 군사 정부의 미움을 받아 폐간되기도 하고 정간되기도 했다. 나는 1970년대 말부터 선생이 타계하시기까지(1989) 약 10년 동안 『씨올의 소리』 편집위원의 한 사람으로 잡지 제작에 참여하면서 함 선생을 가까이 모시고 지내는 시간이 있었다. 그 잡지에 쏟는 함 선생의 애정과 열정은 대단하셨다. 그러나 항상 그 잡지는 개인 그 누구의 것도 아니고, 이 땅의 씨알들이 주인이 되어 키워가고 꾸려가야 할 것이라고 힘주어 말 씀하셨다.

함석헌 선생은 민주주의와 인권을 위해 독재 정권을 비판하고 저항하면서도, 그 악에 대하여 싸우려 했던 것이지 사람을 미워하거나 폭력적 적개심을 가지지 않았다. 그래서 사람들은 함석헌을 '한국의 간디'라고 부른다. 간디의 '비폭력, 불살생, 평화사상'을 지지하고 동아시아 정신토양 속에서 구현하려고 힘쓴 사람이었기

『씨올의 소리』 잡지

함석헌 선생의 묘

때문이다. 전태일이 분신자살했을 때나, 수많은 청년학생들이 유신독재 시절 감옥으로 들어갔을 때, 고통당하는 그들의 어머니 곁에서 그들을 위로하고 함께하시던 함 선생의 모습에서 나는 참 스승의 모습을 보았다.

그렇기 때문에 씨알사상은 그 누구에게나 개방되어 있고, 매우 쉬우면서도 심원한 것이다. 그것은 다름 아니라, 사람이 자기 스스로를 귀중하게 여기고 업신여김을 받지 않으면서 주체적으로 사람답게 살려는 공동체 생명운동이기 때문이다.

20세기의 위대한 사상가들인 베르그송의 『창조적 진화』나 하이데거의 『존재와 시간』같은 명저들이 말하려는 핵심적 사상 내용을, 순수한 우리말 표현으로 된 함 선생의 씨알사상을 통해 배웠다는 사실을 나는 요즘에야 깨닫게 되었다. 창조적 사상가들의 깊이 있는 사색은, 영토나 인종을 넘어 서로 회통하고 있음을 깨닫게 된다. 함석헌 선생은 비교적으로 감성적 민족인 우리 민족은 깊이 생각하는 힘이 부족하므로 늘 "생각하는 백성이라야 산다"고 강조하셨다.

함석헌 선생의 교사로서의 위대성은, 물량적 사고와 물질적 가치관이 모든 것을 지배하고 생명가치를 하찮게 생각하는 생명 경시의 풍토 속에서, 한 사람의 생명의 고귀함이 얼마나 큰가를 생각하도록 해준다는 점에 있다. 대학입학 시험 점수 때문에 낙담하거나 취직이 도저히 안 되어 쉽게 자기생명을 스스로 포기하는 유혹 속에서 자신의 중요함을 돌아보게 한다.

함석헌 선생의 사상은 현대사회의 거대한 경제제일주의 가치관과 성공 신화에 맞서며, 새로운 눈을 뜨게 하고 '존재하려는 용기'를 갖게 한다. 허허막막한 대우주 속에서 연약하게 피어있는 생명의 경이로움 앞에 스스로 옷깃을 여미고, 생명을 사랑하도록 용기를 북돋아 준다. 함석헌 선생은 나와 같이 성격이 무르고 의지가 약한 사람에게 '지식과 처세술'을 가져다준 분이 아니라 '생명을 꿰뚫어보는 지혜와 삶을 사랑하고 긍정할 용기'를 가르쳐준 영원한 스승이었다.

김경재
1940년생/네덜란드 유트레흐트대학교 철학박사(Ph.D)/『씨알의 소리』 편집위원, 함석헌 기념사업회 상임이사 역임/현 한신대학교 명예교수
대표 저서로 『해석학과 종교신학』『이름없는 하느님』 등 다수

자칭 타칭 '인간국보 제1호'
무애 양주동 선생

양주동(梁柱東, 1903~1977)

개성 출생
일본 와세다대학 예과 불문, 본과 영문학 전공
평양 숭실전문학교 영문과 교수, 동국대학교 국문학·영문학 교수 재직
학술원 회원 역임
대표 저서로『조선고가연구』『여요전주』등 다수

평생 교사, 천분과 열정의 스승

무애 양주동 선생은 '자칭 타칭 인간국보 제1호'로 많은 신화를 뿌리며, 어두운 세기에 국학(國學)을 이끈 스승이시다. 일제 식민지의 어두운 그림자가 드리우는 시대에 태어나, 약관의 나이로 시 전문지『금성(金星)』을 주재한 시인이며, 이름난 영문학자로, 신라 천년의 사뇌가(詞腦歌) 25수를 처음으로 완독(完讀)하여 우리 고전 연구의 길을 연 국학의 스승이시다. 일찍이 10살 나이로 고향에 사숙(私塾)을 열어 국문과 역사지리를 가르친 선생이었고, 25살에 평양 숭실전문의 영문학 교수가 된 이래로 평생 동안, "백묵만 손에 쥐면 무당이 '대'를 잡은 것 같은 신바람"으로 교단을 지킨 선생이야말로 '천상 선생'이요, 정열의 스승이었다.

무애 선생은 황해도 해주(海州)에서 태어나, 이듬해 장연(長淵)으로 옮겨 이곳을 고향으로 삼아 자랐다. 와세다(早稻田) 대학에 유학한 뒤에도 방학이면 귀향하여 문학 강연회를 열기도 하였는데, 이때 고등 여학교 학생이던 강경애(姜敬愛, 1907~1943)를 만나 사랑에 빠지고, 그 문학의 싹을 키워 준 것도 이곳 고향에서의 일이다. 선생은 이 소녀와의 동거 사실을 자찬 약력의 한 줄로 전하였는데, 그미와 헤어진 다음해에 쓴 시「해곡(海曲) 3장」은 고향에서 멀지 않은 장산곶에 홀로 거닐며 읊은 그리움의 향토시이다.

그대여 시를 쓰려거든 바다로 오시오
바다같은 숨을 쉬려거든.
임이여 사랑을 하려거든 바다로 오시오.
바다같은 정열에 잠기려거든.

이렇게 정열로 쏟아낸 시의 셋째 연은 아마도 이 천재 문학소녀와 맺은 고향의 인연을 못잊어 하는 사랑의 시편일 터이다. 그것은 강경애에게 준 마지막 시로, "바닷가에 조그만/ 발자옥을 봅니다"라고 「별후(別後)」를 쓴 이듬해 여름 다시 찾은 고향 해변의 시상이었다.

이 장산곶으로 초등학교 졸업여행을 가서 한 세대 뒤에 이 바닷가에 놀았던 한 우둔한 제자는 대학에서 이 천재 문학자를 은사로 만나게 된 천재일우의 인연으로 겁 없이 문학을 공부하는 즐거움에 몸을 맡겼다. 스승 앞에 불쑥 나타난 그 처음에 '고향친구'라는 스승의 한 말씀에 감격하고, 스승의 가장 친애했던 친구로 천태산인(天台山人)과 같은 이름을 가진 인연으로 특전을 받았다. 무애 선생은 자주 그의 이름을 거론하여 그 천분을 아끼셨는데, 이런 때면 불초 제자에게 눈길을 주시며, 그를 '천태산인 김태준(金台俊)'이라고 부르시던 기억이 새삼 당황스럽다.

1947년부터 동국대학교의 교수로 신화적 명강의로 만해(卍海) 한용운과 함께 동악(東岳)의 한 상징이었던 무애 선생은 몇 해 동안 연세대학교의 교수 겸 대학원장으로 가시고, 동국대 대학원장에는 연대 대학원장이던 최재서(崔載瑞) 선생이 부임했다. 최재서 선생의 취임강연을 통해서 나는 '비교문학'이란 학문이 있다는 것을 처음으로 알았고, 2시간에 걸친 최 선생의 강연은 내 생애를 통해서 최고의 명강의로 기억된다. 그러나 동대 국문과로는 최재서 선생의 취임과는 상관없이 양주동 선생을 다시 모셔오라며 농성을 계속했다. 마침 4학년 졸업반이 된 우리는 무애 선생의 과목에 모신 김사엽(金思燁) 선생도, 다음 김동욱(金東旭) 선생의 강의에도 수강신청을 거부해서, 사계의 권위였던 이 두 분에게도 피해를 드리는 실례를 범했다. 결국 무애 선생의 지도는 대학원에 가서야 겨우 받게 되었고, 다시 취임하신 대학원장실에서 이루어진

강의는 무애 선생으로서도 친정에
돌아오신 편안함과 타고나신 열정
으로 거의 언제나 춤을 추시는 신명
의 수준이었다. 얼굴 가득 웃음을 띠
운 모습과 허스키한 목소리로 토해
내는 무애 선생의 강의는 대개 언제
나 정열에 차고 신명에 넘치는 즐거
운 명강의였다. 무애 선생의 학부 강
의는 시내 대학생들의 '도강(盜講)'
청강으로 언제나 서서 듣는 학생으
로 가득 찼고, 매년 이루어지는 '동대
문학의 밤'이면 무애 선생을 둘러싸

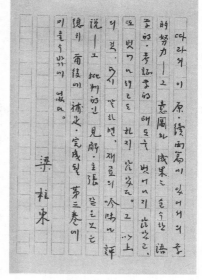

무애 선생의 원고 - 여요전주 머리말

고 지훈·미당과 조연현 선생 등 출신 문인 교수들의 강연과 문학 잔치로 남산과
충무로 일대가 말 그대로 축제의 물결이었다. 무애 선생이 다시 오신 때의
동대 문학의 밤에는 체육의 고연전(高延戰)을 방불케 하는 문학청소년의 물결
이었고, 마침 스승님이 환갑을 맞으신 일로 동악의 학문적 문학적 분위기는
하늘을 찔렀다.

스승의 길, '드디어 국학으로'

일본에 유학하여 와세다(早稻田) 대학을 졸업한 선생은 25살의 젊은 나이로
평양 숭실전문학교의 영문학 교수가 되었지만, 그의 학문적 자각은 조선
사람 처음으로 본격적 향가연구로 이루어 낸 호한한 『조선고가연구』를 통해

博士學位 授與式場에서
1957

박사학위수여식장에서(1957)

서 국문학자로 우뚝 섰다. 선생은 천재시인이며 종횡무진한 평론가로 한 시대를 울렸고, T.S.엘리엇의 소개와 번역으로 이름을 드날린 영문학 교수였다. 그러나 경성제국대학의 조선어학과 교수 오구라(小倉進平)가 『향가급 이두의 연구(鄕歌及吏讀の硏究)』(1929)를 낸 것에 충격을 받고, 우리 옛 노래 연구를 통하여 '국학'에 돌아온 것이 1935년 전후, 선생의 나이 33살 즈음의 일이다. 이후 국문학 고전 특히 신라 사뇌가 연구에 발심 전력하여 1937년에는 「향가의 해독, 특히 '원왕생가'에 취하여」(『청구학총』 제19호)를 발표하여 나라 안팎을 놀라게 하면서 고전문학자로 화려하게 변신했다. 이것은 선생 스스로 자갸의 독서편력을 '소년시대-청년시대-중년시대'로 나눈 것과 거의 일치하는 변신이었다. 선생 스스로는 이것을 다시 '9분의 한문학과 1분의 신문학시대-서구문학 열중시대-국학으로 돌아온 시대'로 정리한 바 있다. 그리고 이 '국학으로 돌아온 시대'를 가리켜, '끝내 국학-'국문학·국사학'으로' 돌아왔다고 하여, '국학'으로 정착한 민족적 자각을 뚜렷이 했다. 그것은 마치 예수가 죽었다가 부활 사건을 연출한 같은 나이로, 무애 선생은 이 33살 나이에 '끝내 국학으로' 돌아왔고, 이것은 선생 스스로의 생애를 '전기의 창작 시대에서 후기의 학문시대'로 양분하는 전환이기도 했다. 동시에 이것은 선생의 '고가연구'로 대표되는 근대 한국학의 획기를 뜻하는 사건으로, 선생의 이런 생애의 전환이 우리 고전문학도들을 선생의 문하로 끌어 모았고, 우리 국학의 길을 활짝 여는 계기이기도 했다.

이렇게 무애 선생 스스로 '끝내 국학으로' 국학 연구에 발심하게 된 데에는 '민족문화와 언어문학의 연구까지 일본에 내주었다는 부끄러움'으로 오구라가 준 충격과 함께, 1929년 11월 3일에는 광주학생 사건이 일어났고, 이에 분격한 숭실전문 학생들의 봉기가 이듬해에 이어졌다. "나의 학생들은 여기저기 선혈을 뿌리며 넘어졌다. 흰 눈이 쌓인 교정에 군데군데 흘려진 붉은 피와 낭자한 발자국이며 쓰러진 학도들의 시커먼 옷이 목불인견의 처참한 광경"(「師弟記」)에, 선생이 시 「조선의 맥박」을 쓴 것이 또한 이런 시대(1929)였다. 이런 시대 상황에서 민족의 멸망이 다만 총칼로만 이루어지는 것이 아니라는 각성은 선생의 타고난 천분과 정열과 합하여 국학 연구로 이어졌다. 그는 오구라의 논문을 읽은 다음 날로 "영미문학 책은 궤 속에 집어넣고, 장기판은 패어 불을 때고, 그 즐기던 심야의 혼자 술[獨酌]도 죽였다"고 했다. 그러나 젊은 영문학 전공자로서 국학의 고문헌을 갖추었을 리 없는 무애는 "그 길로 상경하여"(「硏北錄」), 방종현·최남선·이희승·이병기·조윤제 제씨들에게 고서(古書)를 빌려 보고, 주말이면 어김없이 서울로 올라가 경성제대 조선어학과의 강의 노트까지 빌려 참고로 삼았다고 했는데, 무애 선생을 가장 감동시킨 것이 천태산인 김태준의 노트였다고 했다.

천태산인의 노트 이야기는 필자에게는 아주 인상 깊은 두 천재 국학자의 우정담으로 기억된다. 중문학과 출신에다 뛰어난 천분을 가진 천태산인은 일인 교수의 일본어 강의나 조선인 교수의 조선어 강의를 모두 한문으로 필기하는 한문 실력으로 무애를 감동시켰다고 했는데, 선생이 가장 사랑하고 서로 존경해 마지않았던 천태산인과의 우정담은 이 못난 제자를 감동시켰다. 20대 나이에 『조선한문학사』와 『조선소설사』를 펴낸 바 있는 천재로 천태산인은 무애 선생이 가장 아낀 지기(知己)였으며, 특히 이름난 그의 한문 실력은 일인 교수들도 모르는 것은 그에게 물었다는 소문이다. 무애 선생은 우리 국문학계에 세 사람의 대가가 있어 도남(陶南, 조윤제)과 가람(伽藍, 이병기)과 자신이라고 공언하곤 하였지만, 선생이 가장 아껴 자주 말씀하고 존경한 첫손이 천태산인이었다.

무애 선생이 서울 장서가들의 고서를 빌려다가, 숭실전문에서 평양 최초의 고서전시회를 열었던 것은 민족의 고전유산을 보존하고 연구하는 중요성을 계몽하고, 스스로의 향가 연구의 계기로 되었다. 선생 스스로 서울의 야시에서 고서들을 수집했다는 증언을 고려에 넣더라도, 그가 책 보따리 짐을 만들어 등에 지고 '낑낑거리며' 서울과 평양을 기차로 오가던 일화는 지금도 읽는 이를 감동시키는 바가 있다.

> 내가 그 책들을 빌어 큰 보따리 짐을 만들어 등에 지고 아침에 낑낑거리며 역으로 나가는 길에 정 위당(鄭爲堂-寅普)을 우연히 만났는데, 그는 내가 짐꾼이 되었음에 깜짝 놀라, "아 무애, 그 등에 진 것이 무엇이요?" "책이요." "책이라니 무슨 책이기에 짐꾼에게 지우지 않고 몸소 지고 가시오?" "예 가만히 기다려 보십시오, 몇 달 뒤에 우리 문화사상에 깜짝 놀랄 일이 생겨나리다." (「연구의 회억(回憶)」)

이렇게 고생하며 내려가서 불철주야로 심혈을 기울여 오구라를 반박하는 논문을 써서 조선과 일본 세상을 놀라게 했다. 이 일로 낭패한 것이 일본 학계였던 것은 "오구라 씨의 저서가 그의 학위논문이며, 경성제대 논문집 제1호 논문에다 일본 학사원(學士院) 상과 이른바 천황 상까지 받은 대저(大著)인데, 그것이 한낱 조선인 사립학교(숭실전문) 젊은 영문학 교수에게 여지없이 비판받은 저들의 낭패"(「研北錄」)는 참으로 상상하고도 남음이 있다. 그때 경성제대 총장인 모씨가 일본 신문에 「이제 조선인도 공부를 시작하였다」는 논제로 제 나라 학자들에게 경고하였고, 사학자 이나바(稻葉岩吉)는 무애를 평양으로 예방했으며, 조선어문학자 가나자와(金澤庄三郞)는 도쿄제대 『사학잡지』에 무애의 연구에 전적으로 찬동하며 오구라 씨의 답변을 요구하는 글을 실었다(「硏北錄」)는 것이 이런 증거의 일단임은 물론이다. 그리고 오구라 스스로도 『사학잡지』 44호(1938)에, 무애가 조선 학자로서 벌써 했어야 할 일을 감당하여 학문 발전에 크게 이바지한 뜻을 기리고, 자신에 대한 비판과 연구에 준 큰 암시와 창견(創見)을 높이 평가했다(小倉進平, 「鄕歌·吏讀 문제를 둘러싸고」).

실제로 외국 언어학자인 오구라의 한계는 한 천재 시인의 자국 시 해석 앞에 여지없이 무너질 운명에 있었다. 외국 어학자인 그는 시를 시로 보는 안목과 정서에서 비교가 되지 않았다(김완진, 「양주동의 국어학」). 더구나 방대한 『조선고가연구』를 이룩해 낸 선생의 천분에다 그 노력은 상상을 초월한다. 이 책에 인용된 참고문헌만으로도 우리 고서류가 228종에 중국 고서류 84종과 8종의 일본 고서에 이르기까지 무려 320종에 이르며, 어휘와 이두(吏讀), 음운과 어법에서 지명 건명(件名)에 이르는 색인만으로도 작은 책 한 권 분량의 방대한 고증으로 선생은 이 책을 이루어낸 것이다. 그리하여 책이 나온 날 첫 책을 논적(論敵) 오구라에게 보내고, 둘째 셋째 책을 위당과 육당에게 보냈다고 했다.

선생은 이른바 3대 천재로 벽초(碧初)와 함께 육당과 춘원을 이야기할라치면, 육당은 책을 대각선으로 읽고 춘원은 두 줄씩 한번에 읽었다고 하며, 스스로는 책을 쪽(페이지)으로 읽고, 책을 한번 읽으면 지배(紙背)를 철(綴)한다고 했다. 곧 한 번 보면 책의 감추인 뜻까지 다 읽어 낸다는 뜻일 터. 그러기에 장서의 필요성을 느끼지 않는다고 하는 자긍이 뒤따랐다. 사실 무애 선생은 정인모 선생의 「제양주동 선생의 항가증식권수」

장서가 별로 많지 않았다고 했다. 혹 기자가 자택을 방문하여 서제를 보여 달라고 주문하면, "천재가 무슨 장서가 필요하나?"고 동문서답. 그래도 자칭 인간국보 대 선생께서 장서가 없으시다니 이해가 되지 않는다며 물고 늘어지는 기자가 있으면, "어 내 장서? 이 뱃속에 들었어!"라 웃으며 배를 쓰다듬고는, 옛날 중국 시인 육방옹(陸放翁)의 고사를 이야기했다고 한다. 육방옹이 장마가 지고 나면 길가에 벌떡 누워서 배를 말렸다. 지나던 사람들이 "선생님 길가에 누워 무얼 하고 계십니까?"고 물으면, "어 나 책 말리네" 했다는 이야기이다. 물론 무애 선생은 1930년대 서울에 이른바 야시(野市)가 번성할 때 한석봉(韓石峯)의 『천자문』 등 진귀한 책을 적잖게 구한 것으로 알려졌고, 최남선을 비롯하여 방종현·이희승·이병기·김태준·조윤제·김양선 등과 함께 대단한 고서 수집가로 알려졌다(이중연,『고서점의 문화사』). 그리고 「책을 이고 온 여인」이란 글에서는 피난 중에 부인이 『월인석보』 제9, 10권을 포함한 완당(阮堂)과 옹방강(翁方綱)의 시첩 등을 이고 온 사연을 전해준다(「牛衣感舊錄」).

이후 숭실전문의 강제 폐쇄로 교수직을 잃고 태평양 전쟁의 전운 속에 상경한 무애 선생은 1940년『조선고가연구』초고를 완성하고, 40살이 되는 1942년에 드디어 공간했다. 선생은 이 한 권의 책으로 한국 학계를 뒤흔드는 불멸의 신화로 이름을 떨쳤다. 무애 선생 스스로 득의의 저작이 바로 이 책이었고, 이야말로 그를 불멸의 국문학자로 평가하게 한 불후의 명저로 되었다. 그러나 전쟁과

양주동 선생 회갑기념 논문집에서

식민지의 족쇄 아래서 그는 직장을 잃고 모진 병마에 시달렸으며, 이런 역경 속에서 그를 지탱하게 한 정신은 바로 "하늘이 이 나라 문학을 망치지 않으려는 한 모(某)는 죽지 않는다"는 국학정신이었다고 했다. 선생은 특히 육당 최남선이 이 책을 높이 평가하여, "해방 전과 뒤에 나온 책으로 후세에 전할 책은 오직 양모(梁某)의『고가연구』가 있을 뿐이라"고 했다는 사실을 자찬을 삼으셨고, 제자들을 격동시켰다. 육당은 임종에 스스로 이런 '남을 책'을 남기지 못한 것을 한탄하며, 이 책들이 500년은 남을 것이라고 했다지만, 이야말로 자랑(自矜)을 해학으로 달고 다니신 무애 선생 득의의 자찬이 되었다. 무애의 향가연구를 비판하여 스스로 향가 풀이에 후반생을 보낸 무돌 김선기 선생은 이 이야기를 전해 듣고, 천하의 천재 육당으로서도 평가가 모자랐다며, 이 책은 천년을 남을 것이라고 했다. 오백년 남는 책이 천년 남을 책일 터이지만, 무돌은 이 불초 제자가 제관이 되었던 무애의 9주기 제삿날에 용인공원 선생의 무덤 앞에 몸소 나아가, 이런 사실을 여러 수의 시조로 써서 그의 영전에 고한 바 있다.

무애 선생의 이런 자신은 스스로의 향가 해석에 대한 논쟁에서도 두드러졌는데, 가장 치열한 논쟁으로 이숭녕 교수의 어학적 비판에 대하여 무애 선생은 그야말로 '산 밑에 지나가는 빗소리'라는 식의 대응으로 자신감에 넘쳤다.

'의상철학'·비판의 정신

무애 선생은 학자로서는 물론, 비판정신과 삶의 철학에서 당당한 스승이었다. 이 글 한 편을 쓰는 동안, 우리나라 문화재 국보 제1호 숭례문(崇禮門)이 불타는 사건이 일어났다. 나라 안팎이 안타까운 뉴스 속에서 가장 먼저 내 머리를 스치는 생각이 '자칭 타칭 인간국보 제1호'로 무애 선생의 생각이었다. 당대의 명사로 무애 선생은 언론계의 기자라도 찾아와 사진을 찍을라치면 자주 숭례문을 배경으로 찍도록 당부했다는 자존(自尊)이었다. 마침 선생께서 동악(東岳)으로 돌아오신 즈음에 환갑을 맞으셔서 대학원생들이 숭례문으로 모시고 가서 기념사진을 찍고 근처 명동의 이름 있는 양복점에서 옷을 한 벌 맞추어 드리기로 했다. 그때 대학원 학생이라야 중등학교 교사로 있는 서너 명으로, 택시를 불러 선생을 명동으로 모셨다. 아마도 한문전공의 이종찬(동국대)·현대문학의 구인환(서울대)·김준겸(재미) 형과 내가 함께했던 기억이다. 평소 '무모(無帽)·누더기주의'의 「의상철학」을 '실천적 주제'(「옷철학」)로 강조하시던 선생이신지라, "누더기주의를 모르는 자네들은 내 제자가 아니며, 단벌신사 나팔바지가 아니면 양주동의 바지가 아니라"며 극구 사양하셨다(이때는 여성의 나팔바지 모양으로 신사복도 폭이 널널했다). 결국 생신 축하 선물은 선생의 대안으로 양복 한 벌 값으로 모두 맥주를 사서 잔치에

무애 선생으로부터 학위증을 받는 필자(1965, 동국대)

쓰고 남은 것을 댁으로 옮겨 드린다는 선에서 낙착되었다는 기억이다(무애 선생은 평생 달고 다니신 당뇨에도 맥주를 즐기셨다).

여러 대학의 출강과 강연으로 언제나 분주하셨던 무애 선생을 가깝게 모실 기회는 65년 구인환·(고)최범훈 형과 낸 공동 수필집『그날을 위하여』(동국출판사)의 서문을 받으러 댁을 방문한 일을 빼면, 대학원을 졸업한 뒤의 일이다. 1965년 대학원을 졸업한 나는 1968년 동대로 옮긴 (고)김성배(金聖培) 교수의 후임으로 명지대학교의 전임강사가 되었다. 마침 학과장이던 대학의 대선배 이상보(李相寶) 선생과 함께 동대를 정년하시는 무애 선생을 명지대학교 대우교수로 모신 때는 대학원장에 무돌 김선기 선생과 대우 교수로 어학자 정인승 선생이 함께 계셔서 학술행사나 회식 모임 때는 학제적 분위기로 화제가 동서고금에 미치는 활기였다. 마침 법학의 황성수(黃聖秀) 선생이 법문학부장으로 학과 모임에 함께 참여했는데, 국회 부의장 출신으로 세칭 '말 잘하는 황성수' 씨는 무애 선생의 숭실전문학교 때 제자여서 화제가 만발했다. 이때 나는 무애 스승과 함께 학계의 여러 원로를 모시는 가장 행복한 시절을 보냈고, 무애 선생이 돌아가신 때까지 가까이 모시고 배우는 행운을 얻었다. 선생이 좋아하시어 『세계기문선(世界奇文選)』(상, 하)의 첫머리에 실어 전한 김성탄 (金聖嘆)의 해학과 비판의 정신을 흠모하며, 일제하에서 『고가연구』를 출간하 며 셀리의 「서풍의 노래」를 읊어 봄날을 기다리던 정신을 배웠다. "겨울 폭풍 이 심하니/ 어찌 봄이 멀었으리오." 그 정신은 한·일 수교를 반대하는 교수데모 로 '정치교수'로 몰려 교수직을 떠나시고, 4·19학생데모에 동조 시위에 도남 선생들과 함께 앞장서 선생의 비판정신에서도 두드러진다.

아침에 컴퓨터를 열면 박태준이 곡을 붙인 선생의 「산길」이 나를 맞는다.

"산길을 간다 말없이/ 홀로 산길을 간다⋯⋯."

이것은 일제의 억압 아래 어두운 민족의 길을 상징한 노래로, 약관에 선생이 주재한 『금성(金星)』지 이래, 선생의 고가 연구로 이어진 국학정신의 상징이 기도 하다.

김태준
1939년생/황해도 장연 출생/동국대학교 국문학과 졸업, 일본 도쿄대학 비교문화과정 문학 박사/명지대학, 도쿄외국어대학, 동국대학교 교수 역임/현 동국대학교 명예교수
대표 저서로 『홍대용평전』 『한국문학의 동아시아적 시각』 『虛学から実学へ』 『문학지리 -한국인의 심상공간』(편저) 등 다수

풍죽風竹처럼 사신
도남 조윤제 선생

● 김시업

조윤제(趙潤濟, 1904~1976)

경상북도 예천 출생
경성제국대학 법문학부 문학과(조선어조선문학 전공) 1회 졸업
경성대학 법문학부장, 국립서울대학교 교수·학장·대학원 부원장,
성균관대학교 교수·대학원장, 영남대학교 교수 역임
조선어문학회, 진단학회, 국어교육연구회, 한국문예학회 등을 창립
대한민국학술원 회원 역임
대표 저서로『조선시가사강』『조선시가의 연구』『한국문학사』
『국문학개설』『도남잡지』등 다수

도남 선생 묘비명

　도남 조윤제 선생이 세상을 떠나신 지 1년이 되는 날, 우리는 선생의 묘소 앞에서 묘비를 제막했다. 유난히 봄볕이 따사로운 오후였다.

　광음(光陰)이 덧이 없어 오늘이 벌써 1977년 4월 10일, 가을철에 풍죽(風竹)처럼 한 평생을 소소(蕭蕭)했던 도남 선생께서 이 금잔디 깔린 높은 언덕에 고이 잠드신 지 한 돌이 되었습니다.

　선생의 가족과, 동학과 제자와, 사회의 인사가 이곳에 모여 도남학회의 이름으로 묘비를 세우고 의식을 봉행하게 되었습니다. 이어서 선생의 높으신 기개와, 불굴(不屈)의 절조(節操)와, 불간(不刊)의 전통을 확립시킨 학문과, 비분감개로운 애국심을 마음속에 되새기면서, 한 줄기 눈물을 접동꽃 가지에 뿌리곤 합니다……. 나는 일찍이 옛사람 시 몇 구를 애송하고 있습니다.

人之愛正士	사람들이 정의로운 선비를 사랑함이
好虎皮相似	호랑이 가죽을 좋아하는 것 같도다.
生前欲殺之	그가 살았을 젠, 죽이고자 하던 것이
死後方稱美	죽은 뒤엔 곧 아름답다 일컫더군.

　이 시를 읊을 때마다 도남 선생의 생각이 문득 나곤 합니다. 선생의 평일에는 좋아하는 이보다 미워하는 자가 많았고, 사랑하는 이보다 두려워하는 자가 많았으나, 가신 지 겨우 한 돌이 못되어서 선생의 영풍(英風)·고절(高節)을 우러러 커다란 업적을 남긴 학자로서, 또는 응연(凝然)히 독립한 지사(志士)로서 재평가하고 있는 것을 보았습니다.

　어제 9일에는 시내 한 아늑한 곳을 빌려 도남국문학상의 시상에 곁들여 강연회를 열어 선생의 학(學)을 선양하였습니다…….

이 자리에 제림하신 여러분, 이 비명(碑銘)은 선생의 애제자(愛弟子) 이우성(李佑成) 군이 지은 글입니다. 원컨대, 한번 다시금 읽어 선생의 행적을 길이 마음에 새겨 주시기를 바랍니다.

도남학회 이사장 이가원(李家源) 선생의 식사(式辭), 그 가운데 특히 귀를 기울이게 하는 것은 시 구절이었다. 인용한 한시는 인심과 세태의 정곡을 말해 주었다. 모두가 숙연했다. 식을 마치고 나는 검은 빗돌에 새겨진 이우성 선생의 비문을 천천히 읽어내려 갔다.

여기 우리 국문학의 원시림(原始林)을 개척하고 국문학사(國文學史)를 통하여 민족사관(民族史觀)을 확립해주신 도남 조윤제 선생의 만년유택이 자리 잡고 있다. 1904년 1월 26일 경북 예천군 지보면에서 …… 출생하여 1976년 4월 10일 서울 돈암동 시오장(是吾莊)에서 …… 세상을 떠나신 선생은 민족의 수난과 불운 속에서 70평생을 오로지 교단에서 서재에서 국문학의 강의와 저술에 정열을 바치는 한편, 나라에 큰 변동이 있을 때는 정의(正義)의 대열을 이끌고 현실 참여에 결연한 자세를 보였다.

선생의 학덕(學德)은 온 누리에 우러러 뵈이면서도 선생의 생애는 순탄치 못하였다. 일제하의 곤경(困境)은 말할 것도 없고, 해방 후에도 선생의 강석(講席)은 서울대학에서 성균관대학으로 다시 영남대학으로 옮기시면서 그동안 몇 차례 영어(囹圄)의 몸이 된 적도 있었다. 그러나 선생은 자기 신념으로 후회 없는 일생을 사시고 이제 지하에 고요히 잠드셨다. 오호(嗚呼)라, 개관(蓋棺)에 논정(論定) 하나니 다음날 이 땅의 역사가(歷史家)는 20세기의 한 완인(完人)으로 선생을 기록할 것이다. …… 명(銘)을 대신하여 몇 말씀 붙여둔다.

生於民族 死於民族(민족에 살고 민족에 죽다), 이것은 선생의 자작(自作) 묘지명(墓誌銘)의 한 구절이다.

선생은 가셨지만 선생의 불굴의 정신은 이 민족과 더불어 영원하리라.

묘비가 내려다보는 저 멀리 언덕 아래 파주(坡州)의 들판. 그 끝에는 통일로가 실낱같이 남북으로 펼쳐져 있었다. 그 위로 아득히 피어오르는 아지랑이. 그날 선생의 생애와 오늘의 민족 현실을 떠올리던 나의 가슴은 일순 형언할 수 없는 격정에 휩싸이면서 한 줄기 눈물을 쏟았다. 30여 년 전의 일이다.

'도남'이라는 큰 산, 도남과의 만남

사실 나는 도남 선생에게 제도적인 강의와 지도를 받지는 못했다. 강의실 제자의 행운을 입지 못한 셈이다. 내가 국문학과에 입학했을 때 선생은 이미 5·16쿠데타 정권에 의해 성균관대학에서 쫓겨나신 뒤였다. 그리고 몇 해 뒤부터 대구의 영남대학에 나가시게 되니 뵙기가 더욱 어려웠다. 다만 학과의 교수님들이 월탄 박종화 선생을 제외하고는 대개 도남의 애제자분들이어서 대학의 전 과정 동안 날마다 도남 선생의 책으로 선생의 풍모를 그리면서 공부했다.

석사과정을 다니면서 나는 크게 용기를 내어 돈암동의 댁[尋品莊]을 찾아갔다. 그 이후로도 몇 차례 찾아가 뵌 일이 있었지만 도남 선생과의 대화는 짐작대로 어려웠다. 문제의식을 제대로 구사해서 여쭙기는 부치고, 큰 산을 마주한 듯한 중압감에서 응석을 부릴 수도 없었다. 국문학 연구를 하겠다는 제자의 제자에게, 도남 선생은 "섣불리 해석하려 들기보다는 실증에 힘써야 한다"고 했던 것 같다. 할 말이 많다고 생각했던 나는 실증을 강조하는 민족주의자의 뜻밖의 말씀에 적이 서운했다. 학교 교사와 대학원을 병행하고 있는 내 사정을 들으시고는, 시간이 없을 때, 바쁠 때 공부하는 거라고 하셨다. 당신이 경성제대에서 공부할 때 '소창'(小倉進平, 오구라 신페이) 교수가 "공부하는 사람이 시간이 없다고 불평하지 말라. 시간이 없는 데서 공부할 수 있는 것이다"라고 한 말을 상기시켜 주시면서 자신도 경성사범학교 교원 생활 때 가장 많이 공부한 것 같다고 했다.

이렇게 찾아뵙기 시작하여 세배도 가고 밖에서 식사 대접을 한 일도 있었다. 한 번은 댁에서 저녁상이 나왔는데 나에게도 독상을 차려 주었다. 선생과 똑같이 장아찌에 나물 반찬 두어 가지의 너무도 검소한 상이었다. 나중에 들은 선배의 말로는 사모님이 계실 때부터 그렇게 해온 것으로 영남 선비집의 가풍이라고 했다. 유가(儒家)적 문화전통은 도남(陶南)이라는 호에서도 느껴진다. 고향 예천이 도산(陶山)에서 멀지않은 남쪽에 있다고 하여 도남이라고 자호하였다. 그만큼 퇴계선생을 존숭한다는 뜻이기도 하다. 아무튼 선생 댁은 늘 성그렇고 조용했다. 선생과 허물없이 가까우신 월탄 선생 댁에서 느끼는 따스하고 풍성한 분위기와는 사뭇 달랐다. 도남 선생의 고집스런 미간과 콧수염, 그리고 형형한 용안은 누구나 쳐다보기가 두려웠다. 거리에 나서면 훤칠한 체구에 꼿꼿한 자세로 단장을 휘두르며 위풍당당하게 걸으시는 풍모가 여느 선비의 모습과는 아주 달랐다. 장부나 대정치가의 풍모라고 느껴졌다.

도남 선생이 작고하신 지 네 해 뒤인 80년 봄, 나는 학과에 신임 교수로 들어 갔는데 바로 그 해에 유신독재에 이어 출현한 신군부가 민주화를 요구해 온 교수들을 강제 해직시켰다. 이우성 선생이 이에 해직되자 도리 없이 한문학사 강의를 내가 이어 받았다. 얼마 가지 않아 이명구 선생이 정년이 없다는 춘천 한림대학으로 가시자 국문학사 강의도 맡을 수밖에 없게 되었다. 이때부터 도남 선생의 국문학사를 중심으로 가르치게 되었으니 나는 대학을 입학해서 부터 지금까지 선생을 한시도 잊어본 일이 없었다. 이런 일이 어찌 나 뿐이랴.

서재의 도남 선생

심지어 중고등학교 국어시간에 우리 고전문학에 대한 교양적 지식을 배운 사람이라면 누구나 도남의 이름을 일컫지 않았을지언정 이미 선생의 연구와 학설을 따라 배우고 익힌 것이니 하물며 대학에서 국문학을 강의하거나 연구하는 사람치고 도남이라는 큰 산을 마주하거나 의식하지 않은 사람이 어디에 있겠는가. 그러니까 도남 선생은 누구와 직접 사제 간이 되느냐 아니냐가 문제가 아니라 우리 국문학도 모두의 스승임에 틀림없다.

일제 암흑기, 민족사관을 세우다

> 나는 대한제국(大韓帝國) 시대에 나서, 일제(日帝) 시대에 배우고, 해방 후 군정(軍政) 시대에 대학 강단에서 우리의 국문학사를 강(講)하여 빛나는 대한민국 정부가 수립되자 이 책을 공간(公刊)한다. 실로 감개무량한 일이다.

도남 선생이 『국문학사(國文學史)』 출간에 앞서 1948년에 쓴 그 서문의 첫 문장이다. 그러나 선생의 생애는 앞에서 묘비명이 말했듯이 순탄하지 않았다.

경성제대 재학 시절의 도남

이러한 감개스러움 이후로 수많은 곤액이 거듭되었다. 그 까닭은 식민지와 분단시대에 민족주의를 줄기차게 추구하는 실천적 학자, 지식인이었기 때문이다. 이제 선생이 살아가신 자취를 일부나마 살펴 선생의 인간 자세와 스승으로서의 상(像)을 되새겨 보려 한다. 근거는 선생의 글이나 자작 연보(年譜), 그리고 그동안 많은 분들이 해주신 회고와 말씀에 기댈 수밖에 없겠다.

도남은 23살(1926)에 경성제국대학 법문학부 문학과에 입학하여 조선어학·조선 문학 전공 유일의 1인 학생이 되었다. 그동안 고향에서 한문서당과 보통학교를 마치고 대구고등보통학교를 거쳐 경성제국대학 예과 제1회생으로 2년 과정을 수료하였다. 법문학부 재학중 법전(法專) 학생 및 근우회(槿友會) 간부들과 비밀결사를 조직하여 순종(純宗) 인산(因山) 때 폭동을 일으키려다 실패하고 만주의 고려혁명당을 찾아가는 망명 계획을 추진하기도 했다. 그러나 이 모두가 여의치 않자 '우리 민족정신의 결정(結晶)인 고전문학 연구'로 방향을 바꾸었다.

당시 법과나 의학부를 버리고 '망국의 어문'인 조선어문학을 공부한다는 건 굶어죽기 좋을 만한 일이었다. 국문학계는 선생도 선배도 없는 황무지였다. 조선 문학 담당 교수는 다카하시 도루(高橋亨)였으나 조선 사상사 전공으로 사단칠정(四端七情) 관련 퇴계 율곡 왕복 서한을 강의했다. 조선 어학은 오구라 신페이(小倉進平) 교수가 강의했다. 도남 혼자 강의를 듣다가 1년 뒤에 이희승, 그 다음 해에 김재철 등이 입학해 넷이 되었다. 다음 해 도남이 졸업하는 해에는 입학생이 없고 5회에 이숭녕, 방종현이 들어왔다. 도남은 늘 우렁찬

목소리로 후배들을 이끌었다.(이희승 선생 회고)

1929년 3월 「조선 소설의 연구」라는 학사논문을 제출하고 경성제대 법문학부 조선어문학과 제1회 졸업생이 되었다. 졸업과 동시에 촉탁에 임명되어 오구라 교수 지도로 조선어 사전 편찬을 담당하였다. 법문학부 1회 졸업생들을 모아 낙산구락부(駱山俱樂部)를 조직하고 기관지 『신흥(新興)』을 발간했다. 이듬해에는 법문학부 조수(助手)로 임명되어 3년간 연구실 생활을 하게 되었다. 이때 조선어 조선문학과 후배, 졸업생, 재학생들과 조선어문학회를 결성하고 국문학 잡지로서는 최초인 『조선어문학회보』를 발간했다. 이즈음 고향에서 가족을 데려와 살림을 시작하였다. 13살에 장가들어 15년만이었다.

이 시기 조선 학생에게는 교수보다 도남이 더 무서운 존재였다. 공부 모임에서는 강의보다 훨씬 많은 문헌자료를 강독시키는 데 쩔쩔매게 했다. 잘못하면 혼이 났다. 도남은 일본 사람을 미워했다. 한번은 다카하시 교수가 제주도 민요 조사를 시켰는데 오구라와 함께 갔다 온 조수 도남이 조사 자료를 내지 않고 주임 교수와 한바탕 틀어졌는데 "가기는 주임 교수 돈으로 갔지만 조사는 내가 했으니 내 자료다"라고 버티었다. 도남은 누가 말해도 듣지 않았다. 고집과 의리가 두텁고 돈에는 관심이 없었던 호랑이 선배였다.(이숭녕 선생 회고)

도남이 경성제대 조수 연구실을 떠나 직장 생활을 시작한 곳은 경성사범학교였다. 1932년 교유(敎諭)에 임명되어 조선어를 가르쳤지만 7년 동안 교사이기보다는 학자적 생활을 하였다. 『교주 춘향전』을 출간하였고 송석하, 손진태, 이병도 등과 진단학회를 조직하고 『진단학보(震檀學報)』를 발간했다. 이런 과정에서 도남 자신이 학교생활을 대개 일본인들인 교원들과 달리 했고, 교장과 교사들도 그를 "늠름한 조선인 학자다"라고 존경했다.

도남은 부임하는 즉시 작심하고 제1저서 『조선시가사강』의 원고를 쓰기

도남의 육필 원고

시작했다. 그래서 3년 만에 탈고했으나 출판사를 못 구해 2년을 묵히다가 박영철(朴榮喆) 씨에게 1천원의 빚을 지고 1937년 자비 출간하였다. 손진태 선생은 책의 발문에서 "이제 조선에는 조선 문학이 있다"고 감격하였다. 『조선시가사강』의 출간은 정녕 놀라운 일이며 조선인으로서는 누구나 흥분하지 않을 수 없었다. 뜻있는 청년학생들은 이 책을 안고 사진관으로 달려가서 기념사진까지 찍었다. 자기가 지은 책인 양 가슴에 안고. 그러나 하나의 큰 사건으로 더욱 놀란 것은 일본인들이었다고 한다.(장덕순 선생 회고)

그러나 정작 도남은 이 시기에 이미 자기의 학문에 대한 회의를 품고 새로운 모색을 심각하게 고민하게 되었다. "우리 민족 문학에도 시가 있고 소설이 있었다고 하는 실증만으로, 민족정신을 고취하고 민족 독립을 쟁취할 원기를 북돋우며 민족이 살아갈 길을 개척할 수 있는 문제인가?" 더구나 일제는 중일전쟁을 일으켜 전시체제를 강화하고 민족말살정책을 추진하기 시작한 마당이었다. 도남은 고민 끝에 경성사범학교 교원생활을 과감하게 그만두고 완전한 무직자가 되어 보성전문학교 도서관 연구실에 나가면서 새로운 길을 모색하였다. 역사학을 전공하면서 같은 고민을 하고 있던 손진태, 이인영과 함께 새로운 방법론을 토론하고 추구하였다. 진단학회를 비롯한 우리 학계의 학풍이 일본 학풍을 맹종하여 우리 현실 문제와 관련이 없는 실증주의에 매몰되어 있음을 반성하고 민족의 살 길을 분명히 하는 과학적 학문을 건설하기로 하였다. 이러한 연구의 입장과 방법이 말하자면 신민족주의 사관이었다. 도남 국문학의 '민족사관'은 이렇게 탄생되었던 것이다. 그리고 이에 입각하여 국문학사를 연구하기 시작하였다.

몇 해는 버티리라고 생각했던 생활고 문제가 1년 만에 닥쳐왔다. 이로부터 경신·이화여전·양정·중앙·동성 등 여러 학교를 전전하면서 한문이나 습자 강사로 호구지책을 삼았다. 심지어는 밥 굶으며 사 모았던 책을 내다 팔기도 했다. 뿐만 아니라 경성사범 재직시에 활동했던 조선어연구회 사건으로 경찰에서 여러 날 고초를 당하고 수색·압수·거류지 제한 등 상당한 제재와 감시를 받게 되었다.

해방 후 서울대학교 재직 시절과 남북협상

드디어 8·15해방을 맞았다. 도남은 경성제국대학에서 '제국'이 빠진 '경성대학'에서 범문학부 재건의 책임을 지고, 교수로 취임하여 국문학을 강의하면서 법문학부장을 맡았다. 곧이어 미군정에 의해 통합된 국립서울대학교의 대학원 부원장, 문리과대학 교수가 되었다. 『조선시가의 연구』(1948), 『국어교육의 당면한 문제』(1947)를 간행하고 국어교육연구회도 결성하였다. 그러나 가장 힘을 기울인 역작은 『국문학사』(1949)였다. 민족사관의 문학사적 결실로서 민족정신과 과학을 결합시킨 근대 학문사의 우뚝한 업적이었다.

경성대학 시절 도남이 겪은 시련과 곤액은 적지 않았다. 정의파의 직선적 성격에다 친일한 사람을 대놓고 미워하는 비타협성 등으로 적지 않은 적을 만들었다. 초기에 과격학생들이 법문학부 교수진을 멋대로 짜가지고 민주주의라고 달려들었으나 도남의 기백과 호통이 그들을 누를 수 있었다. 그러나 교수 사회는 그렇게 되지 않았다. 소위 18교수단 사건도 그 하나였다.

법문학부장이었던 도남은 일본에서 귀국해 온 학생이나 국내 학생이 지원하는 편입 시험에 국어 시험을 고집했다. 그러나 학생들의 국어 실력은 '모음조화(母音調和)'를 묻는 문제에 "아버지와 어머니가 싸울 때 어머니의 고운 말소리로 가정에 평화가 온다"고 답하는 걸작이 있을 정도였다. 교수 회의는 국어 시험문제로 옥신각신 했는데 학부장이 '우리말을 되찾았고 우리말로 강의를 해야 하기 때문'이라고 밀어 붙였다. 법학쪽 젊은 교수들이 학부장 배척운동을 벌였고 그래서 도장을 받아낸 명단이 열여덟이었다. 소수 좌익 교수와 도남을 두려워했던 반대파들이 합세한 것이었다.(이숭녕 선생 회고)

1948년 4월 평양에서 남북협상이 열렸을 때 도남은 김구·조소앙을 따라 평양에 가서 북쪽의 실정과 김일성대학을 시찰하고 왔다. 당시 미군정과 이승만을 중심으로 한 우익세력이 남한만의 단독정부 수립을 추구하자 민족주의 진영이 이를 저지하고 통일정부 수립을 위해 남북 정치지도자 간의 정치협상을 추진한 것이다. 지식인과 학계는 물론 일반 국민의 기대와 열망이 컸으며 공동성명을 발표하는 등 일정한 성과도 있었다. 그런데 도남은 이듬해 11월 경무대(청와대의 전신) 경찰서에 돌연 피검되었다. 남북협상에 가담했을 뿐 아니라 교수회의 석상에서 김일성대학을 칭찬했으니 공산당이라는 것이었다. 검찰에서 풀려나긴 했지만 이 일로 서울대학교 문리대 학장직에서 물러나야 했다. 학내 반대파의 모함이 작용한 결과였다.

안호상 교수가 문교장관이 되고 얼마 안 있어 도남이 문리대 학장이 되었어요. 바로 그 시기였어요. 증인으로 불려가 말했지요. 학장이 싫다고 잡아다 넣어서야 되겠는가. 공산당이라니 무슨 소리요, 공산당을 미워하는 사람인데. 조 학장 북한 칭찬한 일 없어요. 그런데 실제 도남은 김일성대학 장점을 말한 일이 있었거든. (이숭녕 선생 회고)

1950년 6·25전쟁이 터졌다. 미처 피난가지 못한 도남은 인민군에 연행되어 조사를 받은 뒤 서울대 학생자치위원회에 불려가 1주일 간 문초를 당하였다. 9·28 서울 수복으로 구사일생 살아났지만 학문적 동지인 이인영, 손진태 두 사람은 모두 납북되었다. 그러나 수복 후 서울대학교에서는 도강파(渡江派) 교수들이 남았던 교수들의 부역(附逆) 사실을 심사하는 위원회가 열렸다. 위원 중에는 도강파가 아닌 자도 끼여 있었다. 어느 날 도남이 만취하여 심사장인 총장 공관으로 들어가 "부역한 놈이 부역하지 않은 놈을 심사한단 말이냐"고 호통치며 현관 유리를 박살냈다. 이 사건으로 반대 세력들이 들고 일어나 도남이 일으킨 소동을 빌미삼아 사표를 내게 했다. 10월, 서울대 교수직에서 5년 만에 쫓겨난 도남은 그 전 해부터 겸임해오던 성균관대학교의 전임(專任) 교수가 되었다.

성균관대학교 재직 시절과 4·19

1952년 성균관대학교가 부산에서 피난대학을 개교하는 데 도남은 협력하여 애를 쓰고 그해 3월에는 서울대학교에서 문학박사 학위를 받았다. 주 논문이 「국문학사」이고 부논문은 「한국시가의 연구」였다. 논문을 제출한 지 2년 만에 학위를 취득한 것이다. 성균관대학교에서는 그 이후로 대학원장 2회, 부총장 1회(3개월 간) 역임하면서 대학의 개혁과 체통을 위해 적지 않은 풍상을 겪게 되었다. 이러한 가운데서 1955년에는 『국문학개설』을 출간하였고,

59년에는 돈암동에 시오장(是吾莊)을 신축하여 입택했다.

도남이 성균관대학교에서 재직한 11년 가운데 전반기는 대개 심산(心山) 김창숙(金昌淑) 선생이 학장과 총장으로 계시던 시기였다. 유림 출신 독립운동가이며 분단정부 수립과 이승만 독재를 반대하여 평생을 싸운 심산 선생은 불굴 불타협의 기절과 의리 정신으로 진보적 유학사상과 민족주의를 행동으로 일치시킨 분이다. 근대 민족의 스승이며 선비정신의 표상이라 할 분이다. 해방이 되자 심산 선생이 나서서 일제에 의해 없어진 중세대학 성균관의 역사를 근대 성균관대학교로 일으킨 것이다. 도남은 심산을 따르고 존경하였을 뿐 아니라 갈수록 몰리던 심산을 지켰다. 그때 대학 사회에는 적지 않은 교수들이 겸직을 하면서 두 곳에서 봉급을 받았다. 성균관대학교 교수들도 겸직 교수가 많았다. 심산 총장을 받들어 도남은 이것을 개혁하는 데 앞장섰다. 이에 불만을 품은 교수들이 반대 서명을 벌이는 등 대학의 크고 작은 소용돌이는 그치지 않았다. 도남은 대개 그 소용돌이 속에 있었다.

친일세력과 자유당 정권에 의해 심산이 물러나고 장관 출신의 모 총장이 취임하면서 여러 분의 원로 교수들이 불편한 처지에 놓이게 되었다. 도남도 대학원장직을 내놓고 강의도 폐하고 두문불출하기에 이르렀다. 이에 제자 임모가 주동이 되고 국문학과 재학생들이 뒤를 밀어 원로교수 원상회복을 건의하게 되었는데 이 건의가 묵살되자 사태는 발전하여 총장의 책임을 묻는 시위로 확산되었다. 결국 총장이 물러나는 선에서 사태가 수습되어 도남 선생도 학교로 돌아오셨다.(임영무 선생 회고)

도남의 직정적 성품 강한 기개는 성대에서도 많은 이야깃거리를 만들었다. 한번은 강사실에서 시간을 기다리느라 월간지 『현대문학』을 읽고 계셨다. 그런데 마침 맞은 편에 불문학 교수인 손우성 문과대 학장이 앉아 있었다.

"여보 손 학장, 뭐 이런 글을 썼소."

"원장님, 왜요?"

"우리말에 어휘가 부족하다니. 그래서 번역하기가 힘들다고? 어디 내 우리 가사 한 마디 읊을 테니 들어봐요. 그라고 이걸 한번 불어로 바꿔보시오."

원산(遠山)은 첩첩 태산은 주춤
에이 구브러져
우줄우줄 춤을 춘다
폭포수난 콸콸
이 골 물이 주루룩
열의 열 골 물이
천방져 디방져
넌출지고 방울져
으르릉 콸콸
은옥(銀玉)가치 흐터지니

기암(奇巖)은 층층 장송(長松)은 낙락(落落)
광풍(狂風)에 흥을 겨워
층암절벽 위에
수정렴(水晶簾)을 드리온 듯
저 골 물이 솰솰
한 대 합수하야
소코라지고 펑퍼져
져 건너 병풍석으로
흐르는 물결이

도남은 「유산가(遊山歌)」의 한 부분을 손짓 형용을 곁들여 가면서 쏟아내 듯 우렁차게 읊었다. 옆에 있던 사람들은 놀라운 경관을 본 듯 숨을 멈추었고 손 학장은 얼굴이 붉게 상기되어 그 특유의 양 볼이 움찔움찔했다.

도남 선생은 학점이 엄격하기로 정평이 있었다. 그런데 A 학점이 나온 적이 있다. 국문학 연습 시간에 제자 임영무 군이 모죽지랑가를 발표했는데 칭찬을 받은 것이다. 대개의 학생들이 양주동의『고가연구』에 기대어 설명 위주로 했으나 임 군은 선생 댁을 찾아가 오구라 신페이(小倉進平)의『향가급이두연 구(鄕歌及吏讀研究)』를 빌려와서 양주동과 오구라의 견해를 비교 검토하면서 자신의 견해를 나란히 병기하는 발표문을 만들었다. 발표를 들은 도남은 흔쾌하게 "임 군 설을 받아들인다"고 선언하였다. 선생은 배운대로 고지식하게 대답하는 학생을 질타하였는데, '학문'이란 '문제에 대해 의문을 제기하고 그 해결 해답을 구하는 작업'이라는 지론을 펴면서 부정 비판과 지양이 없는 묵수를 용납하지 않으셨다. 대학은 연구하는 곳이지 공부하는 데가 아니라는 것이었다.

도남은 가끔 제자에게 영화를 보거나 음악을 들으러 가자고 하셨다. 당신이 스폰서가 되기로 하고 음악회나 종로2가 르네상스, 서부 영화를 상영하는 극장을 찾곤 했다. 그리고 끊임없이 제자에게 작곡가, 연주자, 영화의 촬영기법 등을 물으셨다. 한 번은 광희극장에서 영화 「배뱅이굿」을 보았는데 도남이 이마를 닦는 척 했으나 실은 눈물을 훔쳤다. 배뱅이가 죽어 그 혼백이 연꽃을 타고 승천하는 장면이었다. 톨스토이의 『부활』을 영화로 보다가 눈물을 흘리기도 하였다. 외강내유의 다감한 스승이었다.(임영무 선생 회고)

도남의 생애에서 가장 적극적인 현실 참여는 역시 1960년 4·19혁명 과정의 교수단 데모라 하겠다. 도남은 이 과정에 매우 적극적이었을 뿐 아니라 가위 선두에서 주동해 나갔다고 할 만하다. 1950년대, 6·25에 이은 이승만 독재하의 암담한 심경을 도남은 이 시기의 저술인 『국문학 개설』 서문에서 "오늘날 우리 민족이 한없는 곤한 가운데에 희망조차 두질 못하고 허공을 허벅대고 있는 이 역사적 순간에 우리가 처하여 있기 때문"이라고 말한 바 있다. 도남의 적극적 행동은 이러한 현실인식의 소산이었다.

4·25 대학교수단 시위는 참으로 중요했다. 4월 18, 19일의 학생 시위가 100여 명의 사망자를 내고 계엄령 아래 잠시 소강상태에 빠져 있었는데 이러한 분위기를 떨치고 항쟁의 불길을 되살려 낸 것이 바로 교수단 데모였다.

4월 25일 오후 서울대 교수회관(含春苑)에서 200여 명의 교수들이 모여 재경 전 대학교수대회를 열고 시국선언문을 채택 발표하고 가두시위를 결의하였다. 플래카드에 무엇이라고 쓸 것인가를 망설일 때 "학생의 피에 보답하라"는 구호를 내놓은 분이 바로 도남이었고, 글씨는 임창순 선생이 썼다. 따라서 가두시위의 구호는 그대로 "이승만은 물러가라"가 되었던 것이다.

4·25 교수단 데모

교수들은 교수협의회를 조직하여 시국을 감시하며 제2공화국 건립에 협력하기로 하고, 5월 29일 한국교수협회를 결성하여 도남을 의장으로 선출하고 시국선언 제2호를 발표했다.

다음 해 초 진보적 정당 사회단체가 망라된 민족자주통일협의회(민자통)가 결성되었다. 병석에 있는 심산 김창숙 선생을 초대 의장으로 모셨던 민자통은 3월에 도남을 중앙협의회 의장으로 추대하고 이어서 통일방안 심의위원회 의장에도 추대하였다. 도남 자신은 중립화 통일 방안을 지지했지만 민자통은 통일 방안을 공식 채택하지 못한 채 그 논의과정에 5·16쿠데타를 맞게 되었다. 도남은 5월 18일 피검되어 12월 10일에 기소되고, 다음해 1월 검찰로부터 5년형을 구형받았다. 자원(自願) 형식으로 성균관대학 교수 겸 대학원장 직을 사임하였고 투옥 8개월여 만에 출감하였다.

출옥한 후 도남은『국문학사』의 개수(改修)에 들어가 9월에『한국문학사』

라고 탈고하여 다음 해(1963) 출간하였다.

"사람이 근본이다"

1964년 1월 26일, 도남은 해직 상태에서 회갑을 맞았다. 『도남잡지(陶南雜識)』를 엮어내고 『회갑기념 논문집』을 받았다. 회갑기념 축하회(서울대 교수회관)에는 600여 명 내객이 모여 세상의 이목을 집중시켰다. 성균관대 국문과 출신들은 선생의 흉상(胸像)을 제작 증정했다.

도남의 회갑에 월탄(月灘) 박종화 선생은 「풍죽(風竹)」이란 시를 지었다.

여기 한 그루 대나무가 서 있다
길길이 푸름을 뿜어
비취(翡翠)빛 고려(高麗)의 하늘
흰 구름자락과
밀어(密語)하고 섰다.

바람이 분다. 태풍(颱風)이 인다.
하늘이 어둡구나
소낙비가 쏟아진다
사나운 바람은 대를 갈긴다.
가지가 휘청거린다
푸른 잎 푸른 잎, 긴 타원형의 푸른 잎들.

잎마다 와수수 소리를 낸다.
허리가 굽었다. 가지가 쏠렸다. 멋떨어진

외입장이 풍죽(風竹)의 자세(姿勢)다.
와수수 와삭와삭, 와수수 우수수.
그러나 풍죽(風竹)은 꺾어지지 아니했다.

태풍(颱風)은 가고 소낙비는 돌아섰다
대나무는 의연히 서 있다
잎 하나 떨어지지 아니했다
곧은 자세(姿勢)로
여전히 푸름을 뿜어
비취(翡翠)빛 고려(高麗) 하늘의
흰 구름자락을 청청(靑靑)하게 희롱한다.

시성(詩聖) 동파(東坡)는 노래했다

　寧可食無肉
　不可居無竹
　無肉令人瘦
　無竹令人俗
　人瘦尙可肥
　人俗不可醫
　傍人笑此言
　似高還似癡

나는 웃으며
자네를
풍죽(風竹)이라 부르네.

풍죽(風竹)-바람 맞은 대, 바람을 일으키는 대. 그것은 바로 도남의 인간 형상이었다. 도남은 이 시를 따라 자신이 거처하는 곳을 풍죽헌(風竹軒)이라 하고 제자 이우성 교수에게 「풍죽헌기(風竹軒記)」를 쓰게 하였다.

두 차례나 대학에서 쫓겨난 도남은 회갑 다음 해(1965)에 대구의 청구대학교의 교수로 취임하였다. 그리고 『한국문학사』의 틀을 한 번 더 바꾸어서 새로운 책 『국문학사 개설』을 출간하였다. 이제는 만년의 여유를 누리는가 하였지만 도남 선생의 곤액은 한 번 더 운명처럼 다가왔다. 그해 7월, 한일협정에 반대하는 재경 교수단의 선언문에 서명하였을 뿐 아니라 의장단의 대표의장에 추대되었다. 이튿날 중앙정보부에 연행 당했으나 선생의 실천 의지는 꺾이지 않았다. 다시 조국수호국민협의회 집행위원에 선임되었고, 9월 말에 문교부로부터 정치교수로 지목되어 대학에서 추방당했다.

세 번째로 해직된 지 2년 만에 청구대학에 복직되었다. 청구대학이 영남대학으로 출범함으로서 도남은 1974년 71세에 영남대학에서 남다른 정년퇴직을 맞았다. 8, 9년간의 대구 생활은 중간에 풍파가 있었지만 그래도 유유자적한 편이었다. 도남 선생과 가까웠던 어느 교수의 회고담을 들어본다.

1965년 도남 선생은 62세로 청구대학에 취임했다. 첫 대면 때 도남은 불문곡직하고 "내 자네한테 말 놓네" 했다. 그때 나도 57세로 청구대학에서는 고참 교수라 남들이 반주인으로 생각해 주는 형편이었는데, '이 양반 현대 감각이 우둔하구나'라고 생각했다. 노산 이은상 선생은 예전에 그 분 나이 52살, 내가 46살 때 처음와서 깍듯이 경어를 쓰고 세련된 매너였는데 도남은 영 달랐다. 그러나 시간이 흐르면서 점점 존경하고 구수한 인간미에 매료되어 허물없는 정담으로 10년을 사귀었다. 때로는 파격적이고 때로는 격론을 벌이기도 하였다.

도남은 가끔 "나는 결코 천재나 영재 같은 재주 있는 사람이 못 돼. 그저 곤이득지

도남 선생 회갑 날 성균관대 제자들과 함께

해서 끈기와 노력으로 겨우 어느 정도 터득했지"라고 겸손 소탈한 말을 했다.
또 "아무개는 글줄이사 얼마나 매끄럽게 잘 쓰나. 또 아무는 재주는 뛰어나지.
허나 사람이 없어, 사람이." 사람이 없는 지식, 사람이 없는 기술과 재주는 재앙이
기 쉽다는 것이었다. 도남 선생은 '사람' 이것이 근본이라고 생각했다. 그리고
평생 이것을 꿋꿋이 지켜 사신 분이었다.

맹자는 대장부를 '富貴不能淫'(부귀도 음란하고 타락하게 할 수 없고) '貧賤不能
移'(빈천도 안빈낙도하는 태도를 변하게 할 수 없으며) '威武不能屈'(어떤 권위와
무단도 그 소신과 지조를 굽히게 할 수 없다)이라 했는데, 사람이 이 중에 어느
한 가지도 지니기 어려운데 도남은 세 가지 모두를 간직한 분이었다. (최해태
선생 회고)

1976년 4월 10일 고희기념 학술강연회와 고희기념 논총 출간을 눈앞에 두
고 도남 선생은 73세를 일기로 영면하셨다.

도남을 본받고, '도남학'을 넘어

지금까지 살펴본 도남의 생애는 고난과 보람이 교차하는 일대 역정이었다. 이 역정 속에서 그는 '민족주의'와 '과학'의 결합을 통해 민족 문학의 대 역저들을 내놓았던 것이다. 그럼에도 불구하고 도남의 업적이 진작부터 제대로 평가받지는 못한 것이 사실이다. 여기에는 도남의 다음 세대 학자들의 책임이 크다. 그들은 대개 도남에 대해 '경이원지(敬而遠之)'하였다. 도남을 국문학 연구의 개척자로 존숭하면서도 그의 민족주의적 학풍은 멀리하였다. 민족독립과 통일을 추구하는 '운동'으로서의 국문학을 외면하고 학문외적 이념에서 벗어나 '순수 학술'로서의 국문학을 지향했다. 이것은 50년대 이후 고착된 분단체제에 대한 순응이라 할 수 있는 바, 이러한 풍조 속에서 도남은 외면당하거나 비난과 부정의 대상이기 일쑤였다.

이 시기 우리는 도남의 다음 세대들을 보면서 간혹 '도남 좌파' 또는 '도남 우파'라는 말을 하기도 하였다. 물론 이념적 스펙트럼을 좌우로 나누어 보는 사고방식이 세태처럼 되었던 시기의 일이니 적절하거나 좋은 방식이라고 말하기는 어렵다. 그러나 도남의 역사과학적 현실 인식, 민족사관의 국문학사 등 이러한 관점과 문제의식을 중요하게 생각하는 이들을 좌파로, 반면 도남의 미의식·미적 이념 등 국문학개설이나 시가사강, 시가연구 등 초기 실증주의적 태도를 중요시하는 이들을 우파로 지칭하는 말은, 일견 흥미롭기도 했다. 실제에 있어서는 우파 일색이었다. 그리고 그들은 심지어 "민족사관은 도남의 외도이자 객기다"라고까지 하였다. 그러나 시간이 가면서 이러한 편견은 다소 지양되었다. 무엇보다 도남 자신이 "나의『조선시가사강』은 후회스런 저작의 하나다. 나의 학문은『한국문학사』에 있다"라고 하였다.(심재완 선생 회고)

객관적으로 볼 때 도남에게서는 이
두 부면이 모두 인정될 뿐 아니라 학
술적으로 조화·통합의 길을 찾아야
마땅할 것 같다.

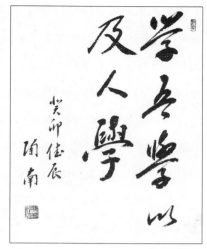

이제 도남에 대한 이해와 평가도
상당한 연구를 축적함으로써 '도남
학'이 국문학 연구의 한 영역이 되었
다. 더구나 도남이 작고한 뒤 도남학
회가 결성되면서 크게 진전되었다.

도남학회 설립 취지문은 "민족운
동의 일환으로 국문학 연구에 뜻을

도남의 휘호

두어 평생을 이에 헌신함으로써 최초로 국문학의 학적(學的) 체계(體系)를
세워 이 땅에 학문하는 풍토를 조성해주신 도남 조윤제 선생의 학통을 계승
발전시키기 위해 도남학회를 설립한다", 그리고 "민족사관에 입각하여 국문
학을 민족의 생명체로 삼은 선생의 학풍을 기초로 하여 국문학의 발전에 적극
공헌할 것을 다짐한다"라고 하였다.

끝으로 도남이 학자와 스승으로 남긴 족적 가운데 특히 되새겨 볼 점들을
생각해 본다.

도남은 남의 연구성과를 적극 인정하고 받아들였다. 안자산(安自山)의 문
학사를 평가한 곳이나, 제자의 고려 후기 신흥사대부 형성론을 받아들여 『한
국문학사 개설』에서 고려 중기를 문학담당층 변화의 분기점으로 재설정한
점이 그 예이다.

도남은 자신의 학문성과를 분석 비판하고 뛰어 넘고자 하는 새로운 연구를

진실로 기쁘게 받아들이고 있다. 조동일이 민족사관의 유기체적 전체성에 대해 치열하게 검토 비판한 논문을 고희기념행사에 발표한다는 소식을 듣고 기뻐하며 대구 학술회의에 입고 갈 새 양복을 가봉하러 가기 위해 서두르는 날 아침, 선생은 급서하셨던 것이다.

그리고 무엇보다 중요한 일은 도남은 역사현실에 충실했다는 점이다. 학문으로 실천행동으로 자기 시대에 치열하게 맞선 우리의 진정한 스승임을 잊어서는 아니 될 것이다. 우리는 도남을 본받고, 도남학을 넘어야 한다.

도남 선생의 지사(志士)적 학자의 상(像)과, 늠름한 교수의 풍모와 권위가 오늘 한없이 그립다.

김시업
1943년생/성균관대 국어국문학과 졸업, 박사/한국고전문학회·한국한문학회 회장 역임/
현 성균관대 국어국문학과 교수, 민족문학사 연구소 대표
대표 저서로『고려 후기 사대부 문학의 성격』『정선의 아라리』『한국한문학과 미학』『역주 이향견문록』(공역) 등

소설가에서 학자의 길로 인도해주신
일사 방종현 선생

● 임동권

방종현(方鍾鉉, 1905~1952)

평안북도 정주 출생
경성제대 법문학부 졸업, 서울대학교 문과대학 학장 역임
한글학회 이사, 서지학회 회장 역임
대표 저서로『조선문화총설』『훈민정음 해제』『세시풍속집』『용비어천가 강의』등 다수

방종현 교수와 만남

나는 충청도 시골에서 태어나 완고한 유교 가정에서 성장하였고 지금의 초등학교를 마치고 일본 도쿄로 유학을 가 중학교를 다녔다. 타지에서 자취생활을 하며 어렵게 학창시절을 보냈지만, 내가 원하는 책을 무엇이든지 구해 볼 수 있어서 좋았다. 중학교 시절에 나의 꿈은 소설가가 되는 것이었다. 탐정소설, 탐험기(探險記)를 비롯하여 일본대중문학전집과 일본문학전집, 세계문학전집과 셰익스피어, 빅토르 위고, 톨스토이, 임어당(林語堂), 간디, 펄벅 등의 작품을 닥치는 대로 읽으면서 나도 이들 같은 작가가 되는 꿈을 꾸었다.

중학교를 졸업하고 도쿄 공습을 피하여 고향에 와 있다가 소년항공대를 가라는 것을 겨우 연기해 놓고, 군수물자인 중석(重石)을 생산하는 광산에 취직하자마자 징용되어 일하다가 해방을 맞이하게 되었다.

해방 후 서울에 와서 소설가가 되기 위해서 한글학회가 지원한다는 국학대학(國學大學) 국문학과에 진학했다. 일제하에서 일본어를 기초로 공부하였는데 해방이 되고 보니 이제까지 배운 일문(日文)은 한 푼 어치의 가치도 없고 오직 우리말을 공부해야 진정한 소설가가 될 수 있겠다는 생각에서 국문학과를 선택한 것이었다.

내가 방종현 선생을 처음 뵌 것은 1947년 봄, 국어학 강의실에서였다. 훤칠한 키에 미소를 띠우시면서 강의하시는 모습이 멋지고 귀티 나는 신사같아 호감이 갔다. 노걸대언해(老乞大諺解)며 박통사언해(朴通事諺解)와 방언학(方言學)은 나로서는 처음 접하는 학문이라 어려웠으나 소설가가 되려는 나로서는 우리말의 고어(古語)와 어원을 공부해야 하기에 수강했다.

선생의 저서를 살펴보았더니 『고어재료사전(古語材料辭典)』『송강가사

(松江歌辭)』『훈민정음통사(訓民正音通史)』등 수많은 저서가 있었다. 선생님의 강의는 어려웠지만 속담과 세시풍속 등은 우리 조상들의 생활사(生活史)와 철학이 담겨있어 매우 흥미 있었다. 이어서 출판된『조선민요집성』을 읽고 더욱 흥미를 가지게 되었다.

나는 이미 김소운(金素雲)의『조선구전민요집』을 재미있게 읽었는데, 서민생활에서 우러나온 민요, 수수께끼, 속담 한마디 한마디가 이제까지 배운 서양의 철학자의 말보다 더욱 가슴에 닿는 것을 느끼게 되었다.

스승의 지도를 받다

내가 스승을 처음 만나 뵌 것은 대학 2학년 때였다. 국어학을 강의하셨으나 선생의 저서인『속담집』과『민요집성』을 읽고 자주 질문을 드렸고, 여주(驪州)지방의 방언(方言) 조사에 따라간 것이 인연이 되어 몇 차례 모시고 조사에 나섰으며, 주말이면 청량리에 있는 서울대 관사(官舍)로 방문하여 지도를 받았다.

나는 그동안 서재나 채집 현장에서 선생께 많은 질문을 드렸다. 방언 뿐 아니라 민요, 속담, 수수께끼 등에 대해서 궁금하거나 모르는 것에 대해서 질문을 드렸다. 나의 철부지 질문에도 선생께서는 늘 웃으시며 자상하게 설명해 주셔서 많은 공부가 되었다.

스승께서는 방언학이 주 전공이시지만 민요·속담·수수께끼 등 민간어(民間語)에 대해서 해박한 지식이 있으셔서 늘 좋은 가르침을 받고 있었다. 한번은 시골 골방을 치우다가 1926년에『신민(新民)』에 실린 손진태(孫晉泰)의 「영남동요에 나타난 아동성」을 읽고 질문을 드린 일이 있었는데 매우 좋아하셨다.

  하루는 관사로 찾아가 그동안 읽은 책이나 자료에 대한 의문점을 여쭙고 가르침을 받았는데 선생께서 "자네 소설가 되려하지 말고 민요를 연구하게. 소설가는 자네 아니어도 하는 사람이 많으나 민요는 공부하는 사람이 없으니 자네가 민요를 공부해 보게" 하셨다. 나는 이제까지 소설가가 되기 위해서 우리말을 공부하고 있었는데 뜻밖의 권유를 하셨던 것이다.

  스승에게 민요 연구를 하라고 권유받은 그 날, 밤늦도록 여러 가지 생각을 했다. 이제까지 소설가가 되기 위해서 전념을 했지만 습작으로 이무영(李無影) 교수의 소설론 숙제로 단편소설을 한 편 썼을 뿐, 아직 문단에는 명함도 내밀지 못하고 있는 상황이었다. 그래서 내 자신에 대한 회의에 빠져 있었고 그동안 방언·민요·속담·수수께끼 등 민간 언어를 알게 되자 이것이야 말로 진정한 민족 언어, 민족 문학이란 생각에 유혹되어 있을 때에 받은 스승의 권유는 내 마음을 흔들었다. 그러나 소설을 버리고 민요를 공부하자면 이제는 작가가 아닌 학문의 길을 가는 것인데, 그 길에서 의미를 찾고 성과를 거둘 수 있을 것인가를 두고 고민에 빠졌다.

  이때에 선친의 말씀이 생각났다. 선친께서는 소설가 따위는 안중에도 없으셨고 사환(仕宦)은 하지 말고 학문을 하라는 말씀을 하셨다. 한학자이시고 향교의 전교(典敎)를 맡고 계시니 당연한 말씀이다.

  일사 선생의 지도를 받게 되고 현장조사를 자주 나가 살아 있는 민중의 말과 노래를 들으면서 매료된 나는 방향을 바꾸어 학문을 하기로 했다.

  스승께 민요를 전공하겠다는 말씀을 드리니 반가워하시면서 「베틀가」를 읽고 오라, 「시집살이노래」를 읽고 오라, 내방가사에서 민요성을 조사하라 등등 자주 과제를 주셨다. 또한 카드 작성을 강조하셨다. 과제를 하려면 자료집을 읽어야 했고 현장에 가서 자료를 수집하고 문헌을 읽어야 했다. 일요일이면 주신 과제의 리포트를 써 가지고 댁으로 찾아뵈었다. 지금 생각해도 소설가를 포기하고 민요 연구로 전환하기를 잘했다고 생각한다.

"임군, 장가는 일찍 가게"

1948년 이른 봄, 스승을 모시고 나의 고향 청양으로 조사를 간 일이 있다. 화창한 초봄 서울에서 호남선 기차를 타고 논산(論山)에서 내려 은진(恩津)의 미륵사에 갔다. 은진미륵은 높이가 동양 제일이라는데 아직 못 보셨다고 하셔서 들르게 된 것이었다. 인근에서 하룻밤 쉬면서 방언 민요를 수집했고, 다음 날 부여를 거쳐 은산(恩山)에서 지금은 무형문화재(無形文化財) 제9호로 지정된 은산별신제(恩山別神祭)를 구경하고 10리 길을 걸어서 우리집 즉, 청양군(青陽郡) 장평면(長坪面) 분향리(分香里) 윗마을로 모셨다. 다음날은 장곡리에서 방언과 민요를 수집하기로 했다. 충청남도에서 가장 산골은 청양군이고, 청양에서 가장 오지는 통일신라시대에 지은 장곡사(長谷寺)가 있는 장곡리이다.

당시는 아직 교통수단이 없어 은산에서 우리집까지 10리, 집에서 20리를 걸어서 장곡리에 갔다. 나는 초등학교 시절 10리 길을 걸어다녀 걷는 데는 훈련이 되어 자신이 있었지만 스승께서 무리하실까봐 걱정했는데 피로한 기색 없이 잘 걸으셨다.

이곳에서 마을 구장 집의 사랑방에서 밤늦도록 대화를 하며 방언 속담 민요를 수집했다. 자료 수집은 수확이 있었으나 잠자리가 아주 불편했다. 서울에서 학자가 왔다고 불을 많이 때서 방은 뜨거웠으나 이부자리가 시원치 못해 나도 불편했는데 스승께서는 불편하다는 말씀 한마디 없으셨다. 다음날 우리 집으로 돌아오면서 "불편하셨지요?" 여쭈었더니 "현장조사 나오면 다 그러한 것일세" 하셨다. 그 이후 민속 조사에 나갈 때 겪는 불편을 극복할 수 있었던 것은 스승께 배운 인내성의 덕이었다.

　선생님께서 이틀 동안 우리집에서 묵으셨을 때, 서울에서 대학자가 오셨다는 소문이 났고, 또 향리의 고덕(高德)한 학자에게 미리 연락을 해서 사람들이 모이도록 했다. 당시 우리집은 살기에 넉넉했고 양조장을 경영하고 있어서 빈객을 접대할 수 있는 술이 얼마든지 있었다. 또 부엌 한 구석에는 전통적인 가양주(家釀酒)가 항아리 째 묻혀 있었다. 그러니 사랑방에는 손이나 과객이 늘 3, 4인은 있었다.

　낮에 방언 · 속담 · 민요를 조사하고, 저녁이 되어 한담(閑談)과 시문(詩文)에 대한 이야기를 나누고 있었다. 이야기를 나누다가 내 혼담이야기가 나오자 스승께서는 "왜 아들 혼인을 미루느냐"고 하셨다. 실은 당시 집에서는 빨리 장가가라는 말이 나왔지만 "나는 대학 졸업하고 직장을 가진 다음에 장가갈 터이니 당시 초등학교 교사로 있는 누이동생을 먼저 시집보내시오" 하였다. 어른들은 역혼(逆婚)은 아니 된다고 꾸지람이 심할 때였다. 그래서 집에 가면 또 같은 이야기가 나올 것 같아서 스승께 "요즈음은 공부하려면 만혼을 해야 한다고 말씀해주십시오" 하고 미리 청을 드렸는데도 불구하고 스승께서는 오히려 "빨리 장가보내라" 하시니 나는 어이가 없었다. 그러나 그 자리에서는 아무 말씀도 드리지 못하고 서울로 돌아오는 기차 안에서 "왜 그러셨습니까?"라고 물으니 웃으시면서 "임군, 장가는 일찍 가게. 졸업하고 간다는 것은 가족을 부양할 수 있을 때에 가겠다는 것인데 그 말은 이해가 가지만, 임군 자네 가세를 보니 자식을 낳아도 부모가 돌보아 줄 수 있으니 걱정 말게. 나를 보게.

친구들은 벌써 아들이 대학 다니고 손자를 보는데 나는 늦게 장가들어 아직도 아이들이 어리지 않은가" 하셨다.

그리고 보니 스승께서는 40대셨는데도 큰 따님은 초등학교에 다니고 아들은 아직 어린애였다. 당신의 형편을 이야기하시면서 조혼론(早婚論)을 주장하셨고, 가정을 가지면 마음이 안정되어 공부하는 데도 도움이 된다고 하셨다. 이후 서울에 오셔서 나를 중신하려고 서두신 일이 있었다.

기차가 서울역에 도착하기 전에 나는 이번 여행에 쓴 여비를 계산한 계산서와 남은 돈을 선생님께 드렸다. 그랬더니 "이렇게 많이 남았는가. 자네 것도 다 합산해야지" 하셨다. 출발할 때에 선생님께서 나에게 돈을 주시며 "이것을 가지고 임 군이 두 사람의 여비로 쓰게" 하셨다. 그러나 나는 돈이 있어 선생님 것만 계산하고 내 여비는 따로 계산을 했던 것이다. 선생께서는 나를 믿고 돈을 맡기고, 내가 드린 계산 쪽지는 읽어보지도 않았다. 제자를 신임해주신 것이다.

당시 내가 어필(御筆) 현판을 하나 가지고 서울에 온 일이 있었다. 감정을 받기 전에 의논 차 학장실로 갔다. 당시 학장은 위당 정인보(爲堂 鄭寅普) 선생님이셨다. 학장실에는 마침 일사 선생님도 계시었다. 어필이라 기록되어 있는데 어느 왕의 어필인지 몰라 감정을 받고자 학교로 가지고 오겠다고 말씀 드렸더니 "소중한 물건을 가지고 다니다가 손상을 입을 수도 있으니 집에 잘 두어라. 내 틈을 내서 가 보마" 하시더니 수일 후 일사 선생께서 찾아오셔서 홍재 정조(弘齋 正祖)의 어필이라 강점해 주셨다. 좋은 자료가 있다면 제자의 집까지 찾아주신 스승이 참으로 고마웠다.

6·25동란에 고향으로 피난 갔다가 상경해 보니 어필은 무식한 이웃 가게주인에 의해서 페인트칠 당하고 두 조각이 나는 수난을 당했다.

여러 학자를 소개해 주시다

일사 스승께서는 제자를 혼자 독점하려 하시지 않고 주제에 따라 여러 전공자를 소개해 주셨다. 내가 소개받아 만난 분은 최상수(崔常壽), 이재욱(李在郁), 고정욱(高晶玉) 교수가 있다.

민요를 연구하고자 하니 영남 민요에 여러 문제가 있었다. 하루는 영남민요를 이야기 하다가 최상수 선생을 소개받았다. 『조선민요집성』은 방종현·김사엽·최상수 3인의 공편으로 되어 있는데, 일사 선생께서는 주로 제주도 편을 담당하셨다. 김사엽 교수는 대구에 있어서 뵐 수가 없어 서울에 있는 『조선전설집』을 지은 최상수 선생의 댁으로 찾아가 뵈어 인사를 드렸다.

이재욱 선생은 1905년에 대구에서 출생하여 1931년에 경성제국대학 조선어문학과를 졸업하였고 민요를 전공하셨다. 해방 후 국립도서관장으로 계시다가 6·25 때에 납북되어 소식이 단절되었으니 사망한 것으로 알려져 있다. 일사 선생께서는 고서를 수집하기 위해서 한때 고 서점을 경영하신 일이 있으신데, 고서를 많이 소장하고 있어서 이재욱 국립도서관장과는 대학 동문일 뿐 아니라 고문헌을 통해서 막역한 사이였다.

이재욱 선생은 민요 연구의 논문이 여러 편 있다. 학예사에서 발행한 임화(林和) 편의 『조선민요선(朝鮮民謠選)』(1939)에 「조선민요서설」을 발표하였고 여러 편의 논문이 있으며 최근에 선생이 수집한 「경상도 민요집」 원고가 발견되어 화제에 오르고 있다.

조선민요집성

내가 민요를 공부한다고 말씀드리니 반가워하시며 특별열람권을 주어 도서관 출입을 도와주셨다. 그래서 국립도서관에 소장된 민요 서적은 모조리 읽을 수가 있었다. 이러한 혜택을 받은 것은 오로지 일사 선생의 은덕이다. 새삼 고맙고 감사하다.

고정옥 교수가 사범대학에서 민요론(民謠論)을 개강했다는 소식을 듣고 도강(盜講)을 했다. 나는 민요를 전공하고자 하는데 국학대학에서는 민요 강좌가 없어 몰래 도강을 할 수밖에 없었던 것이다. 그 당시는 남의 대학에 가서 저명한 교수의 강의를 몰래 듣는 일이 종종 있었다. 양주동 교수의 강의가 인기 있어 타교의 도강꾼이 많았다.

고정옥 교수의 민요론을 도강한다는 말씀을 일사 선생께 드렸더니 며칠 후 학장실로 오라는 연락을 받았다. 찾아뵈니 정인보 학장, 방종현 교수, 교육학 강의를 담당하시는 김기석(金基錫) 교수 세 분이 계셨다. 김기석 교수는 당시 사범대학의 교무과장으로 있으면서 국학대학에 출강하고 있었다.

내가 들어가니 방 선생님께서 "이 사람이오. 이미 도강을 하고 있으니 편의를 봐 주시오. 민요를 전공하니 아마 열심히 할 것이오"하셨고 학장도 거드는 말씀이 있었다.

다음 강의 있는 날 일찍 김기석 교수 연구실로 찾아가서 인사 드렸더니 고정옥 교수 연구실로 데리고 가서 "도강꾼을 한 사람 잡아 왔소"하고는 인사시키고 "정인보 학장과 방종현 교수의 부탁"이라면서 수강을 부탁하셨다.

이렇게 해서 나는 정인보 학장과 방종현 교수의 배려로 고정옥 교수의 민요론을 수강하게 되었다. 방 교수와 고정옥 교수와는 경성제대의 선후배 관계에 있어 친근한 사이였다.

나는 내가 전공으로 하는 강의를 들을 수 있게 되었고 강의가 끝나면 늘

연구실로 따라가서 그 날 배운 것에 대한 질문을 드렸다. 이러한 일이 매주 계속되니 한번은 "여기 놈은 한 놈도 찾아오지 않는데 굴러온 놈이 나를 괴롭힌다"고 하였다. 그러나 싫은 기색을 아니셨고 오히려 좋아하는 눈치였다.

방종현 스승과 함께

나는 열심히 수강하였고 많은 공부가 되었다. 이렇게 해서 나는 현장 조사와 이론을 공부 할 수 있었다.

1949년, 내가 대학 3학년 때 '제7회 전 서울 각 대학 조선어문학회'에서 서울대 이명구(李明九), 고려대 박성의(朴晟義), 그리고 나는 「민요시론(民謠試論)」을 발표한 일이 있는데 지금 생각하면 아찔한 일이지만 나 나름의 민요 연구의 의지를 밝힌 셈이다.

이 모두가 일사 선생님의 지도와 여러 전공 학자를 소개해 주셔서 지도를 받은 성과라 생각하며 고맙게 여기고 있다.

일사 선생님의 별명은 방대장(方大將)이다. 대학시절에 별명이라 한다. 키가 크시고 골격이 굵으며 힘이 세고 당당하셨으며 축구부의 주장을 맡고 있어 붙은 별명이다. 축구를 할 때면 방 대장이 두 팔을 활짝 벌리고 골문 앞에 딱 버티고 서 있으면 공을 다 막을 수 있었다는 것이다. 검도에도 능하셨는데 한번은 일본에서 유학 중일 때 집에 들은 도적을 목검으로 잡은 일이 있어 화제에 올랐다고 한다.

일사 선생은 대장답게 당당하시면서 오만하지 않고 남을 다 포용하는 여유와 너그러움이 있으셨다. 회식 때에 술값을 혼자 부담해서 친구의 부담을 줄이는 등 별명 그대로 대장의 품격을 갖춘 분이시었다.

6·25동란과 대학 진출

1950년 6월 25일 북의 남침이 시작되었다. 그러나 방송에서는 수도 방위는 만전을 기하고 있다며 시민을 안심시켰는데, 3일 후에 인민군이 서울에 들이닥쳤다. 한강 다리가 폭파되고 피난을 갈 수도 없었다.

나는 난리가 난 5일인가 후에 청량리의 선생님 댁으로 찾아갔다. 선생님은 어떻게 지내고 계신지 궁금하고 안부가 걱정이 되었다. 대문을 들어서니 사모님께서 삽을 들고 마당에 서 계셨다. 선생님께서는 인민군이 들어오기 전날 심악 이숭녕(心岳 李崇寧) 교수와 같이 집을 나가시어 현재 수원에 계시다는 연락이 인편으로 왔었다는 것이다. 일단 난은 피하셨다니 안심이 되었다. 당시 청량리에 서울대학교 관사가 있었고 관사 맨 끝 막다른집이 일사 선생 댁이고 몇 집 건너에 심악 교수 댁이 있었다. 나는 심악 교수의 강의도 듣고 있었으나 당시는 일사 선생님 댁만 드나들었다.

사모님의 말씀으로는 무슨 일이 닥쳐올지 모르니 선생님에 관한 서류와 중요한 연구 자료를 땅에 묻겠다고 하셨다. 당시 선생님 댁은 사모님, 어린 아이들 뿐이어서 노동력이 없었다. 그래서 내가 삽으로 땅을 파고, 항아리를 묻고 사모님이 자료를 넣은 다음 흙으로 덮고 그 위에 잔디를 입히고 왔다. 그 후로 나도 피난길을 떠났으니 다시 찾아뵙지 못했다.

나는 전주(全州)가 해방(당시는 인민군에 의한 점령(占領)을 해방이라는 용어로 썼다)되었다는 방송을 듣고 고향으로 피난을 갔다. 서울에서 충청남도 청양군 장평면 분향리까지 4일 동안 걸어서 갔다. 고향 길은 매우 불안했다. 5·30 국회의원 선거에 장형께서 국회의원으로 출마한 일이 있기 때문에 반동분자로 몰릴 가능성이 있었다. 고향에서 여러 고초는 있었으나 극복하고 지내다가 1951년 5월에 예산 농업중고등학교에서 교편을 잡게 되었다.

부산에 전시연합대학이 개설되었다는 신문 기사를 읽었고, 서울대학교도 개강했다는 소식을 들어 일사 선생께서 건재하심을 알게 되었다. 나는 반가움에 곧 서신을 올려 문안을 드렸다. 선생께 답장이 왔고 땅을 파고 자료를 감추는데 협조해 줘서 고맙다는 말씀도 있었다.

1952년 여름에 스승으로부터 부산에 오라는 전보가 왔다. 주말에 휴가를 받아 부산에 갔다. 3년 만에 뵙게 되어 감개무량했다. 선생은 건강하셨다. "교사 훈련도 했고 민요 연구를 계속 하려면 대학으로 진출해야 한다. 숙명여자대학에서 사람을 구하고 있으니 가라"고 하셨다. 나는 당황했다. 대학 진출은 아직 생각도 못 한 터라 당황했다. 숙대의 임숙재(任淑宰) 학장은 나에게는 대모(大母)뻘이 되어 부산에 왔으니 찾아가 인사는 한번 드려야 했다. 숙대를 찾아갔다. 교사 건물은 없고 천막이 3, 4개가 전부였다. 당시의 피난살이는 모두 궁핍한 상황에 있었다. 학장은 회합이 있어 외출 중이셨고, 오랜만에 보는 여대생들은 피난 중에도 파마머리에 입술은 붉었다. 시골 농업학교에서 병아리, 돼지 키우는 이야기, 모 심고 사과밭에 관한 이야기만 들었고 고무신 신고 장터에 나아가는 생활을 하다가 갑작스레 도시문명을 접하니 자신이 없어졌다.

서울대학교로 돌아와 여학교는 자신이 없다고 말씀드렸더니 "그럼 진해 해군사관학교는 어떠하냐" 하셨으나 군사학교도 자신이 없다고 말씀드렸더

니 "용기를 내어 대학에 가야 민요학을 살릴 수 있다. 충남대학이나 공주사대
는 가겠느냐" 하시기에 고향 근처라 마음이 놓여 "예"하고 대답했다. 나는 그동
안 시골 농업학교 교사 생활에서 촌놈이 다 되었던 것이다. 전시하의 부산의
피난생활이 어수선해서 영 마음에 들지 않았다.

일사 선생께서는 즉석에서 명함에다 공주사범대학 학장과 충남 대학은 민
태식 총장, 손낙범 교무처장에 소개장을 써주시면서 "용기를 내게. 그래야
학자로 한국 민요연구의 성과를 거둘 수 있네"라고 격려를 해 주셨다.

부산에서 돌아오는 길에 대전에서 충남대학교에 들려 총장과 교무처장,
그리고 국문학과 지헌영 주임교수를 면담하고 3월 신학기부터 강의하기로
했고, 공주사범대학을 들렀더니 학장이 교무과장을 불러 의논한 끝에 시계를
보면서 다음 시간부터 수업하라고 했다. 나는 당황했다. 이렇게 빨리 행운이
터질 줄은 꿈에도 생각 못 했다. 그러나 나는 담임을 맡고 있었는데 학기 도중
에 빠져 나가는 것은 교사의 책임상 아니 된다고 생각했고, 그런 무책임은
교사는 벌 받을 일이라 생각해 "봄 신학기부터 강의하게 해 달라"고 부탁하여
동의를 받았다. 그래서 1953년 봄부터 강의하기로 하고 예산으로 돌아 왔다.

1953년 새해가 되어 연하장을 올렸는데 답장이 없었다. 후에 알아보니 스승
께서는 11월 18일에 서거하셨다는 것이다. 하늘이 무너지는 것 같았다. 여름
에는 건강하셨는데 거짓말 같아 믿기지 않았다. 이제는 영영 뵐 수도 없으니
야속했다. 하늘도 무심했다. 몽매한 나를 학문의 길로 인도하셨는데 떠나신
것도 몰랐으니 죄송했다. 나는 혼자 통곡을 했다.

신학기까지 대학 진출을 숨기고 나는 강의 준비를 했다. 수료식을 마치고
사표를 냈다. 나는 첫 직장을 떠나게 되니 마음이 서운했다.

1953년 3월 나는 공주사대를 선택하지 않고 종합대학인 충남대학으로 가기

로 했다. 국문학과에서 민요론을 강의하고, 교양과목으로 일반국어를 두 강좌 강의하게 되었다. 이 무렵 휴전협정이 가능성이 보이고 시국이 다소 안정되기 시작했다. 그러자 부산에 있던 홍익대학과 국학대학이 대전으로 올라와 임시 교사를 마련하고 개강을 했다. 나는 인사차 모교인 국학대학에 들렀다.

학장과 이사장이 "모교에서도 강의를 하라"고 해서 민요론과 고대소설론을 담당하게 되었다. 고등학교에서는 월급 받다가 강사료 밖에 없어 생활의 어려 움이 예상되었는데 나로서는 고맙고 의외로 구세주를 만난 것 같았다. 나는 열심히 강의 준비를 하고 후배이며 제자를 가르치는 데 전력을 다했다. 한 달이 되어 학장실로 오라기에 갔더니 "강의 평이 좋아 전임강사로 임명하기로 했다"고 했다. 정말로 고마워 더욱 성실하고 깊이 있는 강의를 하기로 마음먹 었다.

한 학기가 지나 여름방학 준비를 하고 있을 때 7월 19일에 휴전이 성립되어 시국 상황이 급변하였다. 서울로 수복하여 2학기부터는 서울의 본 교사에서 개강한다는 것이다. 그래서 나도 서울로 왔고 1954년 3월부터 국내에서 처음 으로 '민속학' 강좌를 맡게 되었다.

지금 남들이 나를 보고 민속학자라 한다. 앞서 맡게 것처럼 민요를 주 전공으 로 하는데 연구의 방법론으로 민속학적 방법을 채택하였고, 민속학을 독학으 로 시작하고 보니 무궁무진한 자료들이 그대로 방치되어 있으며 시대의 변화 에 따라 소중한 민족문화재가 나날이 소멸되는 데 분발하여 민속학을 시작하 여 전공이 넓어진 것이다. 그래서 나도 그러려니 하고 있다.

스승이 떠나신 지 벌써 56년이 지났다. 그러나 미소 짓는 자애롭고 온화한 스승의 모습은 나에겐 아직도 훤히 보인다. 그래서 일사 선생님은 나의 영원한 스승이시다.

나의 학문적 성과는 오로지 일사 선생님의 지도에 기초한 것이다. 그래서 늘 스승의 은덕에 감사할 뿐이다.

임동권
1926년생/경희대학교 대학원 수료/외솔상, 대한민국 사회교육상, 국민훈장 모란장, 일본 아시아문화상 대상/현 민속학회 명예회장, 중앙대학교 명예교수
주요 저서로『한국민요집』(전7권)『한국민요사』『한일 민속문화의 비교연구』외 다수

앞을 내다보신 우리의 스승
무돌 김선기 선생

성백인

김선기(金善琪, 1907~1992)

전라북도 옥구 출생
중앙고등보통학교, 연희전문학교 졸업, 런던대학에서 석사학위 취득
조선어학회 한글맞춤법통일안 제정위원(추가위원) 피선
연희전문학교 교수, 서울대학교 언어학과 교수,
미국 코넬대학 교환교수, 문교부 차관, 명지대학 대학원장 등 역임
대통령상 수상
대표 저서로 "Phonetics of Korean", 『옛적 노래의 새 풀이: 鄕歌新釋』등 다수

늘 감사한 마음을 담고 사신 김선기 선생님

무돌 김선기 선생은 전북 옥구군 임피면 읍내리에서 태어나셨다. 선생은 여섯 살에 서당에서 한문을 배우기 시작했는데, 얼마 되지 않아 천자문을 줄줄 외우는 등 여러모로 비범하게 슬기롭고 총명해서, 옥구에 신동이 태어났다고 마을의 큰 잔치가 벌어졌다는 이야기가 전하고 있다.

김선기 선생님은 여러 훌륭한 스승들의 가르침을 받았지만 특히 중앙고보에서는 권덕규 선생, 연희전문에서는 최현배 선생으로부터 받은 가르침이 선생의 삶의 지표가 되었던 것으로 보인다.

선생님께서는 1932년 조선어학회 한글맞춤법통일안 제정위원(추가위원)에 피선되셨는데, 당시 제정회의를 주관하고 계시던 이극로 선생이 병환이 나시고 재정은 고갈되어 있을 때 선생이 제정회의의 실무를 맡으시게 되자 선생의 부친 김철중 선생은 자금을 돌려대시고, 사모님 김은성 여사님(배화여고 1회)은 학회의 재정난으로 제정회의를 자주 선생의 자택에서 열 수밖에 없게 되자 회의 준비와 뒷바라지를 하셨다고 한다. 한글맞춤법통일안은 1933년에 제정되었다. 한글맞춤법통일안 제정은 몸을 던진 광복운동이었다.

스승께서 런던대학(University College)에 고급학위 후보자로 입학하여 당대 최고의 음성학자 존스(Daniel Jones) 교수의 지도를 받고 석사학위(*Master of Art,* Comparative Philology) 논문으로 쓰신 "Phonetics of Korean"은 지금 보아도 훌륭한 논문이다. 어떻게 이러한 논문을 2년 만에 쓰실 수 있었는지 나는 늘 놀라워했다. 필자가 『탄신 100돌 기념 무돌 김선기 선생 글모이』를 편집하면서, 유학 전에 이미 그러한 논문을 쓰실 수 있는 준비가 되어 있었음을 뒤늦게 알 수 있었다. 선생은 스승인 권덕규 선생과 최현배 선생 등을 따라,

동인지 『한글』이라고도 하는 조선어문잡지(朝鮮語文雜誌) 『한글』(1927년 창간, 편집 겸 발행인으로는 신명균)을 발간하는 일을 돕고 있었고, 『한글』 제3호(1932)에 「철자법의 원리」를, 『한글』 제9호(1933)에는 「경음(硬音)의 본질」 등과 같은 논문을 이미 쓰신 바 있다. 선생의 학위 논문은 한국을 잘 모르는 유럽 사람들에게 '한국과 한국말과 한글'의 우수성을 널리 알리는 데도 크게 이바지한 것으로 알려져 있다.

제자들은 선생님을 영국신사라고 불렀다. 그러나 선생이 한국의 전통적인 선비였다는 것은 모르는 사람이 많다. 그리고 엄격한 분이라고 경외하는 제자들이 있지만, 실은 선생은 인정 많고 자상한 분이셨다.

선생은 감사할 분들과 감사할 일들만을 잊지 않고 사는 본받아야 할 스승이었다. 제자들은 선생을 자랑을 좋아하시는 선생이라고 생각했고, 수없이 들은 선생님의 자랑을 흉내 내며 낄낄거리곤 했었다. 선생님의 자랑은 '나는 복 많은 사람'이란 말씀으로 시작된다. 선생님을 사랑하고 도와주신 분들의 이야기를 여기 다 옮길 수는 없다. 부모님의 각별한 사랑을 받으신 이야기, 학창 시절 선생님들에게 사랑받으신 이야기, 유학을 가려고 별 애를 써도 안 되어 몸 닳고 있던 때에 김성수 선생님께서 보증을 서 주시고 부모님이 넉넉하지도 못한 살림에 유학을 보내주신 일, 영국 유학시절 존스 교수로부터 칭찬받고 사랑을 받으신 일들이었다. 존스 교수의 이야기는 영어로 말씀하시곤 했다. 물론 선생이 남의 좋지 않은 이야기를 전혀 하지 않으셨다는 말은 아니다. 나는 철이 들어서야 선생이 늘 감사하는 마음으로 사시려고 했던 생활철학을 알게 되었다.

몇 년 전, 선생의 연보를 정리하면서 선생이 얼마나 견디기 어려운 삶을 살아오셨는지를 알고 놀랐고 마음이 저렸다. 가장 가까이 모시고 살아온 제자

(위) 무돌 선생과 성백인, 정초에 세배 가서 선생님 댁에서
(아래) 무돌 선생과 고 김방한 교수(역사-비교언어학 분야의 수제자)

로서 부끄러운 생각이 들었다. 고마웠던 일만을 생각하고 사시려고 애쓰셨던 마음이 없으셨다면 그 많은 고난을 견디기 어려우셨을 것이다. 나도 애써 선생의 '감사하는 마음'을 닮고 살려고 노력하고 있다.

선생님의 앞선 이끄심

내가 선생님의 지도를 받기 시작한 것은 1954년이었다. 나는 1952년 전란 중에 대학에 입학하여 부산 서대신동 수원지 옆 천막 교실에서 공부하다가, 6·25전쟁이 휴전이 된 후에 서울 본교로 올라왔고, 교환교수로 미국에 가 계셨던 선생님도 돌아오셨다. 기억이 분명치 않지만, 얼마 있다가 선생님은 두 벽면에 언어학 책이 가득 꽂혀 있는 선생님 연구실에 책상을 마련해주시고 방을 지키도록 하여주셨다.

4학년이 되자 졸업논문을 쓰게 되었다. '서울말 모음의 음가 조사연구'를 해보라는 지시를 받았다. 당시 나로서는 감당할 수 없는 막막한 과제였다. 먼저 닥치는 대로 국어 음운사에 관한 논문들, 그리고 국어 모음의 변천사에 관한 논문들을 읽으면서, 한편 언어조사 방법도 공부해 보았다. 그러나 막상 조사를 시작하려고 하니 조사항목, 제보자의 선정, 질문방법, 기록 문제 등 제대로 되는 것이 없었다. 어지러운 시절이라 조사에 잘 응해주지도 않았다. 당시 나는 녹음기도 없었다. 부끄러운 조사였지만 지금도 누렇게 변해버린 그 졸업논문을 버리지 못하고 보관하고 있다. 이 어설픈 언어조사 경험은 정말 소중한 경험이었다. 그 경험을 바탕으로, 그 뒤에 겁 없이 한국 인근의 언어를 조사를 할 수 있었고, 오십년이 지난 지금도 매년 후학들과 한국 인근의 언어들을 조사하러 다니고 있다. 선생님의 앞을 내다보신 가르침에 감사를 드린다.

선생은 유럽과 미국을 비롯한 여러 나라의 새로운 언어학의 경향과 새로운 과제들을 잘 알고 계셨기 때문에, 한국에 처음 개설된 서울대학교의 언어학과가 해야 할 여러 과제들을 모색하셨던 것 같다. 그 중 하나가 한국어와 그 기원이 역사적으로 관계가 있을 것으로 보이는 이웃 언어들 찾기, 즉 한국어계통론 연구였고, 그러한 연구를 위한 기반을 마련하려는 일이었던 것 같다. 이미 선생의 1937년의 논문에 이러한 연구에 대한 관심을 언급하시고 있다.

한편, 유럽에서 시작된 소위 알타이제어의 계통 연구, 거기에 한국어도 가입

(위) 순서대로 성백인, 무돌 선생, 이현복 서울대 명예교수(무돌 선생의 음성학 수제자)
(아래) 순서대로 성백인, 무돌 선생, 菅野裕臣(Kanno Hiroomi) 교수(일본 도쿄외국어대학)

시키려는 대담한 유럽의 연구가 한국에 알려지면서, 1950년대에는 한국에서
도 서울대학교 언어학과와 국어국문학과를 중심으로 한국어의 계통에 관한
연구가 큰 관심사가 되어 있었다. 이러한 연구의 기초적인 연구를 위하여 선생
은 서둘러 터키어, 몽골어, 만주어를 공부할 사람을 기르려 하신 것 같다. 유엔
군으로 참전한 터키군 고급 장교를 초빙하여 터키어 강의를 개설하시기도
하였다.

근 30년 뒤 한국에서도 알타이제어에 대한 연구의 기틀이 잡혀지자, 1985년

9월 9일 서울대학교의 언어학과와 국어국문과가 함께 모여, 한국알타이학회 발기 모임을 갖고(발기인: 김방한 교수, 이기문 교수, 김완진 교수, 성백인), 10월 1일 한국알타이학회가 창립되었다. 지금 한국알타이학회는 국내외 회원이 260여 명에 달하며, 자타가 공인하는 알타이학 연구의 세계적 중심지가 되었다. 영하 50도를 오르내리는 시베리아 오지까지 찾아다니며 조사 녹음한 곧 사라질 위기에 처해 있는 언어조사 녹음자료와 동영상 자료들은 앞으로 중요한 세계 문화유산 같은 자료가 될 것이다. 후학들의 열성이 장하고 고맙다.

분명치는 않으나 대학 3학년 말경 나는 만주어를 공부하라는 명령을 받았다. 그것은 권유가 아닌 명령이었다. 만주어에 대해서는 아는 것이 아무 것도 없었다. 그러나 그 만주어 연구가 내 한평생의 전공이 되었다.

무슨 책이 있는지도 모르고, 이미 사용하는 사람도 없고 문헌으로만 남아 있는 언어를 혼자 공부한다는 것은 정말 막막한 일이었다. 지금 기억에 남아 있는 것은 도서관에 가서 만주어 또는 청어라는 이름이 붙어 있는 책과, 외국학자들의 저서 논문을 찾아 그저 노트에 베끼는 일이었다. 당시는 복사기가 없던 시절이어서 필요한 책은 모두 펜에 잉크를 찍어가며 베껴야 했다. 1950년대, 6·25전쟁으로 인한 한국의 참상은 이루 말로 형언할 수가 없다. 당시 한국의 잉크로 쓰면 얼마 안가 색이 퇴색되어 보이지 않게 되기 때문에 돈은 없어도 비싼 미제 파카 잉크를 사서 써야했다. 당시 노트에 베낀 자료들 중 몇몇 책은 양장 제본을 하여 보관하고 있다. 그 중 한 사전을 꺼내보니 아직도 깨끗하고, 어떻게 이처럼 정성들여 썼는지 신기하다. 이 자료들을 지금은 대학 박물관에서 달라고 하기도 한다.

만주어라는 말은 만주 지방에서 쓰는 말을 뜻하는 것은 아니다. 여진족의 한 분파인 건주 여진족이 쓰던 말인데, 이들이 스스로를 만주족이라 하고 세력

(위) 1970년대 중반, 무돌 선생이 명지대학 국어국문학과 교수시절 학생들과
(아래) 명지대학교 대학원장 재임시 명지대학교 교수들과

을 확장해서 병자호란을 일으켜 조선을 침략하고, 이어 명나라를 멸망시키고 청(淸)나라를 세운 족속의 언어이다. 그래서 만주어를 청어라고 하기도 한다. 그들은 문자가 없어 몽골어문으로 문자 생활을 하다가, 세력이 커지자 급히 몽골 문자를 차용 개량해서 만주 글을 쓰기 시작했다.

　이런 만주어를 연구해야 하는 이유는 만주어가 한국어와 가장 가까운 이웃 민족의 언어여서, 기원적으로 한국어와 만주어가 어떤 관계가 있을 가능성이 있을지도 모르기 때문에 연구하는 것이다. 앞서 말한 (대담한) 서양의 비교언어학자들의 말을 그대로 믿은 많은 학자들이 한국어는 만주-퉁구스제어와 기원적으로 가까운 언어라고 생각하고 있고 그렇게 가르치고도 있다. 그러나 나는 한평생 만주어, 최고형을 보이고 있는 몽골어 다구르 방언, 알타이제어의 비교연구에 관한 앞선 연구, 언어의 비교방법 등을 공부하며 한국어의 계통을 공부해왔지만, 잘 모르겠다고 하는 것이 내 결론이다. 이 연구를 맡기신 스승님께 면목이 없다.

1963년 길에서 우연히 만난 고마운 선배의 추천으로 나는 보성고등학교에서 영어를 가르치고 있었다. 서울대학교 등의 시간강사로는 생활을 할 수 없었다. 대학에서 나는 고등학교 국어 2급 정교사 자격증을 취득하였는데, 마침 영어 준교사 자격 검정 시험이 있어 자격증을 취득하고 영어를 가르쳤다. 그런데 1968년 3월 초에 당장 이력서를 가지고 명지대학교로 오라는 은사 김선기 선생님의 전화가 왔다. 곧 명지대학교에서 강의를 하라는 것이었다. 대학원장으로 부임하시면서 유상근 학장님께 부탁을 하신 것 같다. 보성고 교장선생님이 너그럽게 양해해 주셔서 고마웠지만, 정말 면목이 없었다. 한 평생 이렇게 아껴주시는 은사는 흔치 않을 것이다.

명지대학교 국문과에 영어를 가르치던 사람이 가니, 처음에는 국문과 교수님들이 걱정하는 눈치였다. 그러나 나는 대학시절 국문과 강의에서 어학 분야는 거의 수강하였고, 몇 대학에서 국어국문학과 교양 국어를 가르친 경험이 있어 아무 걱정이 없었다. 고등학교에서 국어를 가르치셨던 은사님 한 분이 어느 대학에 가 계셨는데, 강의를 하라고 하셨을 때, 교양 국어는 사양했으나 굳이 하라고 하셔서 혼난 일이 있다. 그때 정말 열심히 공부하며 가르쳤다.

그것이 명지대학교에 가서 큰 도움이 되었다. 시간이 흐르면서 명지대학교

1980년대 명지대학교 연구실에서
강의하시는 무돌 선생

국문과 교수님들도 안심하는 눈치였다. 명지대 국문과에 재직하면서 여러 교수
님들과 뜻이 맞아, 열심히 연구하며 가르쳤다. 여러 가지 즐거운 추억이 남아있
는 시절이다.

김선기 선생님은 그 당시 향가 연구와 국어계통론 연구에 몰두하고 계셨다.
따님들 이야기를 들으면 잠도 설치시며 공부를 하신다고 했다. 연구실에 나가
면 거의 매일 아침 일정한 시간에 전화벨이 울렸는데 바로 선생님 전화였다.
하루 동안 연구하신 내용의 설명이시다. 지난밤에 깨친 만고의 비밀을 설명하
시면서 즐거워하시던 일이 지금도 어제 일처럼 기억이 생생하다. 나도 서슴없
이 이의를 제기하는 일이 많았다. 그러면 곧 "그런 문제가 있네 그려"하고 수긍
을 하시기도 하셨다.

나는 이러한 스승을 만난 것을 큰 복으로 여기고 있다. 나는 17살 되던 해에
아버지를 여의었다. 나는 마음속으로 선생님을 아버지처럼 여기고 스스럼없
이 살아왔다. 내가 잠잘 곳이 없어 합동연구실 큰 책상에서 잔다는 것을 아셨는
지, 삼국사기와 삼국유사의 색인을 만들라는 구실로 선생님 댁으로 불러들이

서서 1년 동안 살았던 일도 있다. 자녀들과도 친형제처럼 지내고 있다. 지금도 자녀들이 틈틈이 우리집을 찾아오곤 한다.

성백인
1933년생/서울대학교 언어학과 졸업, 동 대학원 박사/명지대학교 국어국문학과 교수, 서울대학교 언어학과 교수·인문대학 학장 역임/현 서울대학교 명예교수, 중국 내몽고대학 명예교수
대표 저서로 『만주어와 알타이어학 연구』 『언어의 역사』 등 다수

민족복식의 꽃을 피우신
석주선 선생

● 남상민

석주선(石宙善, 1911~1996)

평남 평양 출생
고등양재학원 졸업, 영남대학교 명예박사
수도여자사범대학 부교수, 동덕여자대학교 교수, 단국대학교 대학원 교수 재직
국립과학박물관 공예연구실장, 단국대 민속학연구소 및 석주선기념 민속박물관 소장 역임
대표 저서로『우리나라옷』『한국복식사』『흉배』『장신구』등 다수

어머니 같으셨던 스승

　나는 난사 석주선 박사님을 어머니처럼 모시면서 살아왔다. 어머님의 심상(心喪)을 안고 지나간 나날이 어언 12년이 되어간다. 언제나 마음에서 흘러내리는 맑고 고운 물줄기와 같은 어머니, 강물 한 편에서 반짝이는 햇빛이 마치 어머니의 웃으시는 모습을 뵙는 것 같다.

　보이지 않는 마음과 보이지 않는 얼굴이지만 이를 사이에 두고 마음과 마음으로 항상 어머니와 함께 있다고 생각해 본다. 어머님은 가셨지만 어머니께서 남겨놓으신 유물들과 복식에 관한 책들, 그리고 많은 자료들은 인류역사와 함께 우리 모두가 공유하는 살아 있는 자료로서 우리 모두에게 큰 역할을 하고 있다.

　『상례고사(喪禮古史)』에 기록된 『중용(中庸)』에 이르기를 "죽은 자 섬기기를 산 사람과 같이 하고, 없는 자 섬기기를 있는 사람과 같이 해야 한다"는 말이 있다. 원래 상(喪)이란 죽었다는 뜻이지만 사(死)라 쓰지 않는 이유는 죽었어도 복상(服喪)을 입으라는 의미가 담겨있기 때문이다.

　『예기(禮記)』에서도 부모가 돌아가시면 3년 동안 상사(喪事)를 치르고, 왕이 승하(昇遐)하시면 3년 동안 복상(服喪)을 갖추며, 스승이 돌아가시면 3년 동안 심상(心喪)으로 추모한다고 전한다. 죽음이란 삶의 부정(否定)이며 삶을 뒤집는 것이다. 그래서 죽음의 뜻을 묻는 것은 삶의 뜻을 묻는 것과 같은 것이며, 인류 역사는 이 물음을 수 천년동안 이어가고 있다. 인간 누구나 태어나면 언젠가는 죽게 된다는 것은 인류 역사의 진리다. 누구나 한번쯤은 자신이 어떤 삶을 살다 가게 될 것인가를 진지하게 생각하게 되며, 자신이 살아온 삶을 되짚어 봤을 때, 나는 과연 인류역사의 어느 마디에 어떤 점을 찍어 놓고 땅(地),

물(水), 불(火), 바람(風)으로 돌아갈 것인가를 고민하게 된다. 그럴 때마다 나는 석주선 박사님의 업적을 마음속에 깊이 더욱 모시게 된다.

어머님 같으신 우리 스승의 그리운 옛 모습이 새록새록 떠오른다. 내가 1955년 고등학교를 졸업하고 대학시험을 보려 할 때, 친정아버지께서 "서울대학교에 입학하면 대학을 보내주고 떨어지면 절대 대학을 보내줄 수 없다"고 하셨다. 경제적으로 어려운데다가 아버지는 환(患) 중에 계셨고 오라버니 두 분들은 서울대학교에 다니고 계실 때였다.

나는 그 후 서울대학교 시험에서 낙방을 했고, 울면서 밥도 먹지 않고 지내던 어느 날, 선배님이 찾아와 수도여자사범대학에 입학할 것을 권유하였고, 이곳을 졸업하면 중학교 교사자격증이 취득된다며 위로해 주었다. 그렇게 해서 마음을 다잡고 수도여자사범대학에 원서를 내려갔는데, 교무처에서 나오시던 한복을 곱게 입으신 석주선 교수님께서 나를 보시고는 "반가워요" 하시면서 먼저 반갑게 인사를 건네셨다. 그 순간 나는 아홉 살 때 돌아가신 어머니를 뵌 것처럼 반갑고 행복함을 느꼈다.

입학 후 석주선 교수님의 강의를 듣게 되었는데, 스승님께서는 한국 역사상 처음으로 한국 복식사를 비롯하여 복식 전반(복식사, 재단법, 봉제실습)에 대해 강의하셨다. 당시는 6·25 직후여서 제대로 교육할 수 없는 여건이었고 경제적으로도 너무 어려운 시기였다.

스승께서는 그 어려운 환경 속에서도 우리 국민은 민족 복식인 한국 복식에 관한 교육을 받아야 한다고 강조하시면서, 옷감이 없지만 한지로 한복일습을 만들도록 지도하셨고, 철저한 교육계획으로 남녀평상복 일습, 예복은 당의·두루마기·원삼·도포·돌 복식 등 축소된 옷을 원형 그대로 만들게 철저히 가르쳐 주셨다. 오늘날 젊은 세대들이 저고리 동전도 달 줄 몰라 세탁소에 맡기는 것을 보면서 이러한 스승님의 가르침을 한번쯤 깊이 생각해 보아야 한다고 생각한다.

　교수님은 재단법, 봉재법, 심지어 안 솔기 꺾는 것에서 기초 봉등 학생 전원이 완성할 수 있도록 철저히 교육시켜 주셨다. 그리고 교수님께서는 여인의 속곳인 다리속곳, 속속곳, 속옷, 고쟁이, 안 속곳 등을 빳빳한 깃광목으로 만들게 하셨는데, 이 숙제들이 어려워 여러 차례 울기도 하였다. 그렇게 철저하고 완벽한 교육은 학교 수업시간만으로는 도저히 부족할 수밖에 없어 토요일, 일요일, 방학 등 시간만 있으면 언제든 스승님은 신당동 자택으로 전 학생을 불러 교육시키기도 하셨다.

　나라가 전체적으로 빈곤하여 보리죽도 먹지 못하는 가난한 그 시절, 교수님께서는 가마솥에다가 장작불을 때서 손수 지으신 밥과 국으로 학생들을 먹여가면서 교육하셨다.

한국사회 교육연수원 개강식에서 연설하시는 석주선 선생님

평양에서 태어나시고 어린 시절을 평양에서 보내신 스승님은, 말씀하실 때 가끔 평양 사투리를 쓰셨는데, 학생들은 곧잘 철없이 이를 흉내 내기도 하였다. 한 친구가 스승님의 목소리와 언어 표현까지 흉내 내면 스승님께서는 웃으시면서 "과제 처리나 빨리 하라우"라고 하셔서서 우리 모두가 한바탕 웃고 피곤했던 몸과 마음을 풀기도 했다.

졸업을 한 뒤 나는 고등학교 가정과 교사로 취임하여, 17년 동안 고등학교에서 스승님의 가르침대로 열심히 교육을 했지만, 스승님의 열정과 정성에는 감히 따라갈 수도 없음을 느끼기도 하였다.

세월이 지나면서 여러 대학에서 강의를 맡게 되고, 현재도 대학원에서 강의를 하고 있지만, 여러 분야를 대상으로 한 사회교육과 더불어 사단법인 한국예절문화원 원장으로서 국가와 사회에 이바지 할 수 있는 날까지 우리 스승님처럼 최선을 다하여 교육을 하고자 한다.

한국 복식학의 별이 되신 스승

스승님과 맺은 인연도 어언 반세기가 지났고, 작고하신 기일도 벌써 12년이 되었다. 어머니 같은 스승님이 너무나 그리워진다.

스승님이 단국대학교 석주선 민속박물관에 계실 때였다. 어느 날 스승님이 뵙고 싶어 미리 전화를 드리지 못하고 찾아간 일이 있었다. 그런데 박물관 앞에 도착하니 스승님께서 마중나와 "어서 온나" 하시며 반겨주셨다. 깜짝 놀라 "제가 전화도 드리지 않았는데 어떻게 나와 계십니까?" 하고 여쭈니 "다 아는 수가 있지" 하시면서 웃으셨다. 알고 보니 박정숙 단국대학교 이사장님께서 교문에 내가 들어서는 것을 보시고 스승님께 전화로 "큰딸 옵니다"라고

(위) 석주선 선생님과 필자
(아래) 1975년 남상민 자수개인전에 석주선 박사님과 함께

전화를 주셨다고 한다. 딸의 도리도 못한 나를 주변에서는 큰 딸이라고 부르곤
하였다.

잊을 수 없는 일이 또 있다. 1975년에 제1회 '자수개인전'을 열었을 때였다.
나에게는 첫 전시회였고, 스승님께서도 전시회 테이프를 컷팅하시는 것이
처음이라고 하셨다. 그 후 내가 '한국자수의 아름다운 전'(1995년 12월 5일)을
했을 때도 스승님께서는 테이프 컷팅을 해주셨는데, 전시회에 오시고 나서

1955년 '한국자수의 아름다운 전' 테이프 컷팅식에서

며칠 후 병원에 입원하셔서 1996년 3월 3일 서거하셨다. 스승님은 나의 전시회를 통하여 테이프 컷팅이 평생의 처음이셨고, 또한 20년 후에 스승님의 마지막의 테이프 컷팅이 되셨으니, 이러한 진귀한 인연에 감사할 따름이다.

스승님의 서거 소식에 하늘도 울고 땅도 울고, 한국복식학의 별이 떨어졌다고 모두가 안타까워하였다. 발인하시던 날이 지금도 생생하다.

그러나 스승님이 남기신 문화와 가르침이 우리 역사와 문화에 이바지한 공로는 크나큰 버팀목이 되고 있다. 그 많은 문화 중 스승님의 민족복식은 우리나라를 대변하는 절대적인 문화이고 끊어질 수 없는 문화이기 때문에 스승님의 문화적 얼은 지구촌에 영원히 피어있는 아름다운 꽃이 될 것이며, 만인의 스승이 되신 한국인의 꽃이 될 것이다.

『우리나라 옷』(1961년), 『한국복식사(韓國復飾史)』(1971), 『흉배(胸背)』

(1979), 『장신구(裝身具)』(1981), 『한국복식사(韓國復飾史)』(1982)등 이와 같이 스승님께서는 수식(首飾)에서 의상(衣裳; 大禮服, 小禮服, 平常服) 등에 이르기까지 이를 시대적으로 구분하여 후세에 필요한 귀중한 책을 남기셨다.

교육을 담당하는 학자들뿐만 아니라, 현장에서 제작하는 사람들이나 판매하는 사람들 그리고 구매하여 입는 사람들에 이르기까지 우리 국민들이라면 누구나 민족복식을 이해하고 긍지를 갖고 이를 활용할 수 있도록 역사속의 큰 문화를 남기신 것이다. 그 외에도 수많은 논문집과 학교교육, TV, 라디오 등 방송교육을 서거하시기 몇 주 전까지도 복식문화를 전하기 위해 애쓰셨다.

서거하실 때 내가 임종을 모시게 되었는데, 서거하시기 3분 전에 스승님께서 산소 호흡기를 들어달라고 하시면서 하실 말씀이 있다고 하셨다. 선생님은 "나 3개월만 더 살게 해줘. 그래야 복식학 책 한 권 더 써서 온 국민이 쉽게 공부할 수 있게 하겠는데" 하시면서 마지막 유언처럼 말씀하시고 편안한 모습으로 웃으시면서 돌아가셨다.

지금 펜을 들고 있는 이 시간에도 어머니 같으셨던 스승님의 모습이 필름 돌아가듯 보여 가슴이 벅차오른다. 스승님을 생각하니 웃음과 울음이 교차한다. 앞으로도 우리 스승님은 한국의 역사와 함께 그 얼이 영원할 것이라 믿는다.

남상민
1935년생/세종대학교 가정학과(의상전공) 졸업/세종대학교, 인하대학교, 동덕여자대학교, 숙명여자대학교 전통문화예술대학원 강사 재직/교육부 국정교과서 집필위원장, 한국자수문화협의회 회장 역임/현 사단법인 한국예절문화원 원장, 성균관대학교 유학대학원 예절학과 강사
대표 저서로 『한국전통혼례』 『예절학』 등 다수

내 학문의 길을 열어주신

장암 지헌영 선생

사재동

지헌영(池憲英, 1911~1981)

대전시 선화동 출생
항일운동으로 투옥되어 연희전문학교 중퇴
대전일보 사장, 충남대학교 교수, 한국어문학회 회장 등 역임
대표 저서로『鄕歌 麗謠新釋』『井邑詞'의 研究』등 다수

호랑이 선생님을 찾아가다

장암 지헌영 선생은 20세기 말기의 높은 학덕을 갖춘 훌륭한 학자요, 당시 어려운 학계와 교육계를 앞장서 이끌었던 대쪽같은 지도자, 참된 스승이었다. 실로 내 학문의 길을 일깨워 열어 준 구원의 스승으로 가슴에 새겨오는 큰 어른이다. 내가 이 나이에 장암 선생의 학덕을 우러러 그 학통을 되새기자니 참으로 감회가 새롭다. 머지않아 다른 세상에서 다시 뵈올 것을 내다보면서 이승의 하늘같은 은덕을 어찌 다 갚으랴 싶어 더욱 숙연해지고 보다 무거운 책무를 절감한다. "학문은 진리의 탐구 작업이니 그 참뜻이 하늘에 미치고, 값진 논저는 자손만대의 광영이니 죽는 날까지 정진하라"고 유언처럼 남긴 엄연한 말씀이 마음에 떠오른다.

장암 선생은 1911년 3월 8일 대전시 선화동 바리바위에서 설운 지영식 공의 장남으로 태어나 대전중학교를 졸업하고 연희전문학교 문과에 입학하여 천재적인 수학과정을 거쳤다. 선생은 항일 민족운동의 일환으로 국학을 전공하여 문학과 사학, 철학의 튼튼한 바탕 위에서 향가와 고려가요 등의 연구에 일가를 이루고 새로운 분야를 개척하였다. 일제 말기에『조광(朝光)』에「영재우적(永才遇賊)에 대하여」를 중심으로 여러 편의 논문을 발표하여 학계의 주목을 받았고, 조국 광복을 맞아 바로『향가·여요신석(鄕歌·麗謠新釋)』을 저술하여 정음사에서 간행하였다. 선생은 학문과 교육에 큰 뜻을 품고 모교인 대전중학교 교사에 이어 전주명륜학교 교수를 겪은 뒤, 충남대학교의 창학에 앞장서서 문과대학 국어국문학과를 신설하고 학과장으로서 교과과정과 교원조직에 최선을 다하는 한편, 학문의 심장부라는 도서관을 개설하여 관장으로서 그 기반을 닦아 놓았다. 선생은 이 학문의 전당에서 국학의 뿌리를 내리고

지헌영 선생님께서 54세 되던 봄, 생신에 제자들과 함께

국어국문학의 꽃을 피우겠다는 발원과 사명감을 가지고 강의와 제자 양성에
적극적인 열정을 기울였다.

그리하여 어느새 장암 선생에 대한 평판이 떠돌았다. 충남대학교 국문과에
는 만권 장서에 대단한 실력을 가진 유명한 교수가 있다, 그 교수는 학생들을
너무도 철저하고 엄하게 가르쳐서 호랑이 선생이라고 하더라 등. 하지만 이러
한 긍정적인 평판과는 달리 아주 부정적인 소문도 들렸다. 안하무인의 지독한
학자, 고집불통의 남산골샌님, 학점을 가지고 학생들을 들볶는 냉혈한이라
학생들이 모두 기피한다는 것이다. 나는 대학 진학을 앞두고 이런 평판이나
소문에 민감할 수밖에 없었다. 그런데도 내가 바로 그 대학의 그 학과 그 교수
문하에 들어가게 된 것은 거의 운명적인 일이었다. 마침 내가 믿고 좋아하는
고향 선배 하나가 공교롭게도 그 학과의 학회장을 맡고 있어, 그 학과의 현황과
전망을 소신껏 소개하고, 그 유명한 교수에 대하여 존경스럽게 해명해 주었기
때문이다. "누가 뭐래도 그 선생님은 학문이 높은 대단한 교수다"라고 단언하

며, 한 번 와서 부딪혀 보라는 것이었다.

정말 나는 호기심도 생기고 오기까지 솟아나는 데다 든든한 안내자가 있기에 충남대학교 국어국문학과에 가서 그 교수, 장암 선생을 강의실에서 만났다. 참으로 궁금해 하다가 그 선생의 강의를 듣고 나니, 과연 그동안의 평판·소문이나 그 선배의 이야기가 다 허언이 아님을 알 수가 있었다. 나는 강의를 들으면 들을수록 호기심이 더해지고 오기가 높아졌다.

'책 사요' '공부해요' '학점 안 줘요'

학생들은 그분의 강의 중에서 곧 세 가지 표제어를 찾아낼 수가 있었다. '책 사요', '공부해요', '학점 안 줘요'가 바로 그것이다. 처음에 학생들은 고리타분한 샌님이니까 으레 그렇게 말하겠지 하고 웃어 넘겼으나, 알고 보니 그게 아니었다. 얼마 안 가서 학생들은 그 '학점 안 주기'가 그분의 교육이념이요, 교수방법임을 알았다. 그분은 답안지만 보고도 학생들의 모든 것을 알뜰히 평가할 수 있다고 호언을 하였다. 그리고는 답안지에 자신이 바라는 일정한 수준의 실력이 나타나지 않으면 목숨을 걸고서라도 학점을 주지 않겠다는 것이었다.

학과주임으로서 졸업을 좌우하는 전공필수를 주로 담당한 그분은 그것을 에누리 없이 실천하였다. 80여 명의 수강생 중 4명만이 학점을 딴 일도 있었다. 이것은 오히려 후한 편이었다. 그분의 학점 2학점을 못 채워서 한 학기 또는 일 년을 더 다니는 학생이 생기는가 하면, 학점은 다 찼는데 졸업논문에 걸려서 졸업을 보류당하는 학생도 나왔다. 어떤 여학생이 선물을 사들고 가서 학점을 애원하다가 혼만 나고 돌아왔다는 소문도 떠돌았고, 어떤 학생은 눈물로, 인간적으로 학점을 호소하다가 공식적인 답변만 듣고 나왔다는 이야기도 들렸다. 6년을 꼬박 다니고도 졸업을 못한 어떤 학생은 음독자살을 기도하는 것으로써 시위를 하였고, 몇몇 학생들은 결국 전과 내지는 전학을 가니, 학교 당국에서도 내심 난색을 띄고 있다는 풍문이 돌았다. 이러한 기세를 알아차린 그분은 통설 그 '고집'을 완화시키기는커녕 오히려 더 추켜올리는 태도를 취하였다.

이쯤 되고 보니 학생들 간에서는 '아무개 너무 한다' 이렇게 차분한 말들이 들리는가 하면, '아무개 그 ×× 사람도 아냐. 혼자만 성인군자처럼 떠들고 있거든. 그런 건 안 통해. 다 위선이야!' 이렇게 거친 말까지 나돌았다. 그러나 '아무개는 유아독존 격이다', '인간미가 없다', '눈물이 없다'라는 것이 그분에 대한 중론인 것만은 틀림없었다. 그렇다. 그분에겐 눈물이 없다고 다들 그렇게 확신하고 있었다.

그런데 바로 그분이 눈물을 흘렸다. 그것도 뜨거운 눈물을 흠뻑 말이다. 그분에 대한 원성(?)이 막바지에 이를 무렵, 문장론 강의시간에 문과계 학생이 많이 모인 자리에서, 그 지긋지긋한 '책 사요', '공부해요', '학점 안 줘요'로 시작된 설교는 으레 하는 식으로 '젊음과 값진 삶', '실력과 진리·정의', '학문·문화의 발전과 민족의 장래' 등에 대한 열변으로 전개되어 그분 특유의 빛나는 눈이 더욱 빛을 내더니, 드디어 천둥소리가 날 때와 같은 우람하고도 뻐근한 분위기가 어우러지면서 그 빛나는 눈에서 눈물이 솟아 흘렀다. 이것을 지켜 본 우리들도 목석은 아니었다. 여러 젊은 눈들이 함께 빛났다. 가슴속 깊이 찌릿한 무엇을 새기면서, 몸 전체에 그 눈물을 흠뻑 받았다. 오해와 증오가 이토록 쉽사리 풀리는 것인가를 의심하면서, 그분이 여지껏 해온 모든 것이 무엇인가를 올바로 알았다. 그분의 눈물로 하여 우리 모두는 거짓말처럼 무르녹았던 것이다. 그분이 그제나 이제나 제자들에 대하여 특유의 열변을 하실 때마다 그 무섭도록 빛나던 맑은 눈이, 실은 눈물을 머금은 때문이란 것을 나는 믿는다.

그리고 이런 일이 있었다. 선생은 국문학의 가장 중요한 과목으로 국문학개론과 함께 국문학사를 지목하면서, 직접 그 강의를 담당하고 나섰다. 학생들은 누구나 이 과목을 통과해야만 졸업논문을 쓰고 졸업장을 받을 수 있기에, 전부 여기에 목을 매고 있었다. 학기 초에 그 강의를 신청하고 들어갔더니, 유달리 넓은 강의실이 200명 가까운 학생들로 꽉 차 있었다. 그동안 듣고 예상했던 것보다 엄청나서 알고 보니, 그만한 연유가 있었다. 원래는 2학년의 필수과목인데 그간에 학점을 따지 못한 3·4학년 학생들이 누적·동참해서 그렇다는 것이었다. 선생이 들어오기 전에 선배 학생들은 끼리끼리 모여 앉아 학점에 인색·냉혹한 그분에 대하여 노골적인 욕설 겸 불만을 털어 놓고, '제발 요번에는 60점이라도 맞아라'라는 소망을 한숨 섞어 내뱉었다. 나도 은근히 겁이 나고 긴장이 되었지만, 한편으로 오기가 생기었다.

드디어 선생이 책을 한 아름 안고 등단하여 교재 및 참고도서 소개와 강의 방침을 이야기하였다. 그것은 강력한 열강이요, 지독한 잔소리였다. 영웅처럼 군림하여 '책 사요', '공부해요', '학점 안 줘요'로 시작하여, 이 국문학사가 문학 연구의 전부임을 강조하고, 낙제생을 포함하여 이 많은 학생들이 10%만 학점을 따도 다행이라고, 학점 안 주기를 역설하였다. 여기서 D학점만 받아도 우량한 편이고 C학점을 받으면 우수한 수준이며, B학점을 받는다면 아주 특출한 단계인데 기대하기가 어렵다는 것이다. 이어 아주 미묘한 웃음을 지으며 "여기서 기대하지는 않지만, 만약 A학점이 나온다면 수재 내지 천재로 인정하여 내 자리를 내어 주겠다"고 선언하였다. 정말 모든 학생들은 얼어붙었다. 그러나 너무도 당당하게 학생들을 무시하는 처사라고 되새기다 보니, 실로 자존심이 상하고 오기와 분심이 치솟아 올랐다. '어디 한 번 해 보자' 굳게 다짐

하면서도 오금이 저린 것은 사실이었다.

그때 선생의 강의는 진정 차원을 달리하였다. 기실 하나의 문제나 주제를 놓고, 문제 제기로써 주제의 중요성, 연구의 필요성을 역설하고, 그 방면의 연구사를 여지없이 검토·비판한 다음, 본강으로 들어가 종합과학적 방법론으로 문학·사학·철학 등을 망라하여 해박한 논증을 거침없이 펼쳐 나가니, 마치 매시간 학술논문을 발표하는 형국이었다. 나는 그 현란한 열강에 무조건 빨려들어, 생소하고 벅차지만 감동하고 두려웠다. 가능한 한 열심히 듣고 마구 필기하니, 종강에 가까워서는 대학노트가 2권이나 되었다. 이런 노트는 그분의 강력한 수강지도에 충실한 것으로서 뒷날 논문을 쓰는 데에 기초가 되고 강의를 하는 데에 기반이 되는 수준이었다.

가장 어려웠던 마지막 시험 후 스승님의 제자가 되다

문제는 마지막 시험이었다. 선생은 종강을 하면서 예상대로 시험보기의 요령을 '세 가지 무제한'으로 발표하였다. 이른바 논문식 오픈 테스트인데, '참고자료 무제한, 시험시간 무제한, 시험지면 무제한'이 바로 그것이었다. 드디어 운명의 시간이 왔다. 학생들은 국문학사 참고서적을 안고 들어와 앉아 긴장한 측과 태평한 측이 침묵을 지키고 있었다. 마침내 선생이 시험지를 한 아름 안고 들어와 책상 위에 놓고 칠판에 시험문제를 쓰니, "조윤제와 이병기, 김사엽의 국문학사를 비교·논술하라"였다. 모두들 망연자실하면서도, 그런 대로 써 나갔다. 나는 결코 당황하거나 다급하지 않았다. 이미 단단히 각오를 한데다가 이 세 책을 가지고 있고, 선생의 서론·본론·결론을 익힌 터였기 때문이다. 그래서 마음의 여유를 가지고 '세 가지 무제한'을 끝까지 밀고 나갔다. 선생의 시험 감독은 자유로웠다. 상당한 시간이 흐르더니 나 혼자만 남았다. 선생은 친구와 만날 시간을 넘기자 전화로 불러다가 나와 먼 거리를 두고 담배를 피우며 도란도란 정담을 나누었다. 그때 그 정경은 편안한 친구요, 안전한 격려처럼 다가왔음을 지금도 기억한다. 시간이 얼마나 흘렀는지는 모른다. 다만 그 답안지가 전지 양면으로 2장 반이었던 것만 생각난다. 그 시험지를 반겨 받는 선생께 인사를 하고 도망치듯이 고향집에 돌아와 다 단념하고 놀기만 했다.

어느 날 갑자기 그 국어국문학과 학회장인 고향 선배가 찾아와, 내가 국문학사 시험에서 94점을 맞았다며 장암 선생이 찾아 오라셨다는 소식을 전해 주었다. 참으로 거짓말 같고 꿈만 같았다. 그러나 그것은 사실이었다. 저녁때였지만 곧장 버스정류장까지 선배와 함께 내려온 나는 대전으로 갔다. 실로 긴장하여 선생 댁의 초인종을 누르고 조심조심 서재로 들어가 정중하게 절하며 부름을 받고 왔노라고 여쭈었다. 그때 선생은 "계속 열심히 해라. 내가 조교로 삼을 테니까"라고 무겁게 말씀하셨을 뿐이었다. 나도 "예" 한 마디만 했다. 그래서 침묵 속의 선문답이요, 이심전심이 되었다. 그때 차를 마셨는지 그냥 나왔는지 기억이 나지 않을 만큼 충격을 받았다. 20대 초반의 내가 선생의 강의를 통해서 꿈꾸었던 대로 그 계승자가 되다니, 그것은 감격을 넘어선 발원이요, 열망이었다. 그런데 그 후로부터 나는 큰 부담을 안고 많이 시달리게 되었다. 선생이 국문과의 다른 강의에서나 다른 학과의 강의에서 이 사실을 실명으로 공개·격려하였고, 자과나 타과의 교수들에게까지 기정사실로 자랑삼아 공언하였기 때문이다. 그때 나는 학생들과 교수들의 기대와 압력을 받으면서, 그 부담과 사명을 감당하기가 어려웠다. 그렇지만 결코 그 틀과 그 길을 벗어날 수가 없어 그냥 그대로 걸어 나왔다. 돌이켜 보면 내 학문적 도정은 선생의 그 방편에 따라 이심전심을 그대로 실현한 것일 따름이었다.

그 후로 선생이 대학에서 물러나 국학 연구에 전념할 때, 전공도서관을 방불케 하는 사랑채 서재에서 가까운 제자들을 가르쳤다. 그 중에서도 가장 게으른 나를 제일 엄하게 지도한 것 같다. 내가 중등학교 교직에 있으면서 학문적 성과를 내지 못하고 있을 때, 선생은 몸소 국학관계 자료·정보를 수집하고, 향가·여요에 관한 새로운 논문을 발표하면서 주기적으로 나를 불러 마구 닦달하였다. "요새 무엇을 했나. 아무개의 저서·논문을 보았는가" 내가 송구하여 아무 말도 못하면, 그동안에 직접 모아서 검토한 논저·자료들을 몽땅 내 주면서 비판적 견해와 함께, 때로는 논제까지 정해서 연구 과제를 내주셨다. 그래서 내가 어렵게 작성한 원고를 받아 보고, 몇 번이고 수정을 요구하여 마음에 들 때라야 비로소 발표하도록 하였다. 선생의 지론은 한 번 논문집에 발표되면 쏘아 놓은 화살이라, 그 잘못된 점을 수정할 도리가 없다는 것이었다.

학문과 제자에 대한 잔소리, 그 값진 채찍질

이런 일이 있었다. 선생께 원고 뭉치를 드리고 보아 주기를 청했다. 이것은 사제 간의 당연한 절차였기 때문이다. 며칠 후 응당 좋은 평가가 있으리라고 믿고 찾아간 나에게, 그분은 원고뭉치를 던져 버리듯 내 놓으면서 내 낯이 따가울 정도로 꾸지람을 하셨다. 요지는 그 글은 논문이 아니며, 하나에서부터 열까지 다 돼먹지 않았다는 말씀, 지독히 날카롭고 자세한 잔소리였다. 장장 세 시간에 걸친 열띤 잔소리로 질식할 지경이었다. 참고 견딘 것이 대견할 정도로 힘겨운 잔소리를 듣고 나와서 원고뭉치를 펴보니 참으로 놀라왔다. 원고는 붉은 펜으로 줄줄이 지워졌는데, 200여 매에 달하는 것이 그 절반밖에 남지 않았다. 아직도 순진하고 내성적이던 내가 힘들여 써 자랑스럽게 내놓았던 논문이 이다지 비참하게 될 줄이야……. 이리하여 그 잔소리에 대한 불평 내지 원한(?)은 절정에 다다랐다. 그 분 앞에서는 말문이 막혔던 것이 드디어 터져 나왔다. 거짓말처럼 눈물이 솟아 일기장을 펼치고 거기에 울부짖었다. 선생에 대한 도전이었다. 투쟁(?)의 선언이었다. 그러다가도 다시 그 선생을 찾아 묻고 배우고 하노라면, 또 지겨운 학문적 잔소리……. 이런 잔소리는 선생의 생신날이나 명절 내지 학회 활동·논문 관계 등으로 만나 뵐 때마다 심지어 문병할 때까지도, 여전히 계속되어 내 마음 속에 박히었다. 그 요지는 "학자·교수로서 참신한 논문을 써라, 값진 저서를 내라, 학회활동에 적극 참여하라, 제자를 기르는 데에 혈안이 되라"는 것이었다. 이러한 상식적 원칙론이 지금껏 가슴을 울리는 것은 선생의 몸소 실천하는 그 권능이 내게 깊이 파고들었기 때문이다.

선생은 학문적 열정으로 하여 연세를 초월한 '영원한 현역'이었다. 어문연구학회나 한국언어문학회·한글학회대전지회 등의 회장을 역임하면서 직접 참신한 논문을 발표하고 후학을 이끌었기 때문이다. 그 학회 때에 으레 선생을 모시고 가면, 후배 학자들과의 젊은 대화, 발표 논문에 대한 객관적 평가와 격려, 학자의 사명과 학문의 정신, 인문학의 가치 등에 관한 열변이 밤늦게까지 계속되었다. 그리하여 노소 간 공부하는 학자들의 감화와 존경을 받았다. 그러기에 선생의 회갑을 기념하는 국학논총이 편간될 때, 가장 짧은 기일 내에 가장 크고 값진 업적으로 나왔다고 평가되어 학계에서 빛을 보았던 터다.

선생이 칠순에 이르도록 계속 연구에 몰두하여 건강이 어려울 때, 그 고희기념행사를 성대히 치르게 되었다. 그분의 학덕을 기리는 뜻으로 국어국문학

학술연구발표회를 가지는 한편, 국학 관계 고서전시회를 열기도 하였다. 나아가 그분의 제자들이나 후배 학자들의 정성으로 이룩된 고희기념논총을 봉정하는 식전이 그 행사의 주축을 이룰 수밖에 없었다. 충남대학교 총장을 비롯한 학내외 교수들, 각계에서 활약하는 그 제자들과 그분의 명성만 듣던 재학생들, 사회 인사들이 강당을 꽉 매운 식장에서 그분은 보도진의 주목을 받으며 앉아 있었다. 그분은 그 자리에 제대로 앉아 있는 것만으로도 기적이었다. 그동안 주치의의 진단이나 세인의 판단대로라면 이미 고인이 되었을 분인데, 몇 번이나 생사의 고비를 넘어서 그날에 이르렀기 때문이다.

그 때 그분의 육신적 생명은 불안한 터인데 모교에 봉직하는 제자들이 서둘러 권유하는 바람에, 비장한 각오로 주치의를 대동하고 그 자리에 업혀 온 것이었다. 지난 날 현직에서나 퇴임해서나 그분이 항상 염려하던 제자들의 성숙한 모습과 모교의 찬란한 발전상을 마지막으로 확인하자는 사제 간의 이심전심이 있을 따름이었다. 꽃다발을 배경으로 TV 카메라의 불빛을 받고 있는 그분의 초췌한 모습은 부활한 성자의 그것이었다.

그분의 학덕을 기리고 회춘·만수를 비는 모든 절차가 끝난 뒤에, 그분은 드디어 말씀을 시작하였다. "평생을 공부하고 가르친다 했어도 아무 것도 남긴 것이 없는데, 오늘의 이 자리는 분에 넘친다"고 전제하면서, 교수와 학생들을 향하여 "국학에 뜻을 둔 이상 성실한 학자로서 긍지와 사명감을 가지고 연구에 전념, 가르치고 배우는 데에 열정을 다 바칠 때에 비로소 학문이 이룩되고 사제 간이 영원해진다"고 하면서, "저승에 가서도 이 고마움을 잊지 않고, 이런 자리를 엄중히 지켜보겠다"고 말씀을 마쳤다.

그것은 그분의 나약한 몸에서 나온 목소리가 아니라, 그분의 강인하고 원숙한 학문정신에서 우러나온 신비한 말소리였다. 평범하고 귀에 익은 말씀이

선생님 작고하시고 10주년 기념사업회의 일환으로 보문산 사정공원에 세운
학덕추모비 개막식

바로 그때 그 자리이기에, 성자의 유언처럼 울려 퍼졌다. 그 말씀은 지금에
경건한 유훈이 되어 그분의 제자들 그리고 그 제자들의 제자들에게 강물처럼
뿌듯이 넘쳐흐를 것이었다.

　선생이 고희를 겨우 넘기고 돌아가시니 전국 학계·교육계·문화계의 애도와
추모는 줄을 이었고, 1주기 기념 학술행사가 알차게 열렸다. 그분의 10주기에
는 추모학술행사가 학술연구발표회의 개최와 『어문연구』 추모특집호의 간
행, 유저 『향가·여요의 제문제』의 신간 등으로 진행되고, 나아가 전국적인
학자·교육자·문화인의 정성을 모아 보문산 사정공원에 '장암 지헌영 선생
학덕추모비'를 건립하였다. 그 20주기를 지나서는 그분의 유저 『한국지명의
제 문제』의 신간과 학술연구발표에 이어 그분의 애향시 「아 대전아」가 '대전
사랑탑'으로 우뚝이 솟아났다. 이러한 추모·기념행사가 계속되면서 날이 갈
수록 새로워지는 선생의 학덕은 이 고장에 거국적인 고전문학·한문학·고대국

어·민속학 등 국학의 학통을 뚜렷이 세움으로써, 독실한 학자의 귀감, 구원의
스승상으로 길이 빛날 것이다.

사재동
1935년생/충남대학교 국어국문학과 졸업/충남대 국어국문학과 교수, 한국고전희곡학
회 회장, 한국불교문화학회 회장 등 역임/현 충남대학교 명예교수
주요 저서로 『한국문학유통사의 연구』 『불교계 서사문학의 연구』 등 다수

나의 잊지 못할 스승
일오 구자균 선생

● 소재영

구자균(具滋均, 1912~1964)

개성 출생
경성제국대학 조선어문학과 졸업
대구사범학교 교유, 고려대학교 교수 문학부장 역임
대표 저서로 『한국평민문학사』 『국문학논고』 등 다수

6·25 전후의 대학가, 스승이 없던 시절

내가 대학에 입학한 해는 1953년으로 동족상잔의 한국전쟁이 겨우 휴전상태로 접어든 어수선한 무렵이었다. 앞을 내다보면 캄캄한 어둠뿐 모든 것이 결핍되고 모든 것이 비합리적이고 비논리적인 동물적 생존의 시대였다. 고등학교를 졸업했지만 먹고 살만한 일자리 구하기란 하늘의 별따기였고 그렇다고 대학에 들어가기도 쉽지 않았다. 당시 고려대학교는 피난지 대구에서 허름한 판잣집을 짓고 간판을 달아 학생 모집을 하고 있었는데, 나는 그때 이미 경북대로 입학이 예정되어 있었지만 장차 서울 구경을 할 수 있을 것이라는 막연한 들뜬 생각에 친구의 유혹에 넘어가 고대 국문과에 응시하여 배지를 달았다. 그 무렵 무애 양주동 선생이 대구에서 영어학원을 열어 다이어그램식 영어로 수험생들의 인기를 끌고 있었으며, 수학도 미적분 등에 취미가 있어 벼락공부를 한 것이 적중되어 대학의 문을 들어설 수 있었던 것으로 생각된다. 비가 오면 강의실에 비가 새서 휴강, 날씨가 추우면 난방이 될 리 없으니 강의가 제대로 진행될 수가 없었다. 당시의 교수들도 대학 강사료로는 생활이 어렵던 터라 이곳저곳 심지어 고등학교까지 보따리 출강을 하던 시절이었다.

수복 후 상경해서는 고대가 같은 재단인 중앙고등학교 교사를 빌어 임시 개강하였는데, 그곳에는 경찰전문학교도 같이 있었던 터라, 고대 출신 가운데 그것이 인연이 되어 경찰 간부들이 많이 배출되었던 것으로도 기억된다. 대학이 안암동의 우람한 석조전으로 이사를 하면서부터는 제법 고대생으로서의 긍지도 느낄 수 있었고 학회도 스스로 조직되어 학회지『국문학』을 발간하는 등 교수님들과 접할 수 있는 기회도 점차 증대되어 갔다.

당시를 회억하면 잊을 수 없는 한 분이 일오 구자균 선생이다. 오척 단구에 입에는 항상 줄담배, 잰걸음, 강의를 하실 때면 끊임없이 현하지변을 토해내시던 그 정열, 백묵으로 흑판에다 판서를 할 때면 또닥또닥 분필 튀는 소리가 강의실 바깥까지 들려 왔으며, 분필 가루가 흠뻑 묻은 손으로 철없고 장난기 많던 제자들을 어루만지며 대화하기를 즐겨하셨다. 운정 김춘동(云丁 金春東) 선생의 한문 강독은 그 음성이 찌렁찌렁 울려 강의동 바깥에서도 들을 수 있을 정도였으며, 동탁 조지훈(東卓 趙芝薰) 선생의 시론 강의는 한 학기에 3, 4주 정도 했을까 "르네상스 시절에는 길가는 마부들도 단테의 신곡을 노래 불렀다"라는 구절밖에 별로 기억나지 않으나, 그의 글과 대화에서 압도하는 멋과 매력을 느낄 수가 있었다. 당시의 기억으로는 문단의 일화들을 자주 들려주던 '문학개론'의 조용만 선생, 당신 스스로 분위기에 몰입해 강의하시던 '희곡원전강독'의 여석기 선생, 설득력은 약하셨지만 학점이 짜고 엄격했던 '철학개론'의 이종우 선생, 양주동 선생의 이론 비판에만 열 올리던 '향가연구'의 이숭녕 선생, 일오 선생의 분신으로 다정다감하셨던 '국어학개론'의 해암 김형규 선생 등을 잊을 수가 없다.

　내가 대학을 졸업하고 대학원에 진학하게 된 것이나 대학원에서 고전문학을 전공으로 택하게 된 것도 지금 생각해 보면 일오 선생의 권유, 민족 문학적 이끌림과 호한한 강의 설득력의 영향이 컸다. 석사과정의 지도교수는 물론 선생님이셨다. 군 복무를 마치고 돌아와 나는 여석기 선생의 도움으로 송설당 여사가 세운 경북의 김천고등학교에서 일 년 동안 교사생활을 하였다. 처음 부임하면서 고3 담임을 하였는데, 당시만 해도 이미 결혼을 하고 학교에 다니는 학생이 상당수 있었다. 그곳에 있으면서 마침 서울의 중앙중학교(고려중앙학원)에 교사 결원이 생겨 면접을 갔다가 교장실에서 대학 동기생(당시 풍문여고 교사)을 만나 서로 자리를 양보하다가 돌아온 일이 있었는데, 그 후 나는 교장의 급전을 받고 서울로 다시 올라가 그 학교의 교사로 근무하게 되었으며, 지금까지도 "양보하던 미덕이 생각나 내가 직접 전보를 보냈다"던 당시 심형필 교장의 사려 깊은 생각과 인격을 마음 속 깊이 사모하고 있다. 물론 그 과정에는 김상협 총장의 메모와 구자균 지도교수의 자상한 배려가 크게 작용하였다.

중앙 중·고등학교 교사생활을 하던 20대 후반에 내가 시골 안동에서 결혼을 할 때에도 선생은 결혼 주례를 위하여 어린 막내 본협(당시 6세)을 데리고, 중앙선 또아리터널을 한번 지나면 얼굴에 그을음이 가맣게 묻어나 손수건을 한 장씩 주던, 여덟 시간 거리의 벽지 안동까지 와 주셨던 기억이 새롭기만 하다. 선생이 세상을 떠나신 해(1964)는 마침 내가 석사학위를 받은 해라, 그 이듬해 선생의 유저인 『국문학논고(國文學論藁)』를 상재할 때도 선생댁을 찾아가 서재와 다락을 뒤져 원고 정리를 맡은 바 있는데, 지금 생각하면 필자가 그 뒤 교수가 되고 오늘까지 학문의 울타리 안에서 생활하게 된 것도 모두가 선생이 베풀어준 은덕과 은공이라 생각되어 새삼 감사하게 된다.

필자의 결혼 주례 사진
오른쪽 두 번째가 김진옥 사모, 그 옆이 막내 본협

민족 문학에 대한 집념과 못다 이룬 꿈

선생은 1912년 12월 24일, 개성시 동흥동 157번지에서 구운회(具運會) 공과 마기억(馬箕億) 여사의 장남으로 출생하셨다. 한일합방으로 나라를 잃게 되자 일찍부터 뜻한 바가 있어 서당에서 한문 공부를 하다가 개성제일공립보통학교를 졸업하고 서울로 올라와 경성제2고보(현 경복고등학교)에서 신학문을 접하게 되었으며, 필자가 출생한 해인 1933년에 경성제국대학 예과를 거쳐 1936년 법문학부 조선어문학과를 졸업하게 된다(1회 조윤제 1929, 이희승 1930, 이숭녕 1933, 방종현 1934, 구자균·김형규 1936). 경복의 동창회 명부에 의하면 1회(1926)에는 이숭녕·최재서, 4회에는 고정옥·노도양, 6회에는 구자균·손낙범·손명현 등의 낯익은 얼굴들이 보인다. 조선어문학과를 졸업한 이듬해(1937)에는 같은 개성 출신으로 호수돈여고보를 나온 김진옥(金鎭玉)과 결혼하여 초임지인 대구사범학교의 직장을 따라 대구에 내려가 신접살림을 시작하게 된다. 조선어 한문교사로 기숙사 사감직을 겸해 맡아 당시 학생들에게 의식과 인기를 동반한 선생님이었음은 동료들의 증언으로 확인되고 있다. 선생이 광복을 맞은 해는 34세 때로, 이때는 이미 대구생활 10년째에 접어들었으며, 장남 본형(本瀅), 차남 본식(本湜), 장녀 화자(和子) 삼 남매의 재롱을 받는 단란한 가정을 이루고 있을 무렵이었다(선생은 이어 본철, 본순, 화숙, 화영, 본협의 팔 남매를 낳아 기르며 무척 생활고를 겪으신 것으로 생각된다). 그러나 일제 말기에 조선어문학과를 나왔다는 이유만으로 우리말과 글을 변변히 가르치지도 못하고 사상적인 의심조차 받아야 했던 선생에게는 해방이라는 역사적 시간과 공간이 두 날개를 달아준 형상이었다.

1945년 9월에는 인촌 김성수 선생에 의해 보성전문학교 교수로 초빙되었으

며, 초대 총장을 맡으셨던 현민 유진오 선생과
함께 종합대학인 고려대학교 개편을 위한 기초
작업을 하고, 국어국문학과를 비롯한 신설 학과
의 교과 과정을 만드는 일에 핵심 역할을 하게
된다. 이 일로 해서 그는 오랫동안 문학부장의
보직을 맡기도 하였다.

경성제2고보 시절 구자균 선생

　일오 선생은 한때 서당 선생이 지어준 '난석
(蘭石)', 또는 개성의 박연폭포를 상징하는 '박연
학인(朴淵學人)'이라는 아호도 썼던 모양이나,
당신의 옛집 안에 서 있던 한 그루 오동나무 '오엽일락진지추(梧葉一落盡知
秋)'에서 따와 '일오(一梧)'라 호하게 되었으며, 운정(云丁) 선생 함씨의 글씨를
빈 '일오유서(一梧幽棲)'의 편액을 서재에 걸어놓고 풍류를 즐기며 학문에 골
몰하던 모습이 지금도 아련히 연상된다. 그는 강의 시간에 종종 "봉황새는
오동이 아니면 깃들지 않으며 죽실이 아니면 먹지 않으며 성천이 아니면 마시지
않는다"라고 하면서, 오동은 봉황이 깃드는 나무로 이는 자신의 아호를 고고함
과 우아함으로 높여 바라는 학문적 이상을 여기에 빗댐이라 설명하고, "오동에
월상하고 양류에 풍래로다. 요금을 빗기 안고 옥계를 지나오니 이곳에 일반청
의미를 알 이 적어 하노라"라고 읊으시던 모습을 그의 아호를 회억하며 생각나
게 한다.

　선생은 술(막걸리)을 무척 좋아하셨다. 만년에는 술에 중독이 되어 한 시간
의 강의를 마치면 부리나케 학교를 빠져 나가 주막에서 (당시 고대 앞에는
막걸리집이 많았다) 몇 잔의 술을 연거푸 들이켜고 뛰어 들어와 거나한 모습으
로 다음 강의를 이어 갔으며, 결국은 이것이 몸을 상하게 하여 향년 52세의

젊은 연세로 세상을 떠나시게 되었다(1964년 11월 15일). 선생님의 「송주사」
라는 수필을 읽어 보면 그의 주벽은 6·25전쟁의 암담했던 시대상과도 긴밀한
관련이 있다. 열 식구나 되는 가장으로 가난했던 피난살이의 스트레스를 견뎌
내기 위해 자주 술을 마셨고, 일찍 그가 몸담았던 대구사범 제자들과의 잦은
만남과 반가운 술자리가 점차 습관이 되면서 술에 대한 중독증을 가져오게
되었다고 술회하고 있다. 당시의 고대 국문과는 당신이 학과를 창설하면서
직접 모셔온 운정 김춘동 선생과 조지훈 선생 세 사람이 주축을 이루었는데,
지훈이 일오를 추억하는 글 가운데서 보면 "고려대의 강단으로 나를 이끌고자
방종현 선생과 찾아 오셨던 그날의 첫 대면을 돌이켜 보고 20년 고락을 함께
했던 일을 추억하며 이제 운정 선생과 마주 앉아 매양 빈자리 하나를 어루만지
게 된 것을 못내 가슴 아파 한다"라고 적고 있다. 운정의 글 「곡일오대인(哭一梧
大仁)」에서도 선생을 떠나보내는 애통한 심정을 읽어 낼 수가 있다.

선생의 학문적 업적을 이야기하자면 『조선평민문학사(朝鮮平民文學史)』
(행림서원, 1955)에서 이야기가 시작되어야 한다. 선생은 일찍부터 평민문학
에 관심을 갖고 36년 경성제국대학 졸업논문으로 쓴 「서리시인을 중심으로
하여 본 근대위항문학」을 보완하여 이를 『조선평민문학사』라 제하여 세상에
내 놓았다. 이 책은 지금 읽어도 선생의 향훈을 물씬 느끼게 하는 명저이다.

『한국평민문학사』와 『국문학논고』

이러한 평민문학에 대한 지속적 관심은 비단 한문학에서뿐 아니라 그의 민요·소설·가요 등 다양한 장르에까지 확대되어 갔으며, 평민문학이 근대문학으로 성장하였다는 시각에서 동아시아 근대문학의 형성에 대한 연구를 계획하고 하버드옌칭으로부터 연구비를 받아 '국문학의 근대화 과정'의 방대한 연구를 시작하였으나 그의 건강 악화로 마무리하지 못하였다.

선생이 세상을 떠난 후 필자는 선생의 유저『국문학논고(國文學論藁)』(박영사, 1965) 상재를 준비하기 위하여 그가 남기신 논문들과 각종 자료를 다락을 뒤져 정리한 바 있는데, 이 책에는 해암 김형규 선생이 서문을 쓰고, 논문논설, 수필을 비롯하여『평민문학사』, 강의 노트인『국문학사요』가 함께 정리 수록되어 있다. 그밖에 고전의 현대화에도 관심을 기울여「파한집」,「용재총화」를 국역하는 한편, 각종 이본들을 수합하여「춘향전」(역주본),「국문학개론」(우리어문학회)을 간행하는 등 불과 몇 해 동안에 눈부신 업적을 남기셨다. 그러나 만년에는 과도한 음주벽과 건강의 악화로 '국문학의 근대화'에

고려대 국문학과 졸업식 날 (1957년) 구자균 선생

대한 방대한 구체적 계획들을 결과물로 남기지 못하고, 세상을 떠난 후 여러 뭉치의 못다 쓴 미완의 논문들만 먼지 속에서 발견할 수 있었으니 참으로 애석한 일이 아닐 수 없다.

고양 땅 한 양지 바른 산기슭에 위치한 선생의 유택에는 1985년에 제자들의 정성으로 추모비를 건립한 바 있는데, 그 비문의 끝에 필자는 이렇게 썼다.

> 선생은 어지러운 시대를 한점 티 없이 옥결처럼 사시면서 때로는 시대적 고민을 감당할 수 없어 술에 탐닉하기도 하셨다. 그러나 선생의 학문적 열의와 사랑은 지금도 수많은 제자들 가슴 속에 엄한 스승이요 인자한 어버이의 상으로 다사로이 남아 있다. 선생은 한창 학문에 의욕을 보이실 나이에 1964년 11월 15일 숙환으로 제기동 자택에서 영면하시니 향년이 52세이셨다.

그 후 명절 때면 가끔 선생의 묘소를 졸업생들이 찾았지만, 특히 그로부터 40여 년이 지난 1995년 여름, 고대국문학연구회가 당시 전국 국어국문학회 대표이던 정재호 교수, 시조학화 대표이던 진동혁 교수, 박용식 교수(건대 부 총장) 등 50여 명이 국문과 출신의 홍일식 교수(고대 총장), 조기섭 교수(대구대 총장), 박강수 교수(배제대 총장) 등과 함께 당시의 은사 구자균, 김춘동, 조지훈 교수의 유택을 찾았던 기억은 잊혀지지 않는다.

학문, 다사로운 삶의 체온을 느끼게 해준 스승

'스승'이란 단어를 국어사전에서 찾아보면 '자기를 가르쳐 이끌어 주는 사람'이라 설명하고 있다. 그러나 우리가 체감하는 '스승'이란 단순한 지식의 전수자가 아니라 나를 있게 한 동맥, 정신적 핏줄이 이어지는 다사로움과 체온을 느끼게 하는 감각을 지닌 언어라 할 수 있다. '선생' 또는 '사부(師傅)' 등 여러 다른 표현이 있지만, 이는 모두 감각이 다른 언어들이다. '사사(師事)'니 '사숙(私淑)'이란 말 가운데는 직접이든 간접이든 스승에게서 전수받는 나를 있게 하는 정신적 모습과 영향이 강조된 말이라고 생각할 수 있다. 그러기에 남보다 훌륭한 스승을 지녔다는 것은 행복이요 부러움의 대상이 되는 것이다. 곧 나의 스승은 장차 나를 스승되게 하는 직접 요인이 되며, 이러한 정신이 슬기롭게 이어질 때 아름다운 역사와 미래를 보장받을 수 있을 것이다. 훌륭한 스승을 필요로 하는 연유도 여기에 있다.

나는 대학시절에 구자균, 김춘동, 조지훈 선생을 스승으로 모실 수 있었다는 것을 참 다행으로 생각한다. 운정에게서는 고루하고 따분한 한문 시간이었지만 행간에 내비치는 학자적 진실과 구한말 지사적 정신세계를 보았다. 지훈에게서는 휴강이 많아 지적 전수는 많이 받지 못했지만 그분의 삶과 일상 행동 가운데서 시인으로보다는 멋과 지사적 정신세계를 배웠다. 일오 선생은 두뇌가 명석하고 판단력이 빠르셨다. 평상시에는 어버이처럼 다정하고 자상하지만 학문의 세계에서는 무섭게 냉철했다. 한번은 자주 술에 취해 계신 터라 책을 빌려갔다 기억하지 못할 줄 알고 제때에 돌려드리지 않았다가 크게 꾸중을 들은 기억도 있다. 선생은 무척 소박하고 소탈하게 사셨다. 술자리에서 격의 없이 자주 제자들과 어울렸을 뿐 아니라 이웃 사람들, 지게꾼, 연탄배달부까지도 함께 어울려 대화·대작하셨다. 당시 대구사범 김영기, 왕학수 선생의 권유로 국가재건최고위원회 박정희 의장의 문교부장관직 천거도 있었으나 이를 거절했다는 일화는 선생의 학자적 면모를 보여주는 한 단면이기도 하다. 64년 세상을 떠나던 해 경북대학교에서 명예문학박사 학위를 수여 받을 때에도 무척 사양하시던 기억이 새롭다.

고대 초유의 교정 장례식 행렬

　　근래 선생의 유가족을 통해 입수한 1960년의 수첩을 보면 선생의 당시 생활
모습을 엿볼 수 있는데, 하나는 깨알같이 빽빽이 적어 놓은 지금은 사회지도층
인사인 제자 졸업생들의 취직 메모(유구상, 박용식, 김기회, 박노준, 진동혁,
임환, 정재호, 김진구, 최복현, 김준태 등 40여 명의 이름과 전화번호 희망학교
등의 메모가 보인다), 그리고 곳곳에 적혀 있는 외상 금전 차용 메모가 빼곡하다.
만년에 현실의 고뇌와 삶을 읽을 수 있는 대목으로, 60년대의 시대상이 그대로
투영되어 있다.

　　일오 선생이 지금까지 살아 계시면 96세, 건강하셔서 정년을 하기까지 고려
대학교를 지키셨으면 학과나 대학의 판도가 지금보다 많이 달라졌을 것이다.
사모하는 아쉬운 마음으로 스승을 다시 생각해 본다.

소재영
1933년생/고려대학교 졸업, 동 대학원(문학박사)/국어국문학회 대표이사 역임/현 숭실대
학교 명예교수
대표 저서로『임병양란과 문학의식』『고소설통론』『기재기이연구』『조선조 문학연구』
등 다수

내유외강의 선비

청계 김사엽 선생

● 김창규

김사엽(金思燁, 1912~1992)

칠곡군인동(현 행정구역변경으로 구미시에 편입) 출생
경성제국대학법문학부 조선어문학전공, 서울대학교 문학박사 수득
대구사범대학 교수, 경북대학교 대학원장, 동국대학교 일본학연구소 소장 등 역임
대표 저서로는 『속담론』 『조선민요집성』 『개고국문학사』 등 다수

말쑥한 품위와 서민적 인상을 모두 풍기셨던 스승

갑자기 원고청탁을 받고 막상 청계 선생에 대한 글을 쓰려니 뇌리에 돌아가던 필름이 끊어 먹통이 된 것처럼, 거의 60년 가까운 세월너머 기억이 잘 떠오르지 않았다. 지금도 계속 쓰고 있는 일기지만, 50년대 일기장을 들추어 다시 기억들을 재생시켜 보기로 하였다.

1953년 고2 때 문과·이과로 나누어질 때, 나는 이과를 택했다. 그러나 그해 말에 병이 나서, 3학년 때는 학교공부를 팽개친 채 치료와 요양으로 나날을 보냈다. 그래서 저절로 문학 쪽의 흥미를 갖게 되어, 당시 백기만(白基萬)이 편한 『상화와 고월』·박목월의 『산도화』·김소월의 『진달래꽃』 등 시집들을 읽으며 방안에서 뒹굴었다. 대학 진학은 포기한 상태로 그 이듬해도 한해를 더 치료와 요양을 하고는, 내심 시를 쓰겠다고 대학에 진학했다.

이때 나한테는 족숙이요, 당시 영남 국어국문학계 학풍을 떨쳐 일으킨 경북대 대학원장으로 계셨던 청계 선생께서 경북대 사대로 인도하셨다. 이것이 청계 선생과 나와의 학문적 인연을 맺게 해준 첫째 만남이었다. 당시는 학문이 뭔지도 몰랐고, 다만 장차 선생이 된다는 덤덤한 심정일 뿐이었다.

우리 문중은 좀 고적한 편이어서, 왜정 때나 광복 이후로도 청계 선생을 집안 어른처럼 우리가 어릴 때는 일 년에 몇 차례씩 찾아뵙고 인사를 드렸다. 어릴 때나 중·고 시절 청계 선생 댁을 찾아 인사드릴 때는, 인사 예의나 행동거지에 잘못이 있을까 하여 사뭇 조심을 했고, 또한 어린 마음에 괜히 조마조마하였던 것이다. 만약 인사 예의에서나 행동거지에서 잘못을 하게 되면, 그야말로 호되게 눈물이 빠질 정도로 꾸짖음을 당하기 때문이었다.

청계 선생에 대한 내 어릴 때의 기억으로는, 혹간 우리집에 오시는 일이

청계 선생 대학시절
출처: 『淸溪金思燁博士追慕文集』(청계김사엽박사추모기념사업회, 2002)

있었는데, 그 때 가방 안의 양서들과 영어 사전류들을 꺼내시는 것을 볼 수 있었고, 청계 선생은 사진 촬영에 대한 프로급 이상의 취미를 가지셨기에, 카메라는 항시 휴대품으로 가지고 다니셨다. 그때 우리 식구들을 집 뜰 앞에 앉혀놓고 찍은 사진은 지금껏 소중하게 보관하고 있다.

1956년 하버드대학 1년 연구를 마치고, 유럽을 경유하시면서 찍어온 사진을 손수 현상·인화하여 대구 미국공보관 전시실에서 외유 사진 작품전을 개최하셨는데, 사진작가로서의 뛰어난 재능을 보이기도 하였다. 나도 젊은 시절 청계 선생으로부터 영향을 받아 카메라를 들고 다녔으나 아마추어급의 근방에도 가지 못했다.

해방 후 선생은 이천동(梨泉洞) 큰 한옥에 거주하셨는데, 새벽이면 손수 도끼로 장작을 패는 모습에서, 가장으로 가정을 건실하게 이끌어 가시는 모습이 내 눈에 선하게 비쳐졌다. 청계 선생은 깔끔한 성격이어서 항시 집안 구석항시 집안 구석구석 청소가 깨끗이 되어 있었다. 집안 청소가 안 되어 지저분

경북대학시절 이천동 자택에서
출처: 『淸溪金思燁博士追慕文集』(청계김사엽박사추모기념사업회, 2002)

하면 불호령이 떨어지기 때문에 사모님과 식모의 손길은 항상 바빴다. 6·25
사변 전에는 금호강(琴湖江) 물이 맑아, 선고와 함께 투망을 던져 민물고기를
잡아 막걸리에 곁들여 잡수시던 서민적 풍류의 멋스러움도 볼 수 있었다. 영천
고향에 큰 과수원을 해방 후 20여 년 넘게 경영하셨는데, 여름방학 때 우리가
놀러 가보면 청계 선생께서 시원한 모시옷을 입고 책을 읽고 있는 모습이 너무
멋스러웠고, 또 여름철 푸른 능금나무에 둘러싸인 과수원집과 흰 모시옷 차림
이 잘 어울려, 어린 내 눈에 부럽게 보였다.

반듯한 글씨만큼 엄격하고 무서웠던 대학시절의 스승

청계 선생께서는 1927년 대구고보에 입학하여 1932년 학업을 마칠 때까지
5년, 1941년 대륜중학에 도임하여 이후 1960년 경북대 대학원장으로 퇴임하
기까지 20년을 합하면 25년간을 대구에서 사셨다.

내가 대학에서 청계 선생의 강의를 들은 것으로는, 『국문학사』와 국문학강독으로 『두시언해』 그리고 국문학연습으로 『향가』 등이었다. 가장 기억에 남는 것은 당시 『두시언해』를 매 시간마다 복사하셔서 나누어 주시고, 학생들한테 다음 시간까지 공부해 오게 하여, 매 시간마다 발표를 시키셨던 일이다. 발표가 서투르면 당장 불호령이 떨어졌는데, 눈물이 쑥 빠질 정도로 호되게 꾸중하셨다.

이런 가운데 스승의 가르침과 덕성은 알게 모르게 훈자(薰炙)받게 되었고, 그런 것들이 우리 제자들한테는 장차 교사로서 지녀야 할 자질임을 가르쳐 주신 한편, 인격을 도야하는 데 큰 길잡이가 되었음을 교육현장에 나가서야 깨닫게 되었다. 나이 들고는 더더욱 날 일깨워주는 구실을 하게 되었음을 알았을 때, 스승께서는 이미 이 세상에 안 계셨다. 『한시외전』에 "수욕정이풍부지하고 자욕양이친부대야(樹欲靜而風不止 子欲養而親不待也)"라 했거니와, 『소학』에서도 "아비는 날 낳고, 스승은 날 가르치고, 임금은 날 길러주었다. 아비가 아니면 이 몸 태어날 수 없고, 임금은 날 먹여 길러주었고, 스승이 가르치지 않으면 알지 못한다(父生之 師敎之 君食之 非父不生 非食不長 非敎不知)"고 하여 "군사부일체"란 말이 청계 선생 앞에서는 절실하게 느껴졌다. 참으로 스승께서 『국문학사』·『두시언해』·『향가』 등에 적힌 학문적인 공부도 물론이려니와, 강의시간마다 스승의 말씀과 동작 하나하나에서 풍기는 인격을 통하여 저절로 얻어지는 일깨움과 깨우침에서 뭔가 배웠던 것이다. 작은 체구에 안경 너머로 무섭게 쏘아보시면서 선생님의 꾸중이 떨어질 때면 그 권위와 호령 앞에서 우리는 사시나무 떨 듯 하였다.

청계 선생께서 강의실 흑판에 쓰는 글씨는 항시 해서로 반듯반듯했다. 후제 『김사엽전집』을 편찬 작업을 하는 가운데, 천시권(千時權) 선생께서 소장한 청계 선생이 경성제국대학 시절 강의 받았던『노자』·『열자』·『장자』등 원문을 필사하여 그것을 읽어나가며 주를 단 노트라든지『지나문학사』와『조선어계통론』등 깨알 같은 글씨로 정연하게 쓴 마치 인쇄한 듯한 노트를 보고, 이미 청계 선생은 해서로 쓰는 것이 몸에 익었고 습관화되었음을 알게 되면서 나는 저절로 머리가 숙여졌다.

우리가 당시 사범대 재학 중이었으므로 장차 교사가 되면 판서할 때 저렇게 해서로 써야 함을 무언으로 일러주셨고, 이는 내 평생 원고지에 글을 쓸 때나 또는 교실에서 판서할 때 또렷하게 해서로 써야함을 무언의 가르침으로 받았던 것이다.

청계 선생께서는 대구지방 억양에다 나지막한 목소리로 말씀하셨는데, 우리들이 평소 부르는 유행가 가사 가운데 "가까이 하기에 너무나 먼 당신"이라는 말 그대로 전형적인 경상도 양반의 엄격한 모습이 몸에 밴 듯 느껴졌다. 내가 대학 재학 중 혹 연구실이나 대학원장실을 가끔 들리면, 첫마디 말씀이 대번에 "뭐 하러 왔어"였다. 다짜고짜로 용무가 무엇이냐고 다그치는 바람에, 더더욱 가까이 하기는 두렵고 겁부터 났다. 1955년 하버드대학 연경학관으로 몽골어와 한국어 비교연구차 1년간 체미하신데다, 그 이듬해 서울대학교에서 문학박사를 수득하신 후 대구에서는 유일한 박사로 대학원장 직책까지 지니고 보니, 나 같은 졸때기 대학생에게는 청계 선생의 권위야말로 저 하늘에 별처럼 우러러보여, 감히 가까이 하기는 두렵고 겁부터 나게 하는 분이었다.

노계시 연구의 계기와 열기를 제공해 준, 대구 시내 국어국문과 학생들의 연합발표가 있었는데, 1957년 손균(孫均)이「입암이십구곡」을, 그 이듬해 내가 노계종가에 소장된『노계집필사본』을 찾아내어, 거기 실린「사제곡」과「누항사」(2004년『영양역증(永陽歷贈)』의 발견으로 필사한 것으로 확인)가

1958년 청계 선생과 경북대학 석사학위수여자 기념촬영
출처: 『淸溪金思燁博士追慕文集』(청계김사엽박사추모기념사업회, 2002)

『노계집판각본』과 대조한 결과 상당히 다른 점을 발견하고, 이를 1958년 6월 발표한 바 있었다. 이를 계기로 청계 선생께서는 1958년 입암 현지답사를 하시고, 이어 그해 10월 6일 영천 도천 노계 종택을 현지답사 할 때는 내가 인도한 바 있었다. 이런 현지답사와 문헌의 수집을 통하여 치밀한 연구 결과를 발표한 것이 경북대 『논문집』 3집에 실린 「노계 입암곡의 계보」라는 논문이었다. 당시 청계 선생께서 노계종손인 박수문(朴洙文) 씨가 「입암이십구곡」을 판각하려 한다 하자, 차라리 석판이 어떠냐고 조언하기까지 하셨다.

당시 국립대 대학원장의 관용차는 지프차로, 이 차를 타고 도천리(道川里)에 갔고, 다시 대구로 갈 때는 나도 그 차에 함께 동승하여 가면서 「구월산별곡」과 이에 대한 고찰을 하고 싶다고 하였다. 청계 선생께서는 한림시(翰林詩, 경기체가) 연구에 대한 자세한 말씀을 하셨는데, 연구방법이라든가 자료수집 그리고 주석 등의 중요성에 관한 알뜰살뜰하고 자상한 말씀에, 나는 나대로 고무가 되었다. 당시 지프차로 대구에 내려가며 나눈 이야기가 뒷날 이 방면 연구에 큰 자극을 받게 되었고, 이후 30여 년 넘게 이에만 매달려 고찰하게 되었다. 이 「구월산별곡」은 고향 이웃마을에 산 유인만(柳寅萬) 씨가 차람의 기회를 제공했고, 『문화유씨세보』(을유속보, 1765)로 여기 한림시 4장으로 된 시가 실려 있었다. 이 「구월산별곡」은 우리어문학회 『국문학개론』에 제명만 실려 있었고, 이는 이미 1947년 유인만(柳寅晩) 씨에 의하여 발표되었음을 알게 되었다. 또 뒷날 안동 고가에서 『문화유씨세보』(가정보, 1526)가 세상에 알려 지게 되었는데, 여기는 소위 'ㅿ'자가 표기되어 있었다.

이 「구월산별곡」과 청계 선생께서 이 방면 연구에 대한 교시하신 바가, 뒷날 보잘 것 없는 졸저인 『한국한림시평석』(1996)과 『한국한림시연구』(2001)로 마무리 되었다.

청계 선생은 평소에는 외모에서나 성격에서나 대단히 엄격하셨으나, 나의 한림시 연구의 최초 불을 지펴주는 일방, 힘을 실어주셨던 두 번째 학문적 인연을 맺어주신 분이다. 학문의 이야기가 나오면 너무 자상스럽고 세세하게 설명을 해주셨는데, 그리하여 평시에 무섭게 보여 가까이하기 겁났던 선생님 이, 너무 따사롭고 인자하신 모습으로 다가옴을 새삼 발견하게 되었다.

그러다가 1960년 4·19의 거센 회오리바람 속에 경북대학을 퇴임하셔서 집에 계실 때, 위로도 드릴 겸 찾아뵙게 되었다. 그때 나는 청계 선생님에게 대학원 진학관계를 여쭈었던 것이다. 역시 진학 경로를 자세하게 말씀해 주셨 다. 이것이 청계 선생과 학문적인 만남의 세 번째 인연이었다고 하겠다. 그 뒤 청계 선생께서는 일본으로 떠나고 안 계신 이듬해, 나에게는 경북대 대학원 에 입학하는 계기를 만들어주셨다.

문화대사 청계 선생

이렇게 청계 선생과의 학연을 찾자면, 여느 때의 만남과 달리 앞서 세 차례의 만남이, 나를 학문의 길로 인도하신 것이다.

이후 일본에서 20년 계시는 동안 가끔 연하장을 부쳐 간간히 안부만 여쭐 뿐, 학문적인 지도는 받질 못했다. 다만 청계 선생 회갑 때 그 기념송수논문집에 하잘 것 없는 글 하나를 실어 학문적 인연의 고마움을 표하기는 해도, 청계 선생 당신의 안목에는 아예 차질 않았을 것이다. 잠시 계명대학에 와 계신다는 소문을 듣고 찾아가 뵙고, 『향가의 문학적 연구』 1책을 받았다. 그 이후 청계 선생에 대하여 소식이 감감해졌고, 조금 뒤에야 1982년 동국대학 일본학연구소장으로 가 계시다는 말을 듣고도, 삶에 분주하다 보니 찾아뵙지를 못 했음이 두고두고 후회스러울 뿐이다.

『청계 선생추모문집』과 『김사엽전집』의 총무간사로 책임을 맡으면서, 이미 저서로 출간된 책의 전집 편찬은 쉬웠으나, 가장 어려웠던 일은 중학시절부터 별세 직전까지 각종신문·잡지·논문집 등에 실린 글들을 수집하는 일이었다. 전집을 출간한 지 이미 4년이 흘렀지만, 아직도 뒤가 개운치 않고 찝찝하게 남아 있는 것은, 선생님의 글을 완벽하게 거두지 못한 점이다. 전집 출간 이후에도 이따금 글이 발견되고는 한다. 이렇게 모은 글이 저서 51책에 논문·수필·잡문 등이 431편에 달한다.

일본에 가셨을 때, 한국에 관한 저서가 일본에는 전혀 없어 일본인들이 우리 문화나 역사를 잘 이해하지 못하고 있는 데 대하여, 일본에 우리 문화와 역사 그리고 한일 언어의 측면에서 같은 뿌리라는 데서, 우리말이 일본으로 건너갔다는 사실을 알리는 데 제이의 왕인 박사처럼 정력을 쏟아 부어 일역(日譯)에

1993년 청계 선생 타계 1주기 묘비제막식
출처: 『清溪金思燁博士追慕文集』(청계김사엽박사추모기념사업회, 2002)

만 몰두했고, 또 우리나라에서는 일본 고전을 너무 모르고 있었기 때문에 '사뇌
시'(향가)와 관련되는 『만엽집(萬葉集)』의 4500여 수의 시를 거의 국역하셨
다. 『일본영이기(日本靈異記)』는 우리나라에서 건너간 승려들이 모아놓은
설화집으로, 청계 선생이 만년 편찮으셔서 집필을 제대로 할 수 없어 사모님께
서 직접 받아 적기도 하고, 간혹 일본에 있는 아들들이 오면 받아 적기도 하여
가까스로 국역을 마치고 출판 계약까지 한 책인데, 출판도 안 되고 원고뭉치의
행방조차 묘연하게 되었다.

　청계 선생은 한일 간에 있어서 역대 어떤 주일대사도 감당하지 못한 문화적
교류를 감당하신 '주일문화대사'로서 구실을 다한 대학자로, 이에 대한 증좌로
일본 정부가 수여한 '훈사등욱일소수장(勳四等旭日小綬章)'과 대판부(大阪
府)가 수여한 '산편반도상(山片蟠桃賞)'을 수상 받았으며, 우리나라에서는 일

어 번역의 공로로 '은관문화훈장'을 수여받으신 것으로 보아, 우리는 그를 더욱 기려야 한다고 생각된다.

1992년 8월 20일, 그날 새벽꿈에서 청계 선생 사모님이 자기 제자들에 대한 불평을 털어놓았다. 내가 꿈꾼 그날, 하오 8시 20분 선생께서 운명하셨으니 청계 선생의 별세는 필시 나에게 무슨 영감이 있었던 것이 아닌가 싶었다. 이것은 서울에서 내외분만 사셨는데, 졸도하셔서 생사의 기로에 헤매고 있을 때, 사모님께서 나에게 내린 단호한 꾸짖음이었다고 생각했다. 청계 선생께서 마지막 가는 길에는 서울에 있는 제자 이재철(李在徹) 선생만이 지켜봤던 것이다.

8월 24일 청계 선생의 관을 영천 차당(次堂) 산소로 운구할 때, 그 뒤를 따라가며 나는 그 관 속이 선생님이 남기신 글로 꽉 찬 듯한 느낌이 자꾸만 들었던 것은 어쩐 일이었을까. 10년 뒤 『청계추모문집』에서 심재완(沈載完) 선생이 「추모서」에 적은 "저술등신(著述等身)"이란 글귀야말로, 청계 선생 평생저술을 가장 적의하게 표현한 것이라고 생각된다.

김창규
1936년생/경북대학교 졸업, 동 대학원 석사, 대구가톨릭대학 대학원 박사/대구교육대학교 교수·교육대학원장 등 역임/현 대구교육대학교 명예교수
대표 저서로는 『한국한림시평석』 『여선시문학논고』 『노계시문학논고』 등 다수

후진 양성에 평생을 바친

청명 임창순 선생

변정환

임창순(任昌淳, 1914~1999)

충청북도 옥천군 출생
동양한의과대학 교수, 성균관대학교 교수, 문화재위원장, 한국서지학회 회장 등 역임
태동고전연구소 설립, 보관문화훈장 수훈
대표 저서로는 『당시정해』 「해행총재 해제」 『한국금석집성』 등 다수

청명 선생과 나의 인연

내가 청명 임창순 선생을 처음 만난 곳은 학창시절 대학 강의실이었다. 한국 전쟁이 막 지난 뒤에 23살의 늦깎이로 대구에서 서울로 올라가 동양의약대학 (현 경희대 한의대의 전신)에 진학하여 학업을 닦던 무렵이었다. 당시 선생에 게서 받은 첫인상은 마치 고승(高僧)의 그것으로서 단아한 자태의 백학(白鶴) 을 연상케 했다. 형형한 눈빛, 해맑은 얼굴, 깡마른 몸매, 나직하면서도 청아한 음성은 영락없이 세속을 벗어나 수도하는 사람의 모습과 방불했다.

그때 나는 고학으로 어렵게 대학을 다니고 있었다. 등록금은 물론 생활비를 마련하기 위해 이 일 저 일 가리지 않고 닥치는 대로 일을 해야만 했다. 그 고난의 시절에 선생을 만나게 된 것은 그야말로 행운이었다. 대학시절은 물론 사회에 진출한 이후에도 줄곧 큰 가르침과 도움을 받았기 때문이다. 당시 청명 선생은 동양의약대학에서 한문학을 가르치고 계셨다.

하루는 선생께서 강의시간에 특유의 유려한 필치로 칠판에 한시 한 수를 쓰셨다. 너무도 유명한 두보(杜甫)의 「객지」(客至, 벗이 찾아오다)라는 작품 이었다. 선생은 칠판에 그 시를 다 쓰신 후 우리들 중에 누구 해석해 볼 사람이 없느냐고 물으셨다. 그런데 선뜻 나서는 학생이 아무도 없기에 내가 나서서 해석을 해 보겠다고 했다. 해석을 마치자 선생께서는 흡족한 표정으로 칭찬을 해주시고는 이 시의 특이한 점에 대해 설명해 주셨다.

"당시 두보는 안사(安史)의 난을 피해 사천성 성도 교외의 완화초당(浣花草 堂)에서 비교적 여유 있는 생활을 할 때였습니다. 가난 속에서 한숨을 돌리고 있는 듯한 평화가 시 전편에 흐르고 있습니다. 「북정(北征)」 등 다른 비판조의 작품과는 확연히 다른 정조를 지니고 있답니다."

선생은 과연 당대 우리나라 최고의 한학자답게 명쾌하게 평석을 해 주셨다. 수업이 끝나자 선생은 나를 연구실로 부르셨다. 연구실로 찾아갔더니 선생께서는 나에게 언제부터 한문을 공부했는지 물으셨다. 그리고 현재 나의 형편에 대해서도 물으셨다. 나는 당시 내가 처한 상황에 대해 자세하게 말씀을 드렸다.

"저는 어린 시절 한학자이셨던 할아버지 고산공(鼓山公)을 모시고 청도 고향집에서 『천자문』 등의 한자 초학서를 공부하다가 할아버지께서 돌아가신 후에는 인근의 서당에 들어가 다시 한문 공부를 계속했습니다. 당시 저의 고향에서는 고성 이씨 문중에서 흥인당(興仁堂)이라는 서당을 열고 훈장을 초빙해 자기 문중과 인근 마을의 자제들을 가르치고 있었습니다. 초등학생 시절에 나는 그 서당의 학동이 되어 『소학』 『두시』 등을 먼저 배운 후 『맹자』 『논어』 『시경』 등을 차례로 공부했습니다. 중·고등학교 시절에는 대구로 나가 학교를 다녔습니다. 그런데 요즘 저의 가정은 경제적 사정이 매우 어렵습니다. 실은 대학에 진학할 형편이 되지를 못합니다. 하지만 할아버지께서 생전에 항상 말씀하시기를 '불위양상(不爲良相)이면 영위양의(寧爲良醫)하라'고 하셨습니다. '어진 재상이 될 수 없다면 차라리 훌륭한 의사가 되라'는 유지(遺志)였습니다. 그 뜻을 받들기 위해 서울로 올라와 고학을 하며 한의학을 공부하고 있는 것입니다."

그러자 선생께서는 나를 격려해 주시면서 '앞으로 적극적으로 나서서 학생의 신분에 맞는 일자리를 구해주마'고 말씀하셨다.

그 뒤 얼마 지나지 않자 여러 교수님들이 나를 부르셨다.

"임 선생께서 자네 한문 실력이 대단하다고 칭찬을 하시더군. 교재 등사를 해 줬으면 좋겠네."

그 시절 활자화된 한의학 관계 서적은 거의 전무한 상태였다. 그래서 대부분의 교수님들은 고서적을 등사한 것을 교재로 쓰고 있었다. 그런데 전문 등사업자에게 의뢰를 해도 필경사들의 한문 실력이 모자라 오자와 탈자가 많아 애를 먹기 일쑤였다. 또한 등사를 하면서 한글로 주석을 달다 보니 그 비용도 만만치가 않았다.

내게는 필경을 하는 것보다 더 좋은 일자리가 없었다. 고서적을 등사용 원지에 철필로 옮겨 쓰는 것이 대개 내가 할 일이었다. 물론 한글로 주석까지 달았다. 그 일은 내게 있어 단순한 일자리를 넘어 그 자체가 하나의 공부였다. 용돈도 벌고 공부도 하니 말 그대로 일석이조의 효과를 거둘 수 있었다.

하루는 선생께서 댁으로 나를 부르셨다. 나는 무슨 일인가 궁금해 하면서 선생 댁을 찾아갔다. 선생께서는 "내일부터 우리집 문간방에서 생활하면서 원고 정리를 좀 도와주면 어떻겠느냐"고 제안을 하셨다. 나는 너무나 기뻐서 하늘로 날아오를 것 같았다. 그때부터 나는 선생 댁으로 가서 지내기 시작했다. 그러자 우선 학교와 거리가 가까워서 좋았다. 학교와 선생 댁은 걸어서 10분 남짓한 거리에 있었던 것이다. 당시 선생 댁은 가족도 단출했다. 연만하신 어머님이 계셨고, 사모님과 대학을 다니는 딸과 어린 아들이 전부였다. 때문에 집안이 조용하여 공부를 하기에도 적합했다.

내가 그곳에서 할 일은 선생이 하시는 고문헌 번역 작업을 돕는 것이었다. 요즘으로 치면 대학의 조교 역할과 비슷했다. 처음 맡은 일은 당시(唐詩) 주해서의 원고를 원지에 철필로 옮겨 등사를 하는 것이었다. 그런데 원전을 옮긴다는 것이 그리 쉬운 일은 아니었다. 우선 줄판 위에 원지를 깔고 그 위에 철필로 글씨를 써야 했다. 손가락에 힘을 주면서 꾹꾹 눌러 써야 하므로 팔도 아팠다.

당시 나는 선생의 따님과 한 집에서 머물다 보니 자연 허물이 없는 사이가 되었다. 선생의 따님은 그때 숙명여대 약학과에 재학 중이었다. 그녀는 나를 보면 곧잘 황소라거나 골초라고 놀렸다. 황소는 한 번 일을 시작하면 밤잠까지 설치며 작업하는 것을 보고 미련스럽다고 해서 놀리는 말이요, 골초는 원지를 쓰면서 틀린 곳을 고치기 위해 줄곧 한쪽 손에 담뱃불을 붙이고 있다고 해서 붙인 별명이었다. 그 시절 나는 하루 평균 대여섯 갑의 담배를 태워 없앴다. 일을 한다고는 해도 그 많은 담배를 소비했으니 골초라 부르는 것도 무리는 아니었다. 그래서 내 방은 늘 담배 연기로 자욱했고 재떨이에는 담배꽁초가 그득하게 쌓여 있었다. 한 번은 선생께서 내 방에 오셨다가 그 광경을 보시더니 걱정스럽게 말씀하셨다.

"아무리 일이 중요하다 하더라도 자네 그렇게 담배를 들고 있다가는 건강을 해치지 않겠는가?"

선생의 따뜻하신 훈계를 들은 그날 이후로 나는 담배를 끊었다. 대신 소공동 중국대사관 부근에서 향을 사다가 원지를 수정하기로 했다.

한 번은 선생께서 『일궤집(一簣集)』이라고 쓰인 고서 한 권을 내놓으시며 원지에 옮겨달라고 하셨다. 나로서는 듣지도 보지도 못하던 책이었다. 선생은 "이 문집은 임좌(任座)가 지은 독특한 학술연구서이지. 여러 사람이 보고 싶어 해도 책을 구할 수 없으므로 등사본을 만들려 하는 것이라네"라고 말씀하셨다. 나는 그저 간단히 옮겨 쓰면 되겠지 하며 쉽게 생각하고 일을 시작했다. 그러나 곳곳에 까다로운 벽자(僻字)가 많아 큰 고충을 겪어야 했다. 필사 작업이 끝난 뒤 선생께 보여드렸더니 선생은 내가 애를 먹었던 곳만을 유심히 살펴보시는 것이었다. 나는 내심 불안했다. 혹시 저 가운데 오자나 탈자가 있으면 어쩌나 싶었다. 그런데 갑자기 선생께서 무릎을 탁 치시는 것이었다.

"됐어! 됐어!"

그리고 선생은 웃으시면서 무척 흡족한 표정을 지으셨다. 나는 얼떨떨한 기분으로 그런 선생을 바라보고 있었다.

"이젠 자네에게 어떤 일을 맡겨도 문제가 없겠군."

나는 기뻤다. 사실 선생에게서 처음 칭찬을 들었던 것이다. 그러나 기쁨을 겉으로 드러낼 수 없었다. 한편으로는 송구스럽기도 했다. 선생께서 다시 말씀하셨다.

"앞으로 한 일 년 정도 나와 함께 일을 하면 자네의 한문 실력도 많이 달라질 걸세. 내가 맡기는 일을 일이라 생각하지 말고 공부하는 마음으로 하면 힘이 좀 덜 들 것이야."

"명심하겠습니다."

그 후 나는 일 년 남짓한 기간 동안 선생 댁에서 기거하다가 새로운 곳으로 거처를 옮겼다. 어느덧 선생 곁에서 보조해 드리던 작업도 끝을 맺게 되었다. 나는 식객으로 더 이상 머물기도 송구해 새로운 일자리를 구한 뒤 선생 댁을 떠나기로 했던 것이다.

끝없는 가르침

내가 청명 선생을 가까이 모시면서 배우게 된 것들 중의 하나는 진정한 학자의 길이 얼마나 외롭고 어려운 것인가 하는 점이었다.

언젠가 선생께서 말씀하셨다.

"학문의 길이란 외로운 걸세. 혼자 가는 길인 셈이지. 언젠가는 자네도 외톨이로 가야만 할 것이네. 말하자면 학문적으로 독립을 한다는 뜻이지. 그때서야 비로소 참다운 자신만의 학문을 이루어 연구가 꽃을 피우게 되는 것이네."

나는 그 말씀을 가슴속에 깊이 새겨 지금까지도 분명하게 기억하고 있다. 그런 점에서 선생은 내 인생에서 그 누구보다 큰 깨우침을 주신 분이었다.

선생은 어찌 보면 이해하기 어려울 만큼 고집스러운 데가 있으셨다. 특히 고서(古書)를 사랑하는 정성이 대단하셨다. 넉넉하지 못한 살림 속에서도 봉급을 타면 관훈동 통문관 쪽으로 먼저 달려 가셨다. 선생은 이 책방 저 책방을 두루 찾아다니면서 옛날 책들을 살펴보셨다. 그러다가 마음에 드는 책을 발견하시면 가격이 얼마든 무조건 사고 보는 것이었다. 책을 많이 구입하신 날은 영업용 택시를 이용하셨다. 문간방에 있던 내가 일을 하다가 경적소리가 울려 나가보면 차 트렁크에 책이 가득 실려 있곤 했다.

그런 선생을 사모님께서 이해를 못하시는 것은 아니었지만 이따금 생활 걱정을 하시곤 했다.

"연탄도 사야하고 쌀도 사야하고. 돈을 쓸 곳은 많은데 월급날마다 책을 사들고 오시니 나머지 집안 식구들은 뭘 먹고 살아요?"

그래도 선생께서는 들은 척도 하지 않으시고 낭랑한 음성으로 책을 읽으셨다. 사모님의 목소리가 커지면 선생의 책 읽는 소리도 따라서 커질 뿐이었다. 언젠가 사모님께서 월급날 서무과로 찾아가 월급을 받아오신 적이 있었다. 그런데도 선생은 화를 내지 않으셨다. 긴히 쓸 데가 있어서 찾아갔겠지 하는 식이었다. 그러자 사모님은 느낀 바가 있으셨던지 다시는 학교로 월급을 타러 가지 않으셨다.

나는 선생 댁에서 나온 후에도 시간이 날 때마다 선생을 찾아뵈었다. 그런데 대학을 졸업한 뒤 대구에서 한의원을 개업한 이후로는 자주 찾아뵙지 못했다. 어느 날인가 선생께서 대구 병원으로 나를 찾아오셨다. 한 이틀 쉬었다 가시면서 붓글씨를 써줄 테니 필묵을 내놓으라 하셨다. 그때 내가 몇 달 전에 쓰던

벼루를 내놓자 선생께서 말씀하셨다.

"벼루는 가장 게으른 사람도 사흘에 한 번은 씻는 것이라네."

농으로 하신 말씀이지만 그 속에는 깊은 뜻이 담겨 있었다. 공부하는 사람은 잠시도 쉬어서는 안 된다는 가르침이었다. 나는 참으로 부끄러웠다.

얼마 후 남양주시 수동에 태동고전연구소를 설립하셨다고 연락을 하셨기에 찾아가 뵙게 되었다. 그곳은 꼬불꼬불한 시골 길로 차를 몰고 가다가 차에서 내린 뒤에는 논두렁길을 백여 미터 정도 걸어가 내를 건너야 했다. 선생께서는 언덕 위에 정자를 짓고 그 주위에 서재와 도서관을 마련해 놓으셨다.

그때 마침 같이 동행한 이가 있었다. 대구대학교 총장으로 있던 이태영 씨였다. 함께 내를 건너는데 신을 벗고 양말을 손에 쥔 채 물속으로 걸음을 옮기면서 그가 혼잣말로 중얼거렸다.

"선생은 택지를 하실 적에도 성격 그대로 하셨군. 이런 곳에 자리를 잡으시다니."

태동고전연구소 자리가 선생의 꼿꼿한 성격과 말 그대로 잘 어울렸기에 한 말이었다.

그날 선생은 우리를 반갑게 맞은 뒤 집안을 구석구석 일일이 안내해 주시면서 무척 좋아하셨다. 해가 바뀔 때면 나는 늘 그곳을 찾아갔는데 선생은 만나뵐 때마다 만면에 미소를 머금고 반가워 하셨다.

나는 대구한의과대학을 설립한 뒤 선생을 우리 학교의 재단이사장으로 모셨다. 그리고 이사회는 대구와 서울에서 번갈아 가면서 개최하였다. 가급적 선생을 자주 뵙기 위한 것이었다. 선생은 이사장직을 수행하시면서도 평소의 인품을 그대로 보여주셨다. 간결한 말씀과 과단성 있는 일처리는 다른 모든 이사들의 존경을 불러 일으켰다. 후에는 임기가 다 되고 건강도 좋지 못해

임창순 선생과 필자

부득이 이사장직을 사임하셨다. 하지만 병석에 계시면서도 항상 학교 법인을 염려해 주시는 것을 잊지 않으셨다.

　요즘도 그때 들려주시던 말씀들이 문득문득 떠오른다. 특히 백학처럼 고결하던 선생의 풍모를 잊을 수 없다. 선생은 평생 많은 사람들에게 은택을 베푸셨다. 나는 그 중에서도 특히 많은 은택을 받은 사람이다. 학생 때는 교수님으로서 보살펴 주셨고, 총장 때는 이사장으로서 이끌어 주셨다. 선비(先妣)의 비문도 교정해 주셨고, 19대조 할아버지 춘정(春亭) 선생의 비문도 지어 주셨다. 나는 평생 동안 가없는 사랑과 가르침을 받았던 것이다. 하지만 이제는 그 은공을 갚을 길이 없어 안타까울 뿐이다.

후학을 위해 바친 일생

청명 임창순 선생은 충청북도 옥천군 청산면 법화리에서 태어났다. 때는 1914년 여름으로 우리나라가 일본에 합방을 당하고 몇 년이 지난 뒤였다. 임창순 선생의 아버지는 임원제 선생이고 어머니는 김영례 여사였다.

선생은 4세 때부터 할아버지 임병호 옹에게서 글을 배우기 시작했다. 선생의 할아버지는 서양식 공부를 배척하여 '학교는 사람을 짐승으로 만드는 곳'이라 하면서 학교에 다니지 못하게 하였다. 그 때문에 선생은 할아버지가 돌아가실 때까지 한문 공부에만 전념하였다. 선생은 열한 살 때 할아버지를 여의었다. 그 뒤로 삼 년이 지났을 때 선생은 충북 보은에 있던 관선정(觀善亭)이라는 서당에 입학하여 겸산 홍치유(兼山 洪致裕) 선생에게서 본격적으로 한학을 수학하였다. 그러다가 선생은 나이 20세가 되자 집안의 살림을 돌보기 위해 학업을 중단하였다. 선생은 이미 15세 때 결혼을 하여 가정을 돌보지 않을 수 없었던 것이다.

선생은 관선정에서 나와 생업에 종사하면서 일제가 패망할 때까지 10여 년간 숱한 고생을 겪어야만 했다. 대구로 내려가 막노동 일을 하기도 하고, 나막신을 고치는 기술자 생활을 하기도 하고, 인쇄소에 들어가 필경사 노릇을 하기도 했다.

우리나라가 해방을 맞을 때 선생의 나이는 32세였다. 그런데 나라가 해방을 맞아 일본인들이 물러가고 보니 교원의 수가 크게 부족하여 임시로 '중등교원 자격시험' 제도를 운용하지 않을 수 없었다. 선생은 이에 응시하여 국어과와 국사과에 동시에 합격해 경북중학, 경북여고, 대전중학 등에서 교사로 학생들을 가르쳤다. 그러다가 39세 때인 1952년에는 서울에서 동양의약대학에 전임

4·25교수 데모 당시의 모습

강사로 들어갔다가 41세 때는 성균관대학의 사학과 교수로 부임하였다. 성균
관대 교수로 재직 중이던 1960년에 4·19혁명이 일어났다. 그러자 선생은 이승
만 대통령의 하야를 강력히 주장하면서 4·25교수데모 때는 손수 '학생의 피에
보답하라'는 플래카드를 쓰고 교수 시위대의 전면에 서서 '이승만 물러가라'는
구호를 외쳤다. 4월 혁명 이후 선생은 민족자주통일중앙협의회에 통일방안
심의위원으로 참가했다가 군사정권에 의해 성균관대 교수직에서 쫓겨났다.
이로써 선생은 해방 이후 약 16년간에 걸친 제도권 내의 교육자로서의 활동을
중단하고 말았다. 그 후 2년 뒤에는 인민혁명당 사건에 연루되어 옥고를 치르
기도 했다.

성균관대 교수직에서 물러난 선생은 50세 때인 1963년 종로구 수표동에
태동고전연구소(泰東古典硏究所)를 설립하여 일반인을 대상으로 한문을 가
르치기 시작했다. 그 뒤 선생은 경기도 남양주시 수동면 지둔리에 지곡정사
(芝谷精舍)를 짓고 태동고전연구소를 그곳으로 옮겨 강학 활동을 계속했다.
곧 1976년부터 일반인을 대상으로 한 연수활동을 중단하고 대신 한국고등교

연구소에서 청명 선생

육재단의 지원을 받아 한문연수장학생 5명을 선발하여 5년 연한의 집중 교육을 시작했던 것이다. 그 뒤로 고등교육재단의 지원이 중단되어 연구소의 운영에 어려움을 겪게 되자 선생은 자신의 소유였던 연구소 소속의 토지 및 서적 일체를 한림대학교에 기증했다. 당시까지 일구어 놓았던 재산과 평소 애써 모았던 고서 등을 모두 내놓았던 것이다. 반면에 한림대학교는 연구소를 대학의 부설기관으로 하고 연구소 운영에 필요한 경비 일체를 대신 지원하기로 했다. 이 협약에 따라 태동고전연구소는 지금까지 한림대학의 지원을 받아 한학연수 장학생을 모집하여 교육하는 등의 활동을 계속하고 있다. 2007년까지 연구소에서는 총 26회에 걸쳐 171명의 수료생을 배출하였으며 그 중에는 대학에 전임으로 종사하고 있는 연구자만도 약 40여 명에 이른다. 선생이 대학교수로서 강단에 그대로 계셨던 것보다 태동고전연구소를 설립하여 후진양성에 진력한 것이 결과적으로는 우리 학계를 위해서 훨씬 유익한 일이 되었던 셈이다.

　선생은 1998년에는 청명문화재단을 설립하였다. 평소 애장하고 계셨던 귀중한 서화를 매각한 대금 20억 원과 새로 장만했던 자택 및 부지를 출연하여 후진 양성의 기틀을 마련했던 것이다. 이 재단에서는 지금까지 고전번역사업과 학술지 발간 및 연구비 지원 등의 사업을 추진하고 있다. 선생은 문화재단을 설립한 그 이듬해인 1999년에 86세를 일기로 세상을 떠나셨다. 사후에는 생전의 유언에 따라 장례를 화장으로 했다. 유골은 선생이 평소 그토록 사랑하시던 지곡서당 인근에 뿌려졌다.

돌이켜 보건대 선생은 평생 일신의 명리(名利)를 추구하지 않으셨다. 생전에는 당신께서 지닌 모든 것을 후진 양성을 위해 바치셨고, 사후에는 남들이 흔히 만드는 무덤 하나조차 남기는 것을 허락하지 않으셨다. 나는 청명 선생을 생각할 때마다 진정한 스승의 모습을 발견한다. 선생은 참으로 고결한 삶을 살다 가신 선비였다. 그러한 선생과 나는 한 시대를 같이 하고 특히 가까이 모시기까지 했다. 그 사실만으로도 나는 더없이 유복한 사람이라고 스스로 생각한다.

변정환
1932년생/경희대학교 한의학과 졸업, 서울대학교 대학원 보건학박사/학교법인 제한학원 설립/현 대구한의대학교 총장
대표 저서로는 「조선시대 질병에 관한 연구」, 『시련을 딛고 밝은 세계로』 등 다수

내 문학의 길에서 바라본 큰 바위 얼굴
황순원 선생

전상국

황순원(黃順元, 1915~2000)

평안남도 대동 출생
일본 와세다대학 영문과 졸업
『동광』에 시 「나의 꿈」 「아들아 무서워 말라」 등을 발표하며 작품 활동 시작
1934년 『삼사문학』 동인으로 참가
경희대학교 국문과 교수 역임
아시아 자유문학상, 예술원상, 3·1 문학상, 인촌문학상 등 수상
주요 작품으로 「별」 「목넘이 마을의 개」 「소나기」 『카인의 후예』
『나무들 비탈에 서다』 등 다수

문학가가 뭔데

1960년 경희대학교에 입학해 황순원 선생님을 만나기 전에 나는 내 문학의 길 입구에서 두 분 선생님을 먼저 만난다.

중학교 3학년 졸업을 얼마 앞둔 자습시간, 나는 자습 감독 선생님한테 무슨 일인가를 잘못해 앞으로 불려 나갔다. "걔 문학가가 될 거래요." 호된 야단을 맞던 중 어떤 아이가 그런 소리를 했고 선생님은 그 말을 그냥 흘려듣지 않았다. "문학가? 이 새끼가 그런 게 되면 내 손에 장을 지져라."

문학가? 선생님의 그 악의적 장담은 당시 문학이 뭔지도 모르던 시골 아이에게 '문학가'에 대한 경외심을 갖게 했다. 그것이 얼마나 되기 힘들면 선생님이 저런 말씀을 하실까.

고등학교에 진학해 문예반에 들어가서야 '문학가'가 시인이나 작가를 두고 하는 말이라는 것을 처음 알았다. 고등학교 문예반 때 나는 백일장에 두 번 나갔지만 그 흔한 장려상 하나 받지 못했다. 문학가 되기가 그리 쉽지 않다는 것을 비로소 알게 된 것이다. 게다가 어느 날 내가 써낸 글 한 편을 읽은 문예반 선생님이 나를 교무실에 불렀다. "넌 우선 어휘력이 형편없는 데다 문장도 엉망이야." 내 형편없는 어휘력과 문장으로는 문학가가 될 수 없다는, 선생님의 그 지적을 통해서 나는 내 글쓰기에 부족한 것이 무엇인가를 어렴풋이 터득했던 것이다. 열등한 것이 무엇인지 알고 나면 그것을 감추고 싶은 법, 부족한 어휘력과 형편없는 문장을 감추기 위해 이를 악물다 보니 운까지 따라 고등학교 때 학원문학상과 지방신문 학생신춘문예에 입상할 수 있었다.

그 우쭐함으로 작가의 꿈을 슬며시 품었다. 황순원 선생님이 계신다는 그 한 가지 이유로 경희대를 택한 것도 그 때문이다. 그 당시 읽은 황순원 선생님의

「카인의 후예」「인간접목」 등의 정갈하고 맛깔스러운 그 문장이 나를 기죽이기에 충분했던 것이다.

준엄한 가르침

학교 캠퍼스에 황순원 선생님이 나타나시면 가슴부터 뛰었다. 항상 바바리코트 주머니에 손을 깊숙이 찌른 채 걸어가시는 선생님을 먼발치서 바라보며 글쓰기의 신명을 어금니에 물었던 것이다.

대학에 입학해 처음 뵌 선생님의 인상은 당신의 작품과 그 이미지가 일치한다는 안도감 같은 것이었다. 그것은 특히 선생님의 부드러우면서도 때로 날카롭게 날이 서는 그 혜안에서 받은 인상이라고 할 수 있었다. 선생님의 그 눈길은 사물의 핵심을 꿰뚫어 본 뒤 작품의 깊숙한 뒤쪽에 감추는 진짜 아름다움의 본질을 보는 심미안으로 비쳐졌다.

그때는 교수 연구실이 따로 없었다. 그냥 학과사무실을 이용하시는 황순원 선생님을 내가 찾아간 것은 이학년 가을쯤이었다. 대학에 들어와 처음으로 완성한 작품 하나가 내게 용기를 준 것이다.

나는 그 이후 한 달 이상을 선생님의 부름을 기다렸다. 어떤 날은 선생님이 지나가시는 길목에 우정 서성거리기도 했다. 내 작품을 선생님이 읽어주신다는 일만 해도 큰 사건인데 시간이 흐르면서 슬그머니 그 작품에 대한 나름의 기대까지 갖게 되었다.

드디어 초겨울의 어느 날, 나는 선생님으로부터 작품이 든 누런 봉투를 건네받았다. "잘 썼드구만." 선생님이 작품을 건네주시며 하신 이 짧은 한마디에 나는 하늘을 얻은 기분이었다. 강의도 들어가지 않은 채 나는 석관동 자취방으로 달려갔다. 잘 썼다는 선생님의 그 한 마디를 내 작품을 통해 확인하고 싶은 떨림이 그렇게 컸던 것이다.

선 자리에서 작품을 꺼내 읽던 나는 그 자리에 주저앉고 말았다. 내가 쓴 원고 곳곳이 모두 선생님이 바로잡은 연필 글씨로 빽빽하게 채워져 있었던 것이다. 주술관계가 맞지 않는 문장은 줄이 쳐 있었고 적절치 않은 낱말 하나하나가 지적된 뒤 모두 다른 말로 고쳐져 있었다.

나는 그때 내게 어휘력과 문장력이 없다는, 고등학교 문예반 선생님의 그 말을 황순원 선생님의 그 연필 글씨를 통해 다시 한 번 확인하게 되었던 것이다. 그 일 이후 나는 너무 부끄러워 재학 중에 선생님께 두 번 다시 작품을 내놓지 못했다. 어떻든 나는 선생님의 그 가필정정 사건 이후 작품을 쓸 때마다 국어사전을 수없이 펼쳐 적절한 낱말을 찾아 적는다거나 정확한 문장 구사를 위해 나름의 노력을 기울였다.

선생님께서 두 번째로 내 글을 읽어주신 것은 20년 뒤 뒤늦게 시작한 대학원 과정에서 내 석사학위 논문 심사 때였다. 나는 또 한 번 얼굴을 들 수 없었다. 논문 지도교수인 선생님께서는 20년 전보다 더 꼼꼼하게 논문 여러 곳의 잘못된 것을 지적해주신 것이었다.

또 황순원 선생과 관련된 원고 교정 일화가 있다. 지금은 작고한 내 대학선배 하나가 선생님께 『현대문학』지에 초회 추천을 받은 지 18년 만에 다시 추천을 받기 위해 사당동 예술인촌에 있는 선생 댁을 나와 함께 방문했을 때다. 선생님이 원고를 들고 방에 들어가신 뒤 우리는 무려 세 시간 동안 술만 마시고 있었다. 선생님이 세 시간 동안 읽으신 그 원고를 돌아오는 택시 속에서 펼쳐본 그 선배의 얼굴이 하얗게 질리던 일을 나는 지금도 잊지 못한다.

선생님을 찾아뵈면서 내가 확인한 사실은 선생님은 모든 원고를 노트에 연필로 쓰셨다가 다시 원고지에 옮겨 쓰신다는 것이다. 연필로 쓰는 작업이 작품의 초고였다는 생각이다. 선생님은 잡지사에 넘긴 당신의 원고를 초교는 물론 재교까지 손수 보시는 일을 한 번도 어긴 일이 없었다. 작품 전집이 만들어질 때도 선생님은 오랜 시간 동안 손수 교정을 보시면서 개작까지 하셨던 것이다. 그 일을 두고 그렇게까지 하실 필요가 있느냐는 내 물음에 대한 선생님의 답변은 명료했다. "그렇게 하는 것이 자기 작품에 대한 애정이자 독자에게 그 내용을 명확히 전달하기 위한 작가로서의 책임이자 의무라고 생각하네." 3인칭 대명사 '그'를 쓰는 대신 되도록 등장인물 이름을, 여자의 경우는 '그네'로 통일해 쓰시는 등 황순원 선생님은 나름의 맞춤법이나 띄어쓰기 등 어떤 원칙을 가지고 글을 쓰셨다.

어떻든 나는 선생의 그 준엄한 가르침 속에 재학 중인 1963년 등단하게 된다.

따뜻한 눈길

대학시절 선생님이 학교에 계시다는 그 사실만으로도 우리 문학도들은 캠퍼스의 낭만과 적당한 문학적 방종을 즐기면서 글쓰기의 신명을 찾았다. 선생님은 4학년 때 존 스타인벡의 소설 「레드포니」를 원서 강독했다. 강의 때마다 선생님은 꼭 한 번씩 나를 지명해 강독하도록 하셨다. 그것이 나에 대한 선생님의 신뢰가 아닐까 싶어 그 강독 시간을 위해 열심히 준비하지 않을 수 없었다.

내가 등단한 직후에 선생님은 『현대문학』에 이야기를 해 놓았으니 작품 하나를 보내란 말씀을 전해오셨다. 등단한 제자에 대한 선생님의 그 따뜻한 배려로 1964년 『현대문학』에 단편소설 「광망」을 발표한다. 그러나 그것을 끝으로 나는 만 10년 동안 정말 단 한 편의 작품도 쓰지 못하는 소비의 세월을 산다. 서울을 떠난 이후 10년간 선생님께 편지 한 장 쓰기 못하고 산 것도 작품을 쓰지 못하고 사는 일이 그렇게 죄송스러웠기 때문이다.

1972년 조병화 선생님의 부름으로 경희고등학교 교사로 부임해 오고서도 선생님을 찾아뵙지 못한 어느 날 황순원 선생님의 전화를 받았다. "전 작가 서울 왔다는 얘기 들었네." 실로 만 10년 만에 듣는 선생님의 음성이었다. 선생님께서 먼저 전화를 걸어주신 일만 해도 죄송한 데 글도 쓰지 못하고 있는 사람을 전 작가라고 호칭하신 일이 그렇게 부끄러울 수가 없었다. 선생님은 제자 문인 등 사람들과의 만남에 있어서도 항상 일관된 호칭을 쓰셨다. '전 작가' '김용성 작가' '조세희 작가' '김원일 작가' '고원정 작가'. 선생님이 우리를 부를 때 쓰신 그 '작가'라는 호칭이 우리에게는 가장 영광스런 월계관이었다는 것을 지금에서야 절실히 깨닫는다.

전 작가. 나는 선생님의 그 호칭을 통해 다시 작가로 태어난다. 단편소설 「맥」과 「고려장」이 지면에 발표된 것도 선생님의 배려였다. 1977년 현대문학상을 수상한 뒤 발간한 첫 창작집 『바람난 마을』을 준비하고 있던 어느 날이었다. 선생님께서 내가 첫 창작집을 내게 되었다는 말을 들었다며 그 책에 들어갈 말을 몇 자 적어놨으니 가져가란 말씀이셨다. 잡문을 전혀 쓰지 않는 분이라 감히 선생님의 발문 같은 걸 받을 꿈도 꾸고 있지 못하고 있었던 것이다.

"그의 작품은 여울목 차돌들이다. 여울물에 닦이고 씻겨 어떤 것은 차갑게 매끄러운 살결을, 어떤 것은 모나게 딱딱한 살결을 드러내고 있으나 정작 손에 쥐고 보면 그 하나하나가 아름답게 조화를 이룬 훈기 있는 그런 차돌들이다."

원고지 한 장에 써주신 선생님의 그 글이 첫 작품집 뒤표지에 실렸다. 황송무지, 그 이상의 적절한 표현을 찾지 못했다.

선생님이 내게 주문하신 차돌 같은 그런 글은 결코 못 쓰겠지만 그 세찬

1977년 첫 창작집 출판기념회에서 은사 황순원, 조병화 선생님을 모시고

여울물에 내 둔한 글재주를 쉼 없이 갈고 닦아야 한다는, 내 글쓰기의 초심만은 아직도 여전하다.

절제의 미학

선생님과 마주앉은 시간이 많긴 했지만 공식적인 면담 형식을 통해 대화를 나눌 수 있는 첫 번째 기회가 왔다. 선생님이 정년퇴임을 하신 직후 경희대 대학주보에서 면담 요청을 했을 때 그 대담 상대로 나를 지명하신 것이다. 선생님은 대담의 조건으로 그 내용 정리를 기자가 아닌 내가 해야 한다는 약속도 받아냈다. 그리하여 나는 대담을 한 그날 늦은 밤까지 대담 내용을 정리했다. 다음 날 아침 나는 선생님의 전화를 받았다. 원고가 정리되었으면 한번 보고 싶다는 말씀이었다. 원고를 받아보신 선생님은 두어 군데 어색한 표현을 지적해 주시고는 신문사에 넘겨도 좋다고 하셨다.

그 일로부터 10년 뒤 선생님과의 두 번째 공식적인 대담이 이뤄지기 직전에 무산되는 일이 생겼다. 어느 신문사의 끈질긴 대담 요청에 먼저처럼 나를 대담 상대로 지명해 수락하셨던 것이다. 사진 기자를 데려와서는 안 된다는 조건이 붙어 있는 대담 약속이었다. 사진을 찍지 않겠다는 말씀에 담당 기자가 나한테 어떻게 좀 되도록 말씀드려 달라고 여러 번 당부했지만 선생님을 잘 아는 나로서 달리 도와줄 길이 없었다.

대담 약속 며칠 앞둔 어느 날 선생님이 향리인 홍천에 내려가 있는 나를 수소문해 전화를 걸어오셨다. 그 신문사의 대담을 취소해 달라는 말씀이었다. 몸도 좋지 않지만 아무래도 그 사람들이 그냥 올 것 같지 않아 (사진 기자의 동행을 염려하신 듯) 아예 만나지 않겠다는 것이다. 선생님은 이처럼 당신의 관리에 철저하신 분이었다. 세속의 잡다한 관심으로부터 당신을 지켜내기 위한 절제와 자제의 미학으로 일관해 오신 선생님의 삶의 여정은 차라리 종교적 엄숙성에 가까웠다.

선생님은 정년퇴임을 하신 얼마 뒤 그처럼 즐겨 피시던 담배를 마치 특급열차가 간이역을 지나치듯 정말 아무렇지 않게 끊으셨다. 금연의 그 놀라운 그 자제력은 당신의 양복 안주머니에 넣고 다니시는 담배를 통해서도 드러났다. 이렇게 담배를 지니고 다니면서도 안 피울 수 있다는, 자신과의 싸움이 어떤 것인가를 보여주신 것이다. 선생님의 금연 이유는 간단했다. 늙어서 담배를 많이 피는 사람들 중에는 입에서 침이 흐르고 손이 떨리는 등 남 보기에 뭣한 면이 있는데, 바로 늘그막의 그런 추함이 싫어서라는 것이었다.

선생님은 경희대학교에서 정년을 맞은 1980년 9월까지 23년 6개월 동안 단 한 가지 보직도 맡지 않으신 일로 유명하다. 공직에 있으면서 그것을 원하든 아니든 위로부터 혹은 주위 상황에 의해 떠맡겨지는 그 숱한 보직을 철저하게 외면한다는 것은 결코 쉬운 일이 아니다.

작품을 쓰는 사람은 작품만 써야 한다는 그 일관된 고집으로 문단의 어떤 모임이나 단체에도 당신의 이름이 오르는 걸 마다하셨다. 한국소설가협회가 하나로 재출범할 할 무렵 김동리 선생이 나한테 황순원 선생을 총회 자리에 모시고 나왔으면 좋겠다는 당부를 하셨다. 모처럼 하나가 되어 새로이 시작되는 총회 자리에 나와 앉아 계시기만 해도 후배 작가들에게 큰 힘이 되지 않겠느냐고 협회에서의 고문 추대 의사를 넌지시 전하자 선생님이 단호히 고개를 저으셨다. "체질에 안 맞아서 그런 거야. 그냥 내버려두는 게 나를 위한 일이지." 아무튼 그 연세 그 위치로 모든 것을 물리쳐 무연한 자세를 끝까지 지켜내기란 정말 어려운 일일 테지만 선생님의 그 초연함은 언제부터인가 보는 이들로 하여금 하나도 유별나지 않은 자연스러운 모습으로 비쳐졌다.

내가 대학원 석사 과정을 할 때 박사 과정을 하는 사람들과 함께 선생님의 강의를 들은 적이 있었다. 어느 날인가, 박사 과정을 하는 분들이 다음 주 시간에 휴강을 했으면 하는 의사를 선생님한테 전했다가, "어떻든 난 그날 나와 있겠네"라는 말씀으로 휴강 제의를 거절당한 일이 있었다. 그러나 그 당일 박사과정 사람들은 강의에 나오지 않았고 그 일로 선생님이 대표되는 사람을 불러 몹시 나무라는 것을 본 적이 있다. 다른 학교의 예를 들며 변명하는 대표의 말을 냅다 자르면서 선생님은 "그건 말도 안 돼. 왜 우리 학교가 그 학교와 같아야 한단 말인가. 우리 학교는 우리 학교, 나는 나대로의 방침이 있는 법이지"라고 단호함을 보이셨던 것이다.

그처럼 선생님은 당신이 맡으신 강의 시간만은 철저하셨다. 특히 선생님 개인 사정으로 휴강을 한 적이 단 한 번도 없었던 것으로 기억된다.

낮술을 안 하는 이유

정년퇴임 직후의 대담 때 선생님의 건강에 대해 여쭤봤다. "술이 내 건강의 바로메타지. 열세 살 때 체증으로 해서 반 홉씩의 소주를 마시기 시작했으니까 문학보다 더 빨리 시작한 셈이지. 술을 배워 술 얘기를 소설로 써서 그 원고료가 모두 술값이 된 거지."

선생님은 남다른 애주가였다. 우리 또래의 작가들이 만드는 술자리에 기꺼이 나와 주심은 물론 몇 차례의 자리 옮김에도 끝까지 행동을 같이 해주셨다. 80년대 중반 이후부터는 경희대 출신의 젊은 작가들 중심으로 보신탕집에서 선생님을 모시는 술자리가 정기적으로 벌어졌고, 그 일은 유명을 달리하신 그 전 해까지 계속되었다. 제자들의 술값 부담을 덜어주기 위해 '회비제'를 제안하신 것도 선생님이시고 술값 계산 때는 누구보다 먼저 지갑을 여시곤 했다.

그 많은 술자리를 통해 확인된 선생님의 결정적 실수는 단 한 번도 흐트러진 모습을 보이지 않으셨다는, 바로 그 사실이다. 누구나 술이 많이 취한 상태에서는 평소 볼 수 없었던 다른 면을 보여주기 보통인데 선생님의 경우는 그것이 통하지 않았다는 불만이다. 술을 아무리 잡수서도 허튼 말씀 한 마디, 몸가짐 하나 흐트러짐이 없으셨기 때문이다. 도대체 선생님의 어느 곳에 취기를 통해 밖으로 내몰고 싶은 그런 찌꺼기가 있을 수 있겠느냐는, 그 맑고 투명함을 알기까지는 정말 많은 시간이 필요했던 것이다.

그러나 그 엄격함으로 해서 술자리의 흥이 깨진 적은 한 번도 없었다. 오히려 선생님과 함께 하는 술자리는 그 어느 자리보다 부드럽고 재미있었다. 젊은 제자들의 그 어떤 농담에도 기꺼이 동참하시기 때문에 별다른 신경을 쓰지 않아도 좋았던 것이다. 선생님은 그처럼 매일 자시는 술이지만 결코 그 술의 애교나 사기에 넘어가지 않으셨다. 술을 만만하게 생각하거나 지나치게 짝사랑하여 폭음하는 일이 없었기 때문일 것이다. 원래 소식가이긴 하지만 안주는 아주 조금씩만 입에 대시고 잔은 소리 없이 비워 당신의 잔을 남한테 건넬 때는 반드시 종이 냅킨으로 잔 언저리를 깨끗이 닦으시곤 했다.

제자들을 만나러 나오실 때에는 약속 시간을 철저히 지키셨기 때문에 술자리 약속이라고 느지막이 나타났다간 몹시 면구스러운 처지가 되고 만다. 술 중에 소주를 제일로 치셨으나 고희 무렵부터는 포도주, 그 중에서도 마주앙만을 드시었다. 또한 선생님은 여간해선 낮술을 안 하시었다. 낮에 술을 시작하면 대개 해 넘어갈 무렵에 그 술자리가 파하게 마련이라, 술 먹어야 할 그 시간에 술을 깨야 하는 저녁 어스름의 그 불쾌감이 싫어서 낮술을 안 하신다는 것이었다. 그러나 낮에 시작해 밤까지 가는 술자리라면 낮술도 괜찮다는 지론이고 보면 선생님의 술 사랑하심이 어느 정도인지 짐작이 갈 것이다.

예로부터 술자리에서는 그 자리에 없는 사람을 안주로 올려놓고 씹는 맛이 큰 것인데, 선생님은 그 정도가 좀 심하다 싶으면 거침없이 제동을 거시곤 했다. 무엇을 부정하기는 쉬워도 긍정하기는 어렵다고, 남을 헐뜯고 깎아내리는 일에 익숙해 있는 우리들로서는 선생님의 일침에 늘 머쓱해지곤 했다. "남의 얘기, 특히 살아있는 사람의 이야기는 되도록 안 하는 게 좋은 게야" 그러면서 선생님은 작가는 남의 얘기가 아니라 자신의 실수, 자신의 이야기를 할 줄 알아야 참다운 작가라고 곁들여 말씀하시곤 했다.

참다운 작가. 불현듯 중학교 때 내가 문학가가 되면 당신의 손에 장을 지지겠다는 그 선생님의 말씀이 떠올랐다. 정치가는 없고 정치꾼, 글쟁이들만 있는 이 세상에 문단에도 한낱 글쟁이가 아닌 문학가의 참 모습을 지닌 작가가 되어야 한다는 것을 황순원 선생님은 말씀하고 계셨던 것이다.

소설도 예술이다

1980년대 초 여의도에서 선생님과 단 둘이 가졌던 술자리가 생각난다. 그날 선생님은 다른 때와 달리 술을 많이 자셨지만 말씀은 별로 없으셨다. 그러나 술자리가 파할 무렵 선생님은 혼잣말처럼 뭔가 다짐을 두시는 것이었다. "요즘 작가들이 많이 혼란스러울 게야. 이럴 때일수록 자기를 지킬 수 있어야 해. 나는 말이네, 소설도 예술이라는 것을 끝까지 해 보이는 마지막 작가로 남고 싶네."

소설도 예술이어야 한다. 당시 이데올로기와 상업주의의 노예가 된 문학이 기승을 부리던 때라 선생님의 아이러니컬한 이 말씀이 비장하게 들릴 수밖에 없었던 것이다. 어쩌면 소설이 문예 미학이길 스스로 포기하기 시작한 그 시대 소설 문장에 대해 내리는 준엄한 경고였다는 생각이다.

선생님은 왜곡되는 역사와 혼란스러운 현실에 대해서는 단호히 비판하고 철퇴를 내리시곤 했다. 그러나 그러한 현실인식이 선생님의 작품 속에 함부로 노출되는 일은 결코 없었다. 선생님은 문학의 사회적 효용성에 대해 "당장 눈앞의 것을 변화시키고자 하는 조급한 작업이 아니라 내부의 그 심층구조에 서서히 눈에 보이지 않는 움직임을 일으키는 것이 중요하다"는 것을 강조하시면서 문학은 어떤 이즘과도 별개의 것으로 존재해야 한다는 말씀을 덧붙이곤 하셨다.

신문연재를 한 번도 안 하신 일에 대해 선생님은 그런 체질이 아니라는 말씀과 함께 작가는 발표 지면을 선별할 것이 아니라 모든 것을 작품에다 기준을

1회 황순원문학제 그림 그리기 청소년부 금상
(김율, 일산대진고 2, 경기 고양)

두어야 한다고, 작가들의 해이한 글쓰기 자세에 대해 일침을 놓으시기도 했다.

"대패질을 하는 시간보다 대팻날을 가는 시간이 더 길 수도 있다" 선생님은 절제된 간결한 문체에서부터 선생님의 삶은 물론이고 주변의 모든 것이 그러한 자제와 연마의 미학으로 빚어지고 정리됨을 우리들에게 손수 보여주신 이 시대의 큰 장인, 예술혼의 화신이셨다.

술을 즐기기 위해 술이 지닌 불량한 속성을 선생님 나름의 철학으로 다스려 순종케 했듯 선생님은 당신의 삶 자체를 속속들이 정관하고 계시는 것은 물론 그것의 한계인식에서 오는 허무마저 삶이 보여주는 완성이요 그 미학이라고 생각하셨던 것이다.

아름다운 비우기

선생님은 자신의 생애의 마지막 시간을 치밀하게 준비하고 계셨다는 생각이 든다. 아주 오래 전부터 선생님은 당신에게 남아있는 세속의 욕심을 서서히 한 올 한 올 줄여가는 일로 세상과의 하직을 준비하고 계셨던 것이다.

1999년 연말 당신의 사랑하는 제자들을 불러 저녁을 사주시며 내년 정초의 세배는 받지 않겠다고, Y2K 소란을 핑계대실 때의 그 결연함 속에서 우리는 어느 정도 그것을 눈치 채고 있었는지 모른다. 춘천에서 서울까지 차가 밀려 약속 시간에 훨씬 늦게 도착한 나를 두고 사모님이 누군지 알겠느냐고 묻자 내 이름 석 자를 대시며 빙그레 웃으시던 그 눈길 속에도 이미 세상 인연을 반쯤 외면한 초연함이 깃들여 있었던 것이다.

황순원 선생님은 문학에서 일가를 이루신 것 못지않게 다복한 가정을 이끌어 가신 분으로 널리 알려졌다. 숭의여학교 문예반장이었던 동갑의 사모님과 연애를 시작해 20세에 결혼, 3남 1녀 그 자제분들을 다 출가시키시고 두 분이 그야말로 동고동락 해로하시는 모습이 그렇게 아름답게 보일 수가 없었다. 나는 선생님 내외분이 고희 기념 잔치에서 서로 맞잡고 왈츠를 추시던 그 모습을 잊을 수가 없다. 선생님이 어린 나이에 남강 이승훈 선생을 멀리서 바라보면서 느꼈던, 남자는 늙어가면서도 저렇게 아름다울 수 있구나 하는, 바로 그 아름다운 모습을 그날 여실히 보여주셨기 때문이다.

내 문학의 길 위에 저 높이 바라보이던 큰 바위 얼굴, 황순원 선생님이야말로 우리 모두의 귀감이 되는 진정한 문학가였다.

전상국
1940년생/경희대학교 국문학과·동대학원 졸업/현대문학상, 동인문학상, 대한민국문학상 등 수상/현 소설가, 강원대 국문학교 명예교수, 김유정문학촌 촌장
주요 작품으로 「아베의 가족」「우상의 눈물」「우리들의 날개」 등 다수

일관된 학자적 삶의 전형
연민 이가원 선생

전인초

이가원(李家源, 1917~2000)

경북 안동군 도산면 출생
명륜전문학원 연구과 졸업, 성균관대학교 문학부 국문학과 졸업, 동 대학원 박사
성균관대학교 문리과대학 조교수 및 중어중문학과 학과장,
연세대학교 국문학과 교수 역임
성곡학술상 수상, 용재학술상 수상, 대한민국 학술원 회원
대표 저서로『연암소설 연구』『한국문학사』『이가원 전집』등 다수

내 평생 삶의 지표, 연민 선생을 만나다

사람은 부모에 의해 이 세상에 태어난다. 이것은 동서고금의 인류가 역사를 이어온 진리다. 그래서 인간은 처음 태어나면서 부모의 존재를 의식하고 생존을 이어 가게 마련이다. 그러나 성장하면서 겪게 되는 몇 가지 불가피한 삶의 과정 속에서, 배우자를 만나게 되고, 그것을 통해 부모와 마찬가지로 한 가정을 이루어 살게 된다. 그러나 학교라는 교육과정을 통해 만나게 되는 교사, 곧 스승은 한 인간의 삶의 방향과 자세를 이끌어 주는 결정적인 존재로서 지고한 의미를 지닌다. "복사 오얏은 말이 없어도, 그 아래는 사람이 몰려들어 저절로 길이 생긴다(桃李不言 下自成蹊)"(『사기(史記)·이장군열전(李將軍列傳)』)는 말이 있듯이, 과거의 우리네 선학들은 학문이 깊고 지조 있는 선비를 찾아 스승으로 섬기면서 배움을 청했다. 그래서 명망(名望)이 있는 선비에게는 사방에서 문생들이 몰려들었다.

나의 평생 삶의 지표가 되어 주신 연민 이가원 선생을 처음 뵙게 된 것은 대학에 입학하던 때로, 지금으로부터 45년 전이다. 1963년 1월 대학 입학시험 면접에서 선생님을 처음 뵈었다. "앞으로 무엇을 전공할 계획이냐"고 학과장이시던 유창돈(劉昌惇) 교수가 교복차림에 수험표를 단 내게 물으셨을 때, 나는 고전문학 곧 한문학(漢文學)이라고 대답했다. "그러면 이가원 교수님에게 공부를 해야겠구만" 하시면서 선생님께 넘기셨다. 당시 나의 현주소가 영등포구였는데, 선생님께서 영등포의 '포(浦)'와 연세의 '연(延)'자가 무슨 뜻인지 물으셨던 일을 아직도 잊을 수가 없다. 그때 나는 선생님이 어떤 분인지 전혀 알지 못했다.

대학 2학년이 되어서 선생님의 고급 한문 과목을 수강하게 되었고, 비로소 선생님 문하에 첫 발을 내딛게 되었다. 선생님께서 민중서관에서 펴내신『대학한문신선(大學漢文新選)』의 교재 내용은 배움욕이 왕성했던 어린 내게는 모든 것이 신기했고, 그래서 흥미진진했다.

첫 학기가 끝나던 무렵 선생님께서는 더 공부하고 싶으면 아침 일찍 댁으로 찾아오라고 하셨고, 1964년 6월 초쯤 명륜동 3가 59번지의 오막살이 같던 자택으로 찾아뵈었다. 새벽 6시에서 7시 사이쯤으로 기억되는데, 초여름이어서 날은 이미 환히 밝았다. 선생님께서는 새벽 일찍이 일어나 책을 읽고 계셨다. 잠시 후에 아침상을 받으셨는데 그 상차림을 보고 나는 적지 않은 충격을 받았다. 아주 작은 찻상에 잡곡밥 한 그릇과 그 위에는 콩나물이 덮여 있었고, 작은 조선간장 종지가 전부였다. 나는 그 때의 모습을 지금도 잊지 못한다. 1960년대 초, 6·25동란이 끝난 지 십년 쯤 지난 때여서 그 당시 우리나라는 너나없이 절대 빈곤하던 시대였다. 주변이 다 가난하던 시절 끼니를 굶는 것이 대수롭지 않던 때였지만, 선생님의 아침 밥상은 내게 공부와 가난은 함께 더불어 가는 것이라는 신념과 각오를 하게 된 교육의 현장으로 남았다.

그 후 우리나라의 경제 성장과 더불어 선생님 댁의 상차림도 과거와는 달라졌지만 그래도 소박했던 모습은 평생 이어지셨다. 그 사이 우리나라의 경제는 최빈국에서 중진국을 넘어 선진국 대열 진입을 꾀하는 시점에 이르렀다. 세계 12대 경제대국의 반열에 들었고, 도약을 거듭하였던 때였다. 오늘날 학자의 생활은 과거 1960년대 선생께서 겪으셨던 어려움을 이미 극복했다. 요즘은 인문학을 전공하는 교수도 소득 수준으로 보면 우리나라에서는 상위 그룹에 속한다. 경제가 성장하면서 주변에서 부동산 투기나, 아파트도 사고팔면서 축재가 성행했지만, 필자가 그런 세태에 어떤 충동이나 유혹을 느끼지 않을 수 있었던 것은 선생님의 가르침 덕분이라고 생각한다. 선생께서는 학자가 축재하면 그 순간부터 학문은 할 수 없다는 지론을 가지고 계셨고, 그래서 평생 학자의 길은 가난한 삶으로 알고 실천하셨다. 선생님께서는 성균관대학 담 옆인 명륜동 댁에서 평생을 사셨다. 기거하시던 서재와 방을 증축하셨으나 좀 더 넓고 좋은 환경으로 옮기는 것은 생각하지도 않으셨다. 축재에 혈안이 된 주변을 볼 때마다 선생의 존재는 나로 하여금 언제나 홍진(紅塵)의 명리(名利)에 초연할 수 있도록 이끌어 주셨다.

한학의 길, 꿋꿋한 스승

1960년대에는 학부 학생들도 졸업논문을 쓰도록 규정되어 있었다. 그래서 내가 대학 4학년이 되던 1966년에 선생님의 지도로 「이조한문가전체소설연구(李朝漢文假傳體小說研究)」라는, 지금 생각하면 논문 아닌 논문(?)을 써서 학부를 졸업했고, 이어 대학원에 진학하여 한문학을 전공하게 되었다. 그때는 지금처럼 석사과정에 입학하는 학생 수가 적어서 필자는 선생님과 거의 독대하는 수업을 받을 수 있었다.

한학을 좀 더 깊이 있게 공부를 하려고 들자 여러 가지로 어려움이 생겨났다. 그때 가장 절실했던 문제가 한학의 기본이 되는 경학(經學)과 중국학(中國學) 전반에 걸친 소양 부족이었다. 그래서 나의 대학원 2년 동안의 공부는 중국학을 제대로 공부하기 위한 유학을 결심하는 계기로 닦아 왔다. 당시 실정으로는 대만(臺灣) 유학이 그것을 해결할 수 있는 유일한 방법이었다. 중국과는 국교도 없었지만, 대륙은 문화대혁명으로 온 나라가 소용돌이치던 시기였다. 그때도 선생님께서는 나의 유학 계획을 크게 격려해 주시면서, 당시에 국립 대만대학 중문학과 주임이셨던 굴만리(屈萬里) 교수에게 직접 소개 편지와 더불어

지인들을 소개해 주셨다. 지금으로부터 근 40년의 세월이 흘렀지만, 나의 대만 유학은 한문학의 기본 소양을 제대로 올바르게 공부하기 위해서는 중국학의 기초를 제대로 다져야 한다는 생각에서 비롯되었다. 이 모든 것이 지금 생각해보면 선생님 밑에서 공부하는 동안 자연스레 터득한 공부의 방향이었고, 심득(心得)의 결과라고 여겨진다. 물론 대만에서 공부했던 6년 동안에도 선생님과 수시로 통신을 이어왔다. 어느 해인가 박사과정을 공부하던 때로 여겨지는데, 청명절(淸明節)을 전후하여 선생님께서 한 폭의 작은 족자에 어울릴만한 글을 보내 오셨다. "신유해악 학천한화(神游海嶽 學穿韓華)"라는 사언이구의 내용이 그때로서는 나 자신을 되돌아보게 해주는 '경구'가 되었다. 나는 요즘도 이 글귀를 되새기면서 선생님을 생각하고, 학문적 삶의 자세를 가다듬고는 한다.

최근의 학문 추세는 과거와는 달리 학제적 연구에 바탕을 두고 있다. 삼국시대 특히 신라로부터 고려, 조선의 한학은 중국학과의 연계적 맥락을 살피지 않으면 그 본질을 파악할 수 없다. 요즘 '동아시아학적 관점'이란 용어가 새롭게 뜨고 있는 것도 역시 같은 맥락이다. 과거의 우리네 선인들은 한학에 입문하는 것에서 공부가 시작되었던 시대의 환경에 살았기 때문에 요즘처럼 중국학을 따로 공부할 필요가 없었지만, 해방 이후 한글로 신식 정규학교 교육을 받고 성장한 우리 세대들은 중국학으로서의 한학을 기초학문으로 익혀야만 비로소 우리네 한학을 제대로 할 수 있다. 나는 선생님을 통해 이 같은 사실을 일찍 깨달을 수 있었기 때문에 경제적으로 어려웠던 시절임에도 약관의 나이에 대만 유학을 감행(?)할 수 있었다.

내가 선생님의 슬하에서 지낸 수십 년 동안을 회고해 보면, 1975년 8월 연세대학교 중문과에 부임하여 선생님과 동료(?)가 되고, 정년퇴임하시던 1982년

8월까지 7년 동안, 강의를 나오시는 화·목요일 오전에는 언제나 뵐 수 있었고, 수시로 선생님 곁에서 함께 할 수 있었다. 어버이 같이 존경하는 스승과 한 대학에서, 동료로서 함께 할 수 있었던 그때가 얼마나 행복한 시절이었는지 요즘에서야 절실하게 느낀다.

선생님께서는 연세대학교 문과대학에 꼭 24년 반 동안 재직하셨지만 학과 장조차 한번 맡지 않으셨다. 선생님께서는 복잡한 역학 관계 속에 끼어들기 싫다고 하시면서, 차례가 되어도 학과장 직을 완강하게 끝까지 사양하셨다. 그래서 학과장 한 번 안 하시는 것에 대해 늘 자랑삼아 말씀하셨다. 개인적인 학술활동과 서예, 골동 서화를 즐기시면서 주변의 좋은 친구들과 만나 즐거운 정담을 나누고, 비문이나 글씨를 받기 위해 전국 각지에서 몰려드는 방문객을 맞기에도 틈이 없으시다고 하셨다. 그런 선생님께서 재직 중에 단 한 차례 보직을 맡으신 적이 있다. 1977년도 '인문과학연구소'의 소장을 맡으신 것이다. 당시 학장께서 인문과학연구소 소장을 맡으실 분이 마땅치 않다고 하시기에 내가 연민 선생을 추천했다. 그 분이 하시겠느냐고 묻기에 강력히 권해보겠다고 하였고, 결국 선생님께서는 '인문과학연구소장'직을 한 차례 맡아 주셨다. 물론 그때 나는 선생님을 도와 간사를 맡아 일체의 행정적인 사무를 처리했던 일이 기억에 새롭다.

연민 선생을 알고 있는 분들은 조선 유학의 거봉(巨峰) 퇴계 이황(退溪 李滉)의 14세 손인 이가원 선생이 어떻게 미국 기독교 선교사가 세운 연세대학교와 인연이 되었는지에 궁금해 한다. 내가 선생님으로부터 들은 바로는, 1958년 초 외솔 최현배 선생의 맏자부께서 어느 날 아침 일찍 명륜동 자택으로 찾아와 시부께서 속히 뵙자고 하신다고 전갈하여 찾아뵈니, 연세대학교 교수로 초빙하셨다고 했다. 선생님께서는 1957년 9월 정음사에서 『춘향전』 주해본을 냈는데, 그것을 보고 외솔이 당신을 초빙하신 것으로 알고 계셨다. 하지만 외솔 선생이 『춘향전』 주해본을 보고 어떻게 선생님의 한학 능력을 평가하실 수 있었는지에 대해서는 잘 납득이 되지 않는다. 그 후 나는 강신항(姜信沆) 교수님과 만나 이야기를 나누던 중에 우연히 연민 선생께서 연세와 인연을 맺게 된 의문을 푸는데 결정적인 말씀을 전해들을 수 있었다.

선생님께서는 39세 되시던 1956년에 자유당 이승만 독재에 항거하다 재직 중이던 성균관대학교에서 당시 총장이시던 심산 김창숙(心山 金昌淑) 선생과 함께 파면당하셨다. 그때 위당 정인보(爲堂 鄭寅普) 선생의 부인께서 따님 정양완(鄭良婉) 교수님과 해마다 정초에 용재 백낙준(庸齋 白樂濬) 선생을 댁으로 찾아뵙곤 했는데, 용재 선생께서 한학이 깊은 젊은 학자를 찾고 있다는 말씀을 하시자 생전에 위당 선생으로부터 요즘 젊은 학자 중에는 '이가원'이 뛰어나다는 말씀을 들은 바를 그대로 용재 선생께 전했다고 한다. 나는 용재 선생께서 위당 선생의 말씀을 그 부인을 통해서 듣고, 바로 부총장이시던 외솔 선생께 연민 선생님을 연대 교수로 초빙하시도록 하신 것이라 여겨진다. 당시로서는 용재도 외솔도 젊은 학자 이가원의 학문적 능력을 알 수 없었을 것으로 여겨지기 때문이다. 후일 필자는 선생님께 이 말씀을 전해 드렸더니 그럴 수 있을 것 같다고 하셨다. 선생님께서는 일제시대와 해방 후에 위당 선생 댁으로 찾아뵌 이야기를 여러 차례 하셨는데, 특히 위당과 연민이 서로 주고받은 시문(詩文)만도 상당한 분량을 차지한다. 젊은 날 위당과의 시문 교류를 통해 인정받은 선생님의 연박(淵博)한 한학 능력이 위당의 납북으로 인해 그 부인을 통해 연세와의 연결 고리가 된 것이다. 1966년 9월, 성균관대학교에서 「연암 소설 연구」로 성균관 제 일호 신제 문학박사가 되셨을 때, 심사위원장이 용재 백낙준 박사였고, 위당 선생의 따님 정양완 교수님은 연민 선생에게서 한학을

(위) 연민 선생의 고희기념논총 봉정 모임을 마치고 필자(스승 오른쪽)와 함께
(아래) 1977년 4월, 연민 선생께서 자신의 비석과 가묘를 준비하며 제자들에게
비문의 내용을 설명하고 계시는 모습

공부하셨다. 1997년 선생께서는 용재학술상을 수상하셨다. 위당, 용재, 외솔, 연민에 얽힌 사연의 실마리를 풀어 보는 것은 학맥의 전승과 그 계통을 볼 수 있어 유익하고 재미있게 느껴진다.

연민학의 명명과 선포

2006년 11월 3일 필자가 주관하여 연세대학교 국학연구원에서 연민학(淵民學)을 선포하는 모임을 가졌다. 그리고 '연민학을 어떻게 할 것인가?'라는 제목으로 학술회의를 열었다. 당일 세 편의 논문이 발표되었고, 그 내용은 『동방학지』 137집(2007년 3월)에 특집으로 실렸다. 그 모임에서 다음과 같이 연민학을 정의하고 선포했다.

> 연민학(淵民學)의 명명(命名)과 선포(宣布)에 부쳐
> 연민(淵民) 이가원(李家源) 선생께서 국한문학(國漢文學) 연구에 남기신 방대한 저술에 담긴 학술적 성과와 한문창작(漢文創作)에 관한 연구를 아울러 연민학(淵民學)이라 이름합니다. 연민학은 위로는 퇴계(退溪)와 아래로는 위당(爲堂)의 학맥(學脈)을 이은 조선조 한학(漢學)의 적통으로, 연세 국학의 계승과 발전이라는 위상을 가지게 되었습니다.
> 이제 선생의 6주기를 맞아, 선생이 평생 몸담아 연구하고, 가르쳤던 연세학원에서 연민학(淵民學)의 시작을 선포합니다. 이로써 연세국학연구는 외솔학, 위당학에 이어 '연민학'이라는 또 하나의 새로운 분야를 개척하는데 앞장서게 될 것이며, 후세 학맥을 잇는 모범으로 기록되어 우리 민족과 더불어 영원히 남게 될 것입니다.

선생께서는 성균관대학교에서 처음 교수생활을 시작하셨지만 재직기간

80회 생신을 기리며 글 연민 선생, 그림 이종상 화백,「梅花老屋之圖」
출처:『연민이가원선생 팔질송수기념논문집』(열상고전연구회, 1997)

은 일 년에 불과했다. 그 후 연세대학교에서 4반세기 동안 재직하시다 정년퇴임을 하셨기에 학문적 후사는 연세대학교에서 길러낸 제자들이 그 주축이 될 수밖에 없다. 1991년 설립된 '연민학회'는 선생님께서 생존해 계실 때부터, 제자들 중심으로 학술 활동을 하면서『연민학지』를 매년 출간하고 있다. 내가 2006년부터 연민학회의 책임을 맡게 되었을 때, 선생님을 위해 어떤 사업을 하는 것이 가장 의미 있는 일인지 심사숙고한 끝에 선생님께서 평생 이루어낸 학문적 성과를 평가해 보는 것이라 생각을 했다. 그래서 역시 선생님 생전에 만들어 놓으신 '열상고전연구회' 회장 허경진(許敬震) 교수에게 내 뜻을 밝혔고, 흔쾌히 동의하며 필요한 작업을 맡아 처리해 주었다. 제2회 연민학 학술대회는 지난 해(2007년 11월 9일) 안동대학교 한문학과에서 주관하여 성황리에 마쳤다. 금년 제 3회 대회는 경남 진주의 경상대학교에서 11월 개최할 예정이다. 선생님께서 남기신 학술적 업적은 이렇게 해를 거듭하면서 후세의 평가를 받을 것이다.

선생님께서 타계하시기 며칠 전 필자에게 유언하신 '연민학술상'의 제정도 우리 후학들이 이어야 할 사업이다. 필자에게 통장과 도장을 주시며, 제1회는 국어국문학회, 2회는 한국한문학회, 3회는 북경대 위욱승 교수의 순으로 했으면 좋겠다고 말씀하셨다. 나중에 주변분들과 상의해서 결정하도록 하겠다고 선생님께 말씀드리고 그 때 통장을 그대로 가지고 계시도록 미루었다. 그 때는 그 말씀이 유언이 되리라고 생각하지 못했다.

선생께서는 조선의 홍유석학(鴻儒碩學) 퇴계의 직계 후손이란 자부심과 적어도 선조와 쌍벽을 이루거나 아니면 능가했다는 후세의 큰 학문적 평가를 받을 분이라는 생각도 해본다. "거친 밥을 먹고 물을 마시고, 팔을 굽혀 베개 삼아도, 그 속에 즐거움이 있다(飯疏食飲水 曲肱而枕之 樂亦在其中矣)"(『논어(論語)·술이(述而)』)는 공자의 가르침을 좇아 선생님께서는 평생 황금의 위력에 초연하셨다. 일생동안 수집하신 골동 서화는 값으로 환산할 수 없는 것들로 집문서와 함께 조건 없이 모두 단국대학에 기증했다. 안동대학에 한문학과가 설립되자 서예전을 열어 수익금을 장학금으로 전부 쾌척하셨다. 당시로서는 상당한 거액이었다. 선생님의 전집을 내는 자금 마련을 위한 서예전을 열어 성황을 이루었지만 개인적인 치부를 위한 서예전은 결코 한 번도 하지 않으셨다. 그러나 주변의 수많은 지인들에게는 자청하여 글씨를 주시는 데는 언제나 후하셨다.

선생님께서는 매사에 순리를 따르셨다. 되지 않을 일을 억지로 무리하게 하지 않으셨다. 언젠가 나는 선생님의 품성을 유도(儒道)가 조화롭게 어우러

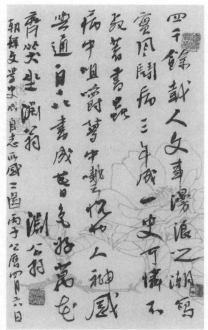

책을 출간하게 된 감회를 기리며 연민 선생의 필적, 「朝鮮文學史成自志所感二齒」
출처: 『연민이가원선생 팔질송수기념논문집』(열상고전연구회, 1997)

진 분이라는 내용의 글을 쓴 적이 있다. 절제·조화·끈기는 선생님으로부터 배우고 느낄 수 있었던 삶의 덕목들이다. 이제 선생님 같은 분은 다시 볼 수 없을 것이라는 생각이 들 때마다 장중한 거인의 모습으로 뇌리에 떠오르곤 한다. 『연암소설연구』를 완성하시고 출판되자 밤마다 품고 주무셨다는 말씀, 여든이 넘으신 나이에 탈고하여 완성하신 거질의 『조선문학사』(상·중·하 3권)를 보시면서 이제는 눈을 감아도 괜찮다고 태연자약하게 말씀하시던 모습이 의연하셨다.

안연이 감탄하며 말하기를, "스승(공자)님은 우러러 볼수록 더욱 높고, 뚫고 들어갈수록 더욱 굳다. 앞에 있는 듯이 보였다가 홀연히 뒤에 있는 듯 하기도

하다(顔淵, 喟然歎曰, 仰之彌高, 鑽之彌堅, 瞻之在前, 忽焉在後)"(『논어(論語)
· 자한(子罕)』)라고 안연이 스승 공자의 위대함을 탄복한 한 구절을 생각하
며, 선생님의 존재를 늘 마음에 새긴다. 선생님을 만나고 배울 수 있었던 나는
참 행복한 사람이라고 생각한다. 나는 한 번도 정초에 선생님께 드리는 새해
인사와 사월 초엿새 생신에 명륜동과 자택으로 찾아뵙는 것을 거른 적이 없다.
해외에 체류할 때는 국제전화로 꼭 인사를 드렸다. 찾아뵐 은사가 생존해 계셨
던 그 시절이 한없이 그립다.

　선생님의 조부께서 재주가 뛰어난 어린 손자가 행여 교만할까 걱정하여
매사에 사려 깊은 사람이 되어, 가학의 근원을 계승하도록 하라는 뜻으로 아호
를 연민(淵民), 이름을 가원(家源)으로 지어 주셨다고 말씀하셨다. 선생님께
서는 가학을 계승하여 일가(一家)를 이루었다. 나는 연민 선생께서 스승으로
서 우리에게 준 교훈적 의미를, 팔십 생애를 오로지 일관된 학자적 삶의 전형을
보여 주시기 위해 이 세상에 오셨다고 마음에 새기고 있다.

전인초
1944년생/연세대학교 국어국문학과 졸업, 동 대학원 석사/국립대만대학 대학원 중문과
석사, 국립대만사범대학 중문학과 박사과정 수료, 중화민국교육부 국가박사학위 취득/연
세대학교 국학연구원 원장, 한국중어중문학회 회장 등 역임/현재 연세대학교 중어중문학
과 교수, 사단법인 연민학회 회장
대표 저서로『당대소설연구』『중국고대소설연구』『돈황학이란 무엇인가』(역서)『중국신
　화전설』(공역) 등 다수

엄숙한 지성의 분노를 보여주신
조지훈 선생

홍일식

조지훈(趙芝薰, 본명 조동탁, 1920~1968)

경상북도 영양 출생
혜화전문학교 문과 졸업
1939년 정지용의 추천으로 '문장' 등단
한국시인협회장, 고려대학교 민족문화연구소 소장 등 역임
대표 저서로 『시의 원리』『한국문화사 서설』『역사 앞에서』 등 다수

이 글은 필자의 신변의 어려움으로 기존의 글 「조지훈론」과 「구자균과 조지훈」 중에서 발췌하여 수정·재편집한 것입니다. 이에 독자들의 양해를 구합니다.

희고 준수한 얼굴에 훤칠한 키, 입은 꼭 다물고, 길어서 약간 흐트러진 머리에는 검정 베레모를 썼다. 옷은 대개 원색 줄무늬 와이셔츠에 소매는 두어 번 걸어 올리고, 검은 굵은 테 안경을 쓴 시선은 항상 먼 하늘을 바라보면서 걷는다. 한 손에는 으레 '스틱'을 쥐고, 또 한 손은 바지 주머니에 아무렇게나 찌른 채 저녁노을 질 무렵이면 서울 성북동 골짜기를 한가롭게 산책하는 멋진 중년 신사. 이것이 1965년경 만년(晚年)의 조지훈 선생의 모습이었다. 그는 광복 전후부터 작고할 때까지 줄곧 서울 성북동에서 기거했거니와 글을 쓰다가 상(想)이 잡히지 않으면 곧잘 이런 모습으로 산책을 나가곤 했다. 외양으로 보아 느껴지는 그 우람한 기골(氣骨)과는 달리 그는 하찮은 잡문 한 편을 쓰기 위해서도 며칠씩 남모르게 앓는 것이 상례였다.

선비로서의 삶을 몸에 익힌 어린 시절

지훈은 기미년 3·1운동이 일어난 그 이듬해, 곧 1920년 12월 3일에 경상북도 영양군 일월면 주곡동 202번지에서, 한의학자요 나중에 제헌국회의원이 되었던 아버지 한양후인(漢陽後人) 조헌영(趙憲泳)의 둘째 아들로 태어났다. 본디 이름은 동탁(東卓)이었으나 일찍부터 필명을 겸해서 자호를 지훈(芝薰)이라 지어 늘 썼던 까닭으로 우리 귀에는 동탁이라는 본디 이름이 오히려 낯설다. 조지훈 선생의 집안은 그때의 영남지방에서 손꼽히는 명문 집안으로 그의 십 수대 전 기묘사화 때 조상이 그곳에 내려와 자리를 잡은 뒤로 줄곧 인물 많고 재력 좋기로 인근에 소문이 나 있던 집안이었다. 특히 그의 할아버지인 조인석(趙寅錫)은 한학에 깊은 조예가 있으면서도 일찍 개화하여 가문의 인습을 과감히 개혁하고 자식들에게 모두 신교육을 받게 하는 등 그 고장 선비로서는 아주 드문 혁신주의자였다. 그는 일찍 자식들을 모두 도쿄로 유학을 보내 신학문을 가르쳤으나 이들이 모두 일제에 저항하면서 이른바 낭인(?)생활로 일관하였으므로 손자인 지훈에게는 오히려 신교육을 시키지 않고 자기 슬하에서 한문만을 익히게 하였다. 그래서 조지훈 선생의 남다른 교육과정이 시작된 셈인데 선생이 같은 세대의 사람들에 견주어 한문에 대한 조예가 훨씬 빼어났던 것은 이 때문이었다.

열일곱 살이 되기까지 할아버지 밑에서 한문을 익힌 조지훈 선생이 그때까지 일본 제국주의의 정규교육을 받은 것은 보통학교(오늘의 초등학교)를 겨우 두 해 남짓 다닌 것뿐이었다. 이 같은 사실은 뒷날에 조지훈 선생이 동양적이고 한국적인 선비로서의 몸가짐과 지사로서의 인격을 갖추는 데에 크게 작용했던 것 같다. 한문을 배우던 소년 시절부터 그는 시에 뛰어난 재질을 보였을 뿐만이 아니라 이를 통해 절의를 목숨보다 더 귀하게 여기는 선비로서 의 대의와 명분을 몸에 익혔다. 그의 할아버지인 조인석이 손자에게 한문과 시를

조지훈 생가

가르치다 보니 어찌나 재주가 뛰어나던지 '이놈도 또한 내 슬하에 머물러 있을
놈이 아니로구나'하고 탄식했다는 일화가 있다.

문학청년을 꿈꾸다

조지훈은 열일곱 살이 되던 해인 1936년에 대구를 거쳐 서울로 올라왔다.
고향 선배인 시인 오일도(吳一島)가 주관하던 문예잡지 시원(詩苑)사에 머물
면서 현대시를 익히는 한편 그때에 일본 와세다 대학에서 펴냈던 강의록으로
중등교육 과정을 홀로 마쳤다. 그리고 조선어학회에도 출입하면서 한글의
현대적인 문법 체계에 관심을 기울이기도 했다. 1937년 3월에는 독립투사로
서 서대문 감옥에서 옥사한 일송 김동삼(金東三) 선생의 시신을 만해 한용운이
거두어 한용운의 집, 서울 성북동 꼭대기의 심우장에서 장례를 치를 때에 조지
훈 선생은 아버지와 함께 그 자리에 찾아가 비통한 마음을 함께 나누기도 했다.
조지훈 선생이 처음으로 정규 고등교육 기관이자 지금의 동국대학교의 전
신인 혜화전문학교 문과에 들어간 때는 1939년 4월로서 그의 첫 번째 추천시
「고풍의상(古風衣裳)」이 정지용의 추천으로 문예잡지 『문장』에 발표되었던
즈음이었다. 이어서 그해 11월에는 「승무(僧舞)」가, 이듬해 1940년 2월에는
「봉황수(鳳凰愁)」가 추천되어 비로소 그는 시인으로 문단에 나서게 되었다.
여기에서 우리는 그의 시 수업이 현대교육 기관을 통해서 이루어졌다기보다
전통적인 한시를 통한 가학(家學)에서 이루어졌음을 알 수가 있다.
혜화전문학교 문과시절의 지훈의 생활은 자못 자유분방하였다. 동서양의
문학작품과 이론서를 두루 섭렵하였으니 1940년 곧 그가 스물한 살 때에 자기
정신의 한 부분을 그는 이렇게 적어놓았다.

내가 조선에서 자랐을 뿐, 나의 마음의 고향은 한 곳에 고요히 있는 것이 아니다. 괴테와 하이네의 고향도 나의 마음의 고향이었다. 보들레의 퇴폐, 베르레느의 비애, 랭보의 유현(幽玄), 콕토의 기지가 사는 불란서의 하늘이 그리워 때로는 내 마음은 새하얀 캡을 쓰고 스틱을 휘두르며 파리장이 되어 푸른 파리의 거리를 헤매는 것이다.

그때 그는 한창 문학청년으로서 꿈과 낭만에 젖어 종횡무진으로 시작(詩作)과 독서를 활발히 하는 한편으로 『문장』에서 추천을 받는 동안에도 『백지(白紙)』라는 동인잡지를 펴내며 분망히 지냈다.

이듬해 3월에 혜화전문학교 문과를 마친 그는 곧바로 오대산 월정사로 들어갔다. 그곳 불교 강원에 외전강사라는 이름으로 들어갔으나 주된 목적은 본디 허약했던 건강과 정신의 피로를 규칙적인 절생활로 다스려 보고자 함이었다. 이 월정사에서 보낸 열 달 동안은 그로 하여금 모처럼 자기 침잠에 들게 한 계기가 되었고 그의 시와 생애에도 한 시기를 긋게 해주었다. 그는 뒷날에 그 시절을 돌이켜보면서 "나의 시가 지닌바 기교주의는 선(禪)으로부터 오는 무기교주의로써 지양되었고, 주지의 미학은 자연과의 교감으로 바뀌기 시작하였다"고 말한 것이 있다. 그의 서경적인 자연시 곧 「마을」 「달밤」 「고사(古寺)」 「산방(山房)」들도 그 무렵의 작품이었다.

슬픔의 시기, 민족을 향한 애정

중(僧)도 속인(俗人)도 아닌 월정사에서의 이런 생활은 조지훈 선생에게는 커다란 도정이요, 사색의 깊이를 더해주고 시의 전환을 가져다준 것은 사실이었으나 정작 목적했던 그의 건강에는 오히려 반대 현상이 일어나고 말았다.

중일전쟁(1937년) 이후 점점 더 포악해져가던 제국주의 일본이 1940년에 「동아일보」와 「조선일보」 두 민족지를 강제로 폐간시키더니 급기야 1941년 지훈이 산사에 머무를 때에 그를 시인으로 낳아준 『문장』지마저 폐간시켰다. 월정사에서 문장의 폐간호를 받아 쥔 선생은 분노와 허탈감에 못 이겨 종일 폭음을 하고 말았다. 일제는 곧이어 다시 진주만을 기습하여 태평양 전쟁을 일으켰다. 개전 초기에 승승장구하던 일본은 싱가포르를 함락시키고 그 승전의 축하 행사를 이 깊은 절간 승려들에게까지 강요하였다. 소관 주재소, 곧 지금의 경찰지서의 주임이 절을 찾아와 주지에게 축하 행렬 준비를 하라고 명령하였다. 기막힌 노릇이었다. 원수 놈의 경사에 박수와 춤을 강요당하는 이 비참한 현실 앞에서 조지훈은 주막으로 내려가 종일토록 폭음을 하고는 그만 피를 토하고 졸도하였다. 며칠 뒤에 아들의 변고 소식을 전보로 받고 황급히 달려온 아버지에 이끌려 그는 다시 서울로 올라왔다. 1941년 오대산에는 눈이 몹시도 많이 내린 어느 겨울날이었다.

1942년 봄, 몇 달 동안 요양을 하고 자리에서 일어난 그가 찾아간 곳은 그때에 서울 종로구 화동에 있던 조선어학회였다. 열일곱 살 때에 드나들었던 그곳을 다시 찾은 것이다. 여기서 그는 무보수로 이윤재·이중화·정인승·한징 들을 도와 객원 편집원으로서 우리말 사전 편찬에 힘을 보탰다. 그때의 조선어학회는 지사적인 학자들의 모임이었다. 제 나라, 제 민족의 언어를 연구하고 다듬는 것이 무슨 죄라고 그런 학자들은 돌아앉아 관헌의 눈을 피해야 했으며, 굶주림과 헐벗음에 시달려야만 했다. 여기에서 그는 '조선어학회 사건'을 맞았으니, 1942년 10월 1일에 그는 일본 경찰 곧 함흥 경찰서에 사전편찬에 종사하던 회원들이 모조리 붙잡혀 연행되는 현장에 함께 끼어 있었다. 요행히 그는 조선어학회의 정식 회원이 아니고 객원으로서 다른 일로 잠깐 왔다가 카드

정리를 도왔을 뿐이라는 선배들의 변명이 얼마쯤 통하게 되어 그날의 연행은 면했으나 그 뒤로 그는 줄곧 감시당하는 몸이 되어 얼마 동안을 방황하다가 고향으로 내려가 버렸다.

선생은 스물여섯 살 되던 해에 고향에서 조국의 광복을 맞았다. 그의 아버지와 할아버지를 포함해서 집안 식구가 모두 일제에 협력하지 않는 이른바 요시찰 인물인 데다가 선생마저 조선어학회 사건이 있고 나서 늘 감시의 눈이 떠날 날이 없던 터라 그날의 감격은 남다른 데가 있었다. 그는 먼저 고향땅 영양에서 청년들을 규합하여 경찰서를 접수하고 치안대를 조직해서 흥분한 민중의 보복적인 파괴 행위를 방지하는 한편 국민학교를 열어 학생들에게 애국가와 한글을 가르치는 등 지금까지 가슴에 품고 있던 조국에 대한 열정을 행동으로 옮기기 시작하였다.

이처럼 고향에서 정신없이 바쁘게 뛰어다닐 무렵인 그해 9월에 바람결에 들려온 소식이 있었다. 지난날 조선어학회 사건으로 옥에 갇혔던 선배들이 풀려 나왔다는 기별이었다. 그는 단숨에 서울로 뛰어올라왔다. 이윤재, 한징 두 분이 함흥 감옥에서 옥사한 사실도 그때 비로소 알게 되었다. 천도교 회관에서 두 분의 추도식을 겨레의 이름으로 거행할 때에 선생은 경모의 눈물을 지으면서 이 일을 거들었다.

다시 옛 선배 동지들과 손을 잡고 조선어학회의 재건 사업으로 『한글』의 속간호를 편집하는 일로부터 그의 광복 후의 생활은 시작되었다. 이때에 미군 정청 문교부는 그에게 국사 교본의 편찬 작업을 맡겼다. 하지만 일본 제국주의의 질곡으로부터 광복의 감격과 환희도 잠깐이었다. 국토가 남과 북으로 갈리면서 민족이 다시 좌익과 우익으로 나뉘어 치열한 사상싸움이 벌어지고 사회는 걷잡을 수 없는 혼란으로 치닫게 되었다. 조직적이고 치밀했던 좌익 계열은

눈 깜빡할 사이에 온 문화계를 석권하다시피 했다. 조지훈은 이것을 그냥 두고 보고만 있을 수 없었다. 그는 학술원과 문화건설 중앙협의회, 중앙문화협회의 일을 돕는 한편으로 우익 진영의 전위로서 '반탁운동'으로부터 청년문학가협회, 전국문화단체총연합회, 한국문학가협회 창립에 앞장섰다.

이때부터 순수문학과 경향문학, 민족문학과 계급문학의 이론 투쟁에 분연히 참가하였으니, 온 문화계의 거의 90퍼센트를 좌익에게 점령당했던 그때의 실정을 감안할 때에 그의 용기는 대단한 것이었다. 「산상의 노래」「십자가의 노래」「불타는 밤거리」 등은 바로 이 시절의 작품이다.

조지훈 선생의 현실참여 열정은 1948년의 정부수립과 더불어 일단 가라앉았다. 그 동안에 사회도 꽤 안정된 까닭도 있지만 스물아홉 살의 젊은 나이로 고려대학교의 조교수로 부임하게 된 사실이 그로 하여금 학문적인 자기 책임을 다하도록 이끌었던 것 같다. 물론 조지훈은 이미 1938년 곧 그가 열아홉 살 적에 쓴 「된소리에 대한 일고찰」을 비롯하여 1939년에는 「어원소고」, 1940년에는 「신라의 원의와 사뇌가에 대하여」, 1942년에는 「산유화와 서리리탄(黍離離嘆)·기타」와 같은 눈여겨 볼만한 학술논문을 여럿 발표하기도 했다.

그러나 1950년 6·25동란이 터지면서부터 선생의 현실참여 열정은 다시 강렬하게 되살아났다. 6·25동란으로 그는 어머니를 잃고 아버지는 납치당하고, 할아버지는 스스로 목숨을 끊고, 아우가 죽고, 하나뿐인 매부마저 잃고 말았다. 이 감당하기 어려운 개인적인 비극은 그 뒤로 그의 시와 학문과 사상에 걸쳐 두루 커다란 영향을 주었다. 그는 이 비극적인 동족상잔의 참상을 직접 보고 스스로 역사 앞에 증인이 되고자 분연히 전선으로 뛰어 들어갔다. 「역사 앞에서」를 포함하여 「다부원에서」「도리원에서」「너는 삼팔선을 넘고 있다」 「전진초」 등은 모두 그때의 작품들이다.

참다운 선비, 그리고 지성인

조지훈을 가리켜 흔히 시인(詩人)이라고 한다. 물론 그가 우리 세대에 있어서 단연 제일급 시인이었음은 틀림없다. 그러나 조지훈은 단순히 아름다운 자연을 노래하고, 인생을 화사하게 구가한 그런 시인은 아니었다. 조국의 현실이 그러했던 것처럼, 특히 그의 후기 시(後期詩)는 뼈아픈 겨레의 비극을 몸소 극복하려는 장렬한 양심의 절규로 얼룩져 있다.

조지훈을 가리켜 또 학자라고 한다. 그는 1948년 이후 타계할 때까지 20여 년을 고려대학교 교수로 재직하면서 문학을 강의하였고 『시의 원리』『한국 문화사 서설』『한국 민족운동사』 등 수많은 저서와 학술 논문을 남겼으니 국학계(國學界)에서도 굴지의 존재가 아닐 수 없다. 그러나 이제 학자로서의 지훈을 말한다 하더라도 그는 연구실에만 들어앉아 세상 돌아가는 것을 오불관언(吾不關焉)하고, 고고하게 오로지 자기의 학문 세계에만 안주하려는 그런 학자는 아니었다.

또 조지훈을 가리켜 논객(論客)이요, 지사(志士)라고 한다. 그가 자주 여러 신문, 잡지에 이 사회의 부조리를 맹렬히 논박하고, 역대 정권의 비정(秕政)에 대하여 대담한 질책을 서슴지 않았던 것이 사실이요, 또 이러기를 끝내 변치 않았으니 이 역시 틀린 말은 아니다. 그러나 그의 추상같은 논박과 질책이 결코 어느 정당이나 특정 계층을 위함이 아니요, 항상 민중의 편에 서서 이 민족 전체의 생존·번영을 위하여 터뜨린 엄숙한 지성의 분노일진대, 이를 일러 어찌 요즘 시정(市井)에서 흔히 말하는 논객·지사와 날을 같이 하여 논할 수 있겠는가?

그러므로 조지훈은 결코 단순한 시인이요, 학자요, 논객이요, 문필인이 아니다. 그의 진면목은 차라리 이 모든 것을 종합한 전통적인 한국의 선비상(像)에 있지 않나 생각한다. 굳이 현대 말로 부른다면 우리 세대를 대표할 만한 참다운 '지성인'이었다고 할까?

선생은 일찍이 영남(嶺南) 명문가(名門家)에서 태어나 어렸을 적부터 발군의 시재(詩才)를 보이더니, 차차 부(父)·조(祖)로부터 절의(節義)를 생명보다 귀히 여기는 선비 정신을 익히면서 자랐다. 아마 그의 평생의 파란 많은 역정이 이미 이에서 정해졌다고 해도 과언이 아닐 것이다. 그가 약관 20여 세의 나이로 학계와 문화계에 몸을 담고 있으면서 민족 문화 진영의 선봉장으로 공산주의와 과감히 대결한 것도, 6·25 동족상잔의 비극 앞에 용약 종군하여 전선을 누비고 다닌 것도, 1950년대 후기 자유당 정권하에서 대부분의 정치·경제·사회·문화·교육계의 소위 지도급 인사란 자들이 권력과 금력 앞에 맹종과 아부를 일삼을 때, 홀로 『지조론』(志操論, 지훈의 수상집)을 들고 나와 민족의 양심으로 이들을 매도한 것도, 또 만년에 그가 한때 정치교수로 몰려 당국에서 기휘(忌諱)하는 바 되자, 항상 사직서를 몸에 지니고 다닌 것도 모두가 범인(凡人)으로서는 행하기 어려운 일이었다.

선생은 또한 남달리 술(酒)을 즐겨 많은 일화를 남겼거니와, 그는 자주 주석에서 젊은 학생들과 어울려 고성 방가하기도 하고, 때로는 현하(懸河)와 같은 고담준론(高談峻論)이 도도하여 그 호기로움이 비길 데 없었으니 그의 성품이 호방한 것이 사실이다. 그러나 그의 모든 문장이 보여주는 것처럼 그 심오한 사색, 그리고 그가 한국 시인 협회 회장으로, 또 고려대학교 민족문화연구소 소장으로 보여준 그 뛰어난 조직력, 그 치밀한 기획 능력에서 우리는 남달리 섬세한 지훈 성품의 일면을 보게 된다.

그러므로 선생의 성품은 실로 다모다양(多貌多樣)하다. 호방한가 하면 치

밀·섬세하고, 강직·질박(質樸)한가 하면 온아·순후(溫雅淳厚)하고, 엄격
·분명한가 하면 너그럽고, 휘고 감기는 멋이 있는가 하면 부지런하고, 소탈한
가 하면 근엄하여 함부로 소인배들이 접근하지 못하였다.

이것은 그가 언제나 정사(正邪)와 시비(是非)와 선악(善惡)과 미추(美醜)를
판별하는 데 준엄하였고, 이 판별에 의한 행동이 또한 과감하였기 때문이다.
이로 보면 선생은 진실로 대인(大人)의 금도(襟度)와 추상같은 절도를 함께
지닌 인격자였다. 재능과 교양과 인품이 어느 한쪽으로 치우침이 없이 원만하
게 갖춘 사람이란 드문 법이다. 월정사 외전강사 시절 한복 위에 흰 무명 두루마
기를 입고, 손에는 염주를 든, 그리고 예의 그 굵은 테 안경을 쓴 채 월정사
뜰 9층 석탑 앞에 비스듬히 서서 찍은 당시 조지훈 선생의 사진 한 장이 있다.
그 사진 뒷면에다 선생은 이렇게 낙서하였다.

20세 초반에 이미 선생의 사색은 이처럼 불교적 관조의 세계에 통하여 심오
한 경지에까지 이르고 있다. 그리고 그것은 한국적 풍류와 더불어 서서히 자기
세계를 확립해갔다.

고려대학교 재임시절

우주의 환영(幻影)

하나의 人間이 있으되
그는 이름이 없었으나 세상 사람이
짐짓 東卓이라 부르더라.
이제 그를 模寫함은 幻影의 幻影이라
足히 믿을 것이 없으니
이는 寫僞이기 때문이다.

辛巳 봄 於 月精寺 蘭若

東卓

　　일제 말기, 오대산으로 몸을 숨겼을 그 때의 심경을 그는 수상(隨想)에서
이렇게 적고 있다.

　　'멋', 그것을 가져다 어떤 이는 '도(道)'라 하고 '일물(一物)'이라 하고 '일심(一心)'이
　　라 하고 대중이 없는데, 하여간 도(道)고 일물(一物)이고 일심(一心)이고 간에
　　오늘 밤엔 '멋'이다.
　　태초(太初)에 말씀이 있는 것이 아니라 태초(太初)에 멋이 있었다.
　　멋을 멋있게 하는 것이 바로 무상(無常)인가 하면 무상(無常)을 무상(無常)하게
　　하는 것이 또한 '멋'이다.
　　변함이 없는 세상이라면 무슨 멋이 있겠는가.

　　이 커다란 멋을 세상 사람은 번뇌(煩惱)라 이르더라. 가장 큰 괴로움이라 하더라.
　　우주(宇宙)를 자적(自適)하면 우주는 멋이었다.
　　우주(宇宙)에 회의(懷疑)하면 우주는 슬픈 속(俗)이었다.
　　나와 우주 사이에 주종(主從)의 관계있어 이를 향락(享樂)하고 향락당하겠는가.

우주를 내가 향락하는가 하면 우주가 나를 향락하는 것이다.

나의 멋이 한 곳에서 슬픔이 되고 속(俗)이 되고 하는가 하면 바로 그 자리에서
즐거움이 되고 아(雅)가 되는구나.
죽지 못해 살 바에는 없는 재미도 짐짓 있다 하라.

안분지족(安分知足)이 곧 행복(幸福)이라, 초의 야인(草衣野人)이 어찌 공명(功
名)을 바라며 포류(蒲柳)의 질(質)이 어찌 장수(長壽)를 바라겠는가.
사는 대로 사는 것이 나의 삶이니 여곽지장(藜藿之腸)이라, 과욕(寡慾)을 길러
고성(古聖)의 도(道)를 배우나니 내 어찌 고성(古聖)의 도(道)를 알리오. 다만 알
려고 함으로써 멋을 삼노라.

「멋 설(說)」에서

조지훈은 나아갈 때와 머무를 때와 물러날 때를 익히 가려 행하는 사람이었
다. 이것이 바로 '선비'의 요체(要諦)이다. 일제 말엽, 그들의 침략 정책이 극에
달하여 급기야는 우리 글로 시를 쓰는 것조차 금하게 되자 그는 홀연히 속(俗)
을 떠났다. 그렇다고 중이 된 것도 아니다. 그래서 '비승비속'이다. 증곡(曾谷)
이라는 해학적 자호(自號)를 갖게 된 연유이다. 당시 일부 기성 문필인들이
침략자에게 아첨하고, 또는 일본어로 글을 써서 친일 문학을 일삼을 때, 약관의
조지훈은 오히려 이들에게 선비의 몸가짐을 실천하여 보였다.

엄숙한 지성의 분노

6·25동란이 발발하였을 때 선생은 30세의 장년이었다. 그는 피난지 대구에

해인사 답사기념 사진촬영
(위) 앞줄 왼쪽에서 두 번째가 필자, 그 옆으로 구자균 선생, 조지훈 선생
(아래) 두 번째 줄 가운데 조지훈 선생, 왼쪽으로 구자균 선생, 앞줄 맨 오른쪽이 필자

서 남하해 온 문인들을 규합하여 종군 작가단을 조직, '창공구락부(蒼空俱樂
部)'를 결성하여 공군에 종군하였다. 군의 배려로 병영 안에 임시 막사(군용
콘셋트)를 하나 얻어 단원들이 모두 거기서 합숙 기거하였다. 전선(戰線)의
변동도 없이 피아공방전(彼我攻防戰)만을 거듭하기 90일, 단원들은 북진의
그 날만을 고대하다 지쳤다. 그러던 어느 날, 임시 막사 안에서 술자리가 벌어
졌다. 모두 가족들의 생사도 모르는 채 초조와 불안과 무료를 달래던 전시

문인(戰時文人)들은 마침내 크게 취하여 고성 방가하기 시작하였다. 그 순간이었다. 현역 군인하나가 소총을 들고 쫓아 들어와 임시 막사 천장에 대고 마구 쏘아 댔다. 그리고는 흥분된 어조로 소리쳤다. 지금이 어느 땐 줄 알고 술 먹고 이짓들이냐고. 실내는 물을 끼얹은 듯 조용해졌다. 모두들 겁에 질려 떨고 있었다. 어느 누구 하나 입을 떼지 못했다. 그 때 임시 막사 벽에 기대서 술 먹던 그 자세대로 앉아 벼락같이 소리치는 사람이 있었다. 조지훈이었다.

"이놈! 여기가 어딘 줄 알고 함부로 들어와 총질이냐? 너는 애국을 총으로만 하는 줄 아느냐? 총보다 더 뜨거운 애국이 있는 줄은 모르는 놈 같으니……쏠 테면 쏴라! 이놈!"

그러자 총을 든 군인이 약간 기가 꺾이는 듯 하는 순간, 벌떡 일어나서 그 군인 앞으로 다가선 조지훈은 느닷없이 그 군인의 따귀를 후려쳤다. 그리고는 추상같이 또 소리를 질러 꾸짖었다. 드디어 그 군인은 총을 내려놓고 사과를 했다.

이것은 그 때 그 자리에 함께 있었던 목월(木月)이 훗날 필자에게 들려준 이야기거니와 지훈의 담력 또한 이러했다.

지훈의 왼손 손등 오른편에 푸르스름한 흉터가 있었던 것을 아는 사람은 다 안다. 서울 수복 얼마 후, 그러니까 1954, 5년경이었다고 한다. 명동성당에서 어느 주교(主敎)의 초청으로 당시 문인들과 주교, 신부들이 자리를 함께 한 적이 있다. 칵테일 파티였다. 이 자리에서 어쩌다가 '인간의 의지' 이야기가 나왔다. 주교님이 말하기를 담뱃불만 잠깐 스쳐도 그 뜨거움을 참지 못하는 것이 인간의 의지라고 하면서 지성인의 의지를 대단치 않게 평가하더란다. 그러자 조지훈 선생은 지난날 사육신(死六臣)의 실례를 들어 이를 반박하였다. 그래도 그 주교님이 별로 공감을 하지 않자, 그러면 내가 이 자리에서 보여 주겠노라 면서 성냥개비 대여섯 개를 한꺼번에 움켜쥐고 불을 붙여 자기 손등에 올려놓았다. 주위 사람들은 갑자기 무슨 영문인줄도 모르고 이를 지켜보았다. 성냥개비와 함께 선생의 손등이 지글지글 타들어 갔다. 주위가 숙연해지자 선생은 오히려 태연자약하게 마시던 술 컵을 들어 마셨다. 한참 만에 손등의 불이 제풀에 꺼지자 입으로 혹 불어서 날려 버리고는 아무 일도 없었던 것처럼 밖으로 나갔다. 이것은 생전에 조지훈 선생에게서 직접 들은 이야기였는데, 선생이 작고(作故)한 후 목월(木月)이 또한 그 자리에 함께 있어서 그 장면을 지켜봤노라 확인하였다. 이처럼 선생의 의지 또한 비범하였다.

이렇게 경직한 것만 같은 선생에게도 뜨거운 육친(肉親)에의 사랑은 있었다.

나의 祖國은 나의 良心
내사 忠誠도 功勳도 하나 없이 돌아왔다.
버리고 떠나갔던 城北洞 옛집에
避難갔던 家族이 돌아와 풀을 뽑는다.
밤길을 걸어서 아이를 데리고
울며 갔다던 먼 山中 절간
아내는 아는 집에 맡겨 논 보퉁이를
찾으려 가고 없고
도토리 따먹느라 옻이 올라 진물이 나는
세살백이 어린 것을 안고 뺨을 부빈다.
'가재 잡아 구워먹는 맛이 좋더라'는 말
아, 여섯 살짜리 큰 놈이 들어 온다.
애비를 잘못둔 탓
찢어져 죽었다면 어쩔 것이냐
밤마다 죄지은 듯 아프던 가슴
근심은 실상 그것밖에 없었더니라.
아 나의 어버이도

이렇게 나를 사랑했으리라.

「서울에 돌아와서」의 일부

　이것은 1950년, 9·28수복으로 가족을 재회했을 때의 감격을 노래한 것이다. 처절했던 그 날의 우리 모두의 비극을 이 한 편의 시가 대변하고 있다면 지나친 말일까?

　선생은 비록 48세라는 짧은 생애를 살다 갔지만, 그의 생애야말로 진정 티 하나 없이 살다가 옥처럼 부서져 간 깨끗한 인생이었다.

홍일식
1936년생/고려대학교 문과대학 국어국문학과 졸업, 동 대학원 석·박사, 연세대학교 대학원 명예철학박사/고려대학교 문과대 교수·민족문화연구소 소장·총장 등 역임/세종문화상, 대통령 포장, 중앙문화대상 등 수훈/현 고려대학교 명예교수, 한국인문사회연구원 이사장, 세계효문화본부 총재
대표 저서로 『한국전통문화시론』 『한국인에게 무엇이 있는가』 『한국개화기의 문학사상 연구』 『21세기와 한국전통문화』 등 다수

표표飄飄한 거인
　　나손 김동욱 선생

● 정하영

김동욱(金東旭, 1922~1990)

충청남도 홍성군 출생
일본 도쿄중앙대학 전문과 법과 수료
서울대학교 문리과대학 국어국문학과 졸업
중앙대학교 문리과대학 국문학과 교수, 연세대학교 문과대학 교수,
단국대학교 대학원 교수
국어국문학회 대표이사, 단국대학교 동양학연구소장, 민족문화추진회 회장 등 역임
제7회 3·1 문화상 인문과학상 수상
대표 저서로는『한국가요의 연구』『춘향전연구』『국문학사』『판소리계소설의 실증적
연구』등 다수

우연한 만남, 운명적 만남

어떤 시인은 '자신을 만든 것이 8할은 바람'이라고 했다지만, 나를 만든 것은 8할이 스승이었다. 초등학교 시절부터 지금까지 가르침을 받았던 많은 스승들 가운데서도 내 삶에 결정적 영향을 주신 분이 나손 김동욱 선생님이시다. 훌륭한 부모 밑에서 자란 것이 행운이며 기쁨이듯이, 좋은 스승을 만나 가르침을 받고 오래도록 기억하며 존경하고 살아갈 수 있는 것은 더할 수 없는 행운이며 기쁨이다.

내가 나손 김동욱 선생님을 처음으로 만난 것은 책을 통해서였다. 대학 2학년이던 1967년 어느 가을, 도서관 잡지실에서였다. 그 달에 나온 문학잡지를 뒤적이고 있는데 「'임'과 '님'과 '任'의 대화」라는 흥미로운 제목의 수필이 눈에 띄었다. '님'이란 호칭과 관련해서 젊은 관료의 무식과 무례를 나무란 내용이었다. 내용도 흥미로웠지만 글의 논조가 날카롭고 시니컬하여 무척 강한 인상을 남겼다. 그 글을 쓰신 분이 '김동욱'으로 되어 있었는데, 그때까지 나는 그분이 어떤 분인지를 알지 못했다. 얼마 뒤에야 그분이 향가에 관한 양주동 선생의 학설을 비판하고 수정한 국문학자라는 사실을 알 수 있었다. 국문학계의 신화로 알려져 있던 양주동 선생에게 맞설 수 있었다면 여간 대단한 분이 아니겠거니 하고 생각했다.

그 일이 있고 나서 두어 달 뒤에 나는 1년 동안 서강대학교 철학과에서 공부할 기회가 있었다. 수강신청을 할 때 전공과목 이외에도 서너 과목을 더 들을 여유가 있었다. 무엇을 들을까 망설이다가 '고대소설론'이란 과목이 김동욱 교수 담당으로 개설된 것을 발견하였다. 모두 낯선 이름의 교수님들 가운데서 선생님의 성함을 발견하니 공연히 반가운 마음이 들어 주저 없이 수강신청을 했다.

개강 첫 시간에 선생님을 기다리면서 그 모습을 상상해 보았다. 수필에서 받은 인상과 다르지 않다면 깡마른 체구에 날카로운 모습일 것으로 생각되었다. 그러나 시간이 되어서 들어오신 선생님의 모습은 내 상상을 무참히 배반하였다. 2미터 가까운 거구에 비대한 모습의 선생님은 날카로움과는 거리가 멀었다. 달마(達摩)처럼 생기신 얼굴이 약간은 기괴하고 미련스럽게까지 보였다.

선생님께서 「춘향전」을 강독하셨는데 목소리는 우렁찼지만 입 안에서 울려서 분명히 알아들을 수가 없었다. 그런대로 작품의 내용에 재미를 붙이고 공부를 하는데 뜻밖에 낭패스러운 일이 생겼다. 중간고사를 보는데 그 방식이 전혀 상상하지 못한 엉뚱한 것이었다. 큼지막한 백지를 나누어 주시더니, "준비되었으면 내가 부르는 단어를 한자로 써 보라"고 하시고는, '진주 촉석루, 남원 광한루, 평양 부벽루' 같은 한자어를 불러 나가셨다. 쉬운 몇 글자만 듬성듬성 써 놓고 멍하니 앉아 기다리는데 이어서 "춘향이가 입은 옷과 이 도령이 입은 옷을 써 보라"고 하셨다. 생각나는 것이라고는 바지, 저고리, 치마밖에 없어서 그것이라도 써 놓고 기다리자니 참 한심한 생각이 들었다. 마지막 문제는 더욱 난감하였다. "춘향전에서 인상에 남는 몇 구절을 외워 써 보라"는 것이었다. 생각이 꽉 막혀서 아무 것도 쓸 수가 없었다. 뒷날에야 그것이 선생님이 즐겨 사용하던 '벼락쪽지시험'이라는 것을 알았지만, 사전에 아무런 정보도 가지지 못했던 나는 백지나 다름없는 답안지를 낼 수밖에 없었다. 그러면서 잘못한 선택을 뼈저리게 후회했다. 학점에 민감할 수밖에 없었던 당시로서 한 과목이라도 낙제 점수를 받는다는 것은 엄청난 충격이었다. 점수도 점수려니와 주제넘게 남의 전공과목을 선택했다가 당하게 될 망신은 생각만 해도 견디기 힘들었다.

그 뒤로는 수업시간에 들어가는 일조차 힘겨웠고 차라리 수강을 포기하는 것이 낫겠다는 판단을 했다. 절차상 중간시험이 끝나고 나면 성적표를 나누어 주고 그 결과를 본 뒤에 수강 포기를 해도 된다기에 그때까지 며칠을 더 견디어 보기로 했다. 그런데 이게 웬일인가? 내가 받은 성적은 의외로 좋은 편이었다. 믿을 수가 없었다. 성적 산출에 착오가 생기지 않았다면 그런 일이 있을 수 없었다. 염치없는 일이었지만 수강을 포기하겠다는 생각을 슬그머니 접었다. 매 시간 죄송하고 감사한 마음으로 그 과목을 끝까지 들었다. 기말고사만은 잘 보아서 배려해주신 은혜에 보답하겠다고 다짐하면서.

중간고사 이후에 공부한 것은 「배비장전」이었다. 학기말 시험을 앞두고 열심히 준비를 했다. 「배비장전」은 물론이고 전에 배운 「춘향전」에서까지 중요한 한자어를 익히고 작중 인물들이 입은 옷도 조사하고, 작품에 나오는 인상적인 구절들을 통째로 외워 놓았다. 그런데 정작 시험시간이 되자 선생님은 나타나지 않으셨다. 한참을 기다렸으나 선생님은 연락이 되지 않고 소재도 파악할 수 없다는 것이었다. 시험을 미룰 수 있는 형편도 아니어서 학과장을 맡고 있던 김열규 선생이 대신 출제를 해 오셨는데, 문제가 '배비장전의 해학성 (諧謔性)을 논하라'는 것이었다. 참으로 황당한 일이었다. 그 동안 전공과목도 팽개치고 애써 준비한 노력이 물거품이 되었고, 다시 한 번 엉뚱한 문제에 당황할 수밖에 없었다. 뒤에 들은 이야기지만 선생님은 우리가 시험을 치는 그 시간에 무단횡단으로 경찰 단속에 걸려 교육을 받고 계셨다 한다.

두 번의 시험은 엉망이 되고 말았지만, 한 학기 수업을 통해서 배운 것은 많았고 국문학에 흥미를 느낄 수 있었다. 다음 학기에 선생님의 고전시가 강의를 다시 수강하면서 국문학을 전공해 보겠다는 결심을 하였다. 다음 해에 나는 선생님이 재직하고 계신 연세대학교 국문과로 옮겨 고전문학을 전공하게 되었다. 그렇게 맺어진 선생님과의 인연으로 나는 30년 넘게 국문학을 공부하면서 가르치는 일을 해 오고 있다. 평생 주례를 하지 않으시겠다고 한 결심을 깨고 내 결혼의 주례를 맡아 가정을 꾸리게 해 주셨고, 지방에 근무하던 나를 서울로 불러 가까이서 가르침을 받게 해 주셨다. 이런 일로 해서 선생님과의 인연은 더 이상 끊을 수 없게 되었다.

그처럼 형편없는 답안지에 대해 터무니없이 좋은 점수를 주신 선생님의 뜻이 어디에 있었는지를 나는 아직도 잘 알지 못한다. 짐작컨대 수업시간 빠지지 않고 배우려고 애쓰는 모습을 가상하게 보셔서 낙심하지 말고 따라오라고 격려해주신 것이 아닌가 짐작해 볼 따름이다.

문화유적 현장답사 중에 기념촬영
가운데 나손 선생님, 왼편에 정규복 교수, 오른편에 김태준 교수

거물과 잡동사니

생전에 20여 년 동안 선생님을 가까이 모시고 가르침을 받았지만 나는 선생님의 모습을 제대로 그려낼 수가 없다. 선생님은 그 크기와 넓이를 좀처럼 가늠할 수 없는 분이시다. 세상을 떠난 지 20년이 가까워 오는 지금도 나는 선생님의 글을 다시 읽으면서 그분의 새로운 면모를 발견하고 있다.

선생님이 남기신 수필집『아리랑과 흰옷』에는「거물」과「잡동사니」라는 제목의 글이 있다. '거물'과 '잡동사니', 이 두 단어야말로 선생님 자신의 풍모와 특징을 단적으로 요약해 놓은 말이 아닌가 생각한다. 선생님을 알고 있는 많은 분들도 이러한 생각에 쉽게 공감할 것이다.

> 친구들은 나보고 거물이라고 한다. 내가 무슨 정치가나 되어 명만일국(名滿一國)하기에 거물이 아니라, 덩치가 크기 때문에 물건 취급하여 거물이라는 것이다. 처음엔 화도 내보았지만 듣고 보니 과히 싫지는 않다. 작아서 꼬마 소리를 듣는 것보다 아무리 물건 취급은 하여도 거물이 낫기 때문이다. …… 나는 이 거물에 상부(相副)한 능력을 기를 그런 넓은 광장이 없음을 슬퍼한다. 모든 생리가 페닌슐라적으로 굳어 버린 방관(傍觀)에 얽매어 참다웁게 가슴을 펴고 하늘을 우러러 볼 그런 좌표가 마련되어 있지 않아 서글프다.

선생님은 남달리 크신 체구 때문에 어디서나 쉽게 눈에 뜨이셨고 그로 인한 에피소드도 적지 않다. 옷이나 신발은 보통사람들의 것으로는 맞지 않아서 종종 미제 중고품을 이용해야 했다. 어느 해 정월 초하룻날 집에 도둑이 들어 신고 다니시던 구두를 훔쳐가 남대문시장에 넘겼으나 사가는 사람이 없어 며칠을 기다린 끝에 우연히 선생님 눈에 뜨여 다시 찾아오신 적도 있었다.

선생님은 크신 체구만큼이나 생각의 폭도 넓고 깊었다. 보통사람의 크기에 맞게 만든 가구나 의복을 불편해했듯이 선생님은 자신을 이해하지 못하는 보통사람들 때문에 힘들어하셨다. 가는 곳마다 주위 사람들과 마찰을 일으키기도 하고 때로는 오래지 않은 직장을 그만둔 적도 있었다. 거물에 걸맞은 능력을 기르고 펼칠 광장이 마련되어 있지 않음을 못내 슬퍼하고 서글퍼했던 까닭이 여기에 있었다.

선생님은 스스로 '잡동사니'임을 자처하셨다. 당신의 삶과 업적에서 뚜렷이 내세울 것이 없다는 겸양에서 나온 말이지만 이것은 선생님의 또 다른 면모를 단적으로 보여주는 말이다.

> 내 자신이나 내 학문을 나는 잡동사니라고 자처하고 있다. 내 저서, 논문에 통괄적인 이름을 붙인다면 잡동사니가 알맞을 것 같다. 현대의 분화된 학문 영역에서 한정된 분야이기는 하지만, 이것저것 터치하다 보니 그런 칭호를 받은 것 같다. 판소리·춘향전·소설·가사·향가 등은 워낙 좁은 국문학 분야이니 괜찮다 하더라도, 고문서·서지·복식·풍속을 거들다 보니 그런 칭호를 받은 것 같다. ……나의 과거 학력이 법과(法科)를 하고 국문학을 하였으며, 국사(國史)는 대학 때 부전공으로 선택했으므로 굳이 말해서 망발은 아니라고 자위하고 있기 때문이다. 옛 사람의 만록에 『계륵집(鷄肋集)』이란 것이 있다. 닭의 갈빗대는 소갈비와 달라 버려도 좋은 것이나, 그것이나마 버리지 않고 거두어 둔다는 뜻이니, 내 글들도 그런 이름을 붙이고 싶은 때가 가끔 있다. 그것이 아무리 잡동사니라 하더라도, 간혹 소중한 경우도 있기 때문이다. 그래서 나는 나 자신 잡동사니인 것을 부끄러워하지 않는다.

큰 체구에 무거운 가죽 가방을 든 선생님이 들어서면 좌중을 압도하는 무게가 느껴진다. 그 가방 속에는 책 이외에도 칼, 가위, 자, 끈, 봉투, 풀, 스카치테이프, 보자기, 확대경, 밧줄, 지도 같은 잡동사니들이 구석구석에 박혀 있다. 그런 가방을 들고 현장조사를 하러 산간벽지를 다니다가 불심검문에 걸려 곤욕을 치른 일도 있었다. 이런 잡동사니들은 선생님의 끊임없는 호기심을 반영하는 것이다. 길을 가다가도 담벼락에 기대놓은 고물상을 보면 걸음을 멈추고 신기한 물건이 있나 살피다가 무언가 한두 점을 사곤 하셨다. 고서나 골동품 보따리를 들고 찾아오는 단골 노인에게는 당장 필요하지 않은 것이라도 한두 점씩은 사서 교통비를 보태게 했다. 그리하여 노인들은 신기한 물건이 생기면 우선 선생님을 찾고는 했다. 그렇게 사 모은 물건들이 댁의 서재와 연구실을 채워 '잡동사니의 광장'을 만들어 놓았다.

'잡동사니'는 선생님 학문의 자화상이다. 큰 가방 속에 들어 있는 온갖 잡동사니처럼 선생님의 큰 체구 안에는 온갖 학문들이 가득 담겨 있다. 향가, 고려가요, 시조, 가사, 소설, 판소리, 야담, 한문학 같은 국문학의 모든 분야가 망라되어 있다. 여기서 그치지 않고 비교문학, 민속학, 복식학(服飾學), 고문서학(古文書學), 서지학(書誌學) 같은 주변학을 두루 편력(遍歷)하셨다. 이들 분야가 국문학을 연구하는 과정에서 불가피하게 다루어진 것이라고 하는 선생님의 해명은 이해할 만하다. 선생님의 편력과 방랑은 여기서 그치지 않았다. 고려청자를 재현한다고 도자기 가마를 찾아다니며 유약을 개발하기도 했고, 온천을 찾는다고 지남철을 들고 전국을 헤매고 다니기도 했다. 노후 생활의 근거지를 마련하겠다고 친지들을 모아 산지회(山地會)를 조직하여 토지를 구입하는가 하면, '전국시가비동호회(全國詩歌碑同好會)'를 만들어 30여 명의 역대 문인들에게 시가비를 세워 주셨다. 만년에는 '나손서실통신(羅孫書室通信)'이란 개인잡지를 만들어 친지들에게 나누어 주시기도 했다. 선생님의 이러한 방랑벽은 가히 구제불능이라고 할 만큼 상상을 초월한다. 보통사람

다산 정약용 선생 생가 표지석 곁에 서신 나손 선생과 일본인 미나모토 료엔(源了圓) 교수

같으면 젊어서 일시적으로 방랑을 하다가 나이가 들면서 그만두게 되는데 선생님은 그와 반대로 하셨다.

　잡동사니가 쓸모없는 것은 아니고 편력과 방랑도 반드시 부정적인 것만은 아니다. 버려지는 잡동사니들에 관심을 기울이고 거두어 갈무리한 덕분에 수백 종의 고소설 작품을 모아 『고소설판각본전집』 5권과 『필사본고소설전집』 80여 권으로 간행하셨고 국문학 연구의 소중한 자료로 활용되고 있다.

표표한 거인(巨人), 학계의 기인(奇人)

　나손 선생님은 국문학계의 거인이며 기인이다. 스스로 잡동사니라고 거듭해서 말씀하셨지만 그분의 학문적 성취를 따라갈 사람은 많지 않다. 판소리 연구의 기틀을 다진 개척자였고, 「춘향전」 연구에서는 누구도 흉내낼 수 없는 독보적 존재였다. 국문학의 다른 분야에서도 발표한 논문은 학계의 주목을 받았고, 때로는 대가의 학설을 바로잡은 경우도 없지 않았다. 스스로 부전공이라 밝힌 복식사 연구만으로도 한 학자의 몫을 훌륭히 하신 분이다. 그 나머지 많은 것들은 덤으로 친다 해도 선생님은 국문학의 대가로 불리는 데 전혀 손색이 없다.

선생님의 이러한 성취는 그분의 끈질긴 집념과 무서운 열정이 이루어낸 결정체이다. 지나간 일생을 되돌아볼 때 선생님처럼 확고한 인생관을 가지고 초지일관한 분도 드물다. 가난한 시골 선비의 아들로 태어난 선생님은 어려서부터 학문에 뜻을 세우고 글을 익혔다. 초등학교 때 장래 꿈이 박사가 되는 것이라고 했다가 일본인 담임에게서 수모를 받고서도 그 꿈을 버리지 않았다. 상급 학교에 진학할 형편이 못 되자 당시 일본 문부대신에게 편지를 보내서 학비를 빌려 달라고 당당히 요구하였다. 문부대신은 시골 초등학생의 당돌한 편지를 받고 격려의 말과 함께 학비 50원을 부쳐 주었다. 그 돈으로 책을 사서 검정고시에 합격하고 일본 유학을 할 수 있었다.

일본으로 건너갈 때 가져갔던 책이 최현배의 『한글갈』과 조윤제의 『교주 춘향전』이었다. 법학과에 적을 두고서도 국어국문학에 대한 관심을 버리지 않았다. 대학을 졸업하고 고향으로 돌아와서는 학병 지원을 거부하고 원산철도공장으로 징용되어 갔을 때도 『삼국유사』나 『삼국사기』 같은 우리 고전을 손에서 놓지 않았다. 나손(羅孫)이란 아호는 당신이 경주 김씨의 자손이라는 데서 따온 말이지만 신라에서 발원한 우리 문화를 연구한다는 자부심의 표현이기도 했다.

70 평생 수많은 일에 관심을 가졌지만, 그것은 오로지 국문학에 대한 열정으로 귀결된다. 그분의 머릿속에는 언제나 학문이 있었고 친지들과 나누는 대화

민족문화추진회 회장으로서 축사하시는 나손 선생님

도 그 범주를 벗어나지 않았다. 자타를 가리지 않고 학문적 성취에 감격하고 기뻐했으며, 게으름을 피우는 학자들에게는 선후배를 가리지 않고 모진 비판을 가했다.

공부를 하겠다고 하는 사람을 만나면 한없이 기뻐하고 너그럽게 대하셨지만, 정작 공부를 시작하고 나면 그렇게 무섭고 까다로울 수가 없었다. 작은 성과라도 들고 찾아뵈면 늘 부족해하시면서 새로운 주문을 그치지 않으셨다. 만날 때마다 외국어를 익혀라, 원전을 읽어라, 이론서를 살펴라 하고 요구하셨다. 세배를 간 대학원생에게 즉석에서 한문 문집을 내놓고 서문을 읽어보라 하셨다. 너무 당황하여 제대로 읽지 못하자 그런 실력으로 무슨 공부를 하느냐고 호통을 치는 바람에 몇 해 동안이나 세배를 가지 못한 일도 있었다.

선생님이 타계하시고 나서 제자들이 회고담을 나누는 자리에서 선생님의 터무니없는 요구 때문에 고생한 이야기가 화제의 중심이 된 적이 있었다. "만권의 책을 읽어라", "『조선왕조실록』을 읽어라" 하시면서 도저히 감당할 수 없는 요구들을 하셨다는 것이다. 연구실을 찾았다가 연구실 문에 "그대는 실록을 읽었는가?"라고 써놓은 글을 보고 기겁하여 돌아섰다는 사람도 있었다. 선생님의 격려를 받고 학문의 길로 들어선 분도 많았고, 선생님의 비판과 질책을 받고 발분하여 학문적 성취를 크게 이룬 분도 적지 않았다. 선생님은 본의 아니게 국문학계의 교도관과 감찰관의 역할을 담당한 셈이다. 이 과정에서 많은 사람들을 감동시키기도 했지만 더 많은 사람들에게 깊은 상처를 주기도 했다.

선생님은 국문학계에서 돌연변이였고 기인(奇人)이었다. 그것은 그분의 타고난 성향이었다. 때로는 말과 행동이 도대체 종잡을 수가 없었고 생각지도 못한 엉뚱한 곳에서 선생님을 만나는 경우가 많았다. 학회발표장에 예고 없이 나타나셨다가는 인사를 드리려고 보면 벌써 어디로 사라지고 안 계셨다.

선생님은 선구자이며 개척자였지 일을 마무리하는 체질은 아니었다. 보통 사람은 한 개도 만들기 힘든 학회를 수십 개나 만들었지만, 만들고 나서는 곧바로 후배들에게 물려주셨다. 논문을 쓸 때도 꼼꼼히 다듬기보다는 큼지막한 화두를 던져두고 여러 사람이 달려들어 그것을 풀어내게 하셨다. 그리고 그런 모습을 보면서 선생님은 스스로 만족한 미소를 지으셨다. 세상을 떠나시기 전까지도 선생님은 새로운 구상들을 만들어 놓고 학계에 던질 파장을 걱정하고 계셨다.

선생님께서 선생님답게 세상을 떠나신 지도 20년이 가까워 온다. 선생님께서 즐겨 인용하시곤 했던 「제망매가」의 '나는 간다 말도 못다 이르고' 홀쩍 떠나셨다. 늘상 그렇게 나타나셨다 그렇게 사라지시곤 하던 일이 익숙해 있어 금방이라도 그 크신 체구를 이끌고 나타나실 것만 같다. 세계화의 바람과 영어교육의 위세에 눌려 생기를 잃어가고 있는 현금에 종횡무진 학계를 누비고 다니던 선생님의 열정적 모습이 더욱 그립고 아쉽다. 공자의 사랑하는 제자 안회(顔回)가 스승에 대해서 술회한 심경 그대로를 흉내라도 내 보고 싶은 것이 선생님을 생각하는 내 마음이다.

> 선생님은 우러러볼수록 더욱 높고, 파고들수록 더욱 단단하다. 바라보면 앞에 계신 듯하다 어느 새 뒤에 와 계신다. 선생님은 자상하게 나를 이끌어 주셨다. 학문으로써 지식을 넓혀 주시고 예로써 행실을 단속해 주셨다. 내가 공부를 그만 두고 싶어도 그럴 수가 없었다. 내 능력을 다했지만 선생님은 아직도 저만큼 내 앞에 우뚝 서 계신다. 따라가려 해도 좇아갈 길이 없다. (『논어』「자한(子罕)」 편에서)

정하영
1945년생/연세대학교 국문학과 졸업, 서울대학교 대학원 졸업/전북대학교 국문학과 교수, 한국 고소설학회장 역임/현 이화여자대학교 국문학과 교수, 한국 고전문학 회장
대표 저서로『교주 심청전』『춘향전의 탐구』등 다수

민중 신학의 길을 여신
안병무 선생

● 김창락

안병무(安炳武, 1922~1996)

평안남도 안주군 출생
일본 다이쇼대학 문학부 예과 3년 수료, 서울대학교 사회학과 졸업
서독 하이델베르크대학 신학부 입학, 동 대학에서 신학박사
중앙신학교 교수 및 교장, 한국신학대학(현 한신대학교) 교수 역임
한국신학연구소 설립(소장), 계간지『신학사상』창간(발행인)
3·1 민주구국선언 사건으로 투옥, 형집행유예로 석방
대표 저서로는『선천댁』『진실 때문에』등 다수

한 시골 청년이 우물가 그늘에서 곤히 잠을 자고 있었다. 그는 일자리를 구하러 도보로 보스톤으로 여행하는 중에 잠시 쉬는 참에 잠이 든 것이었다. 수많은 사람들이 그 우물곁을 이리저리 지나쳐 갔다. 그가 세상모르고 자는 동안에 그의 주변에서 그와 아무런 관련이 없는 일들도 수없이 일어났지만, 그의 운명을 완전히 바꿀만한 사건들이 우연히 일어날 뻔 하기도 하고 또한 우연히 불발에 그치기도 했다. 그는 어떤 부자 내외의 양자가 될 뻔 하기도 하고, 어떤 부유한 미모의 아가씨에게 구혼을 받을 뻔 하기도 했다. 그뿐 아니라 두 명의 날 강도에게 가진 것을 빼앗기고 목숨의 위협을 당할 뻔 하기도 했다. 그는 이러한 사실을 전혀 의식하지 못한 채 자다가 드디어 깨어나서 보스톤 행 마차에 올라탔다.

이 청년은 나다나엘 호손의 한 단편 소설에 등장하는 주인공이다. 우리의 운명을 좌우할 사건들이 우연하게 일어나기도 하고 일어나지 않기도 한다. 우리의 의도, 계획, 노력과 관계없이 일어나는 일을 우리는 '우연'이라 부른다. 그런데 그 일이 우리의 목적과 신통하게 부합이 되는 경우에는 "그것은 결코 우연이 아니야"라고 고백한다.

신학의 길, 스승과의 우연한 만남

이 소설 주인공의 경우와는 달리 나에게는 내 운명을 바꾼 좋은 일이 우연히 일어났다. 그것은 정말로 우연의 우연이었다. 그 당시에 나는 고등학교에서 교직에 5, 6년 간 종사하면서 대학원에 진학하여 전공과목을 바꾸어서 새로운 진로를 모색하던 중이었다. 나는 고등학교 시절에 신학공부를 하기로 확정했다. 그렇지만 신학교에 입학하여 전문직업적으로 신학을 하게 되면 학문의 자유가 제한되게 때문에 올바른 신학을 할 수 없고 세속적인 직업에 종사하면서 비직업적으로 신학을 해야만 참다운 신학을 할 수 있다고 확신했었다. 그래서 영문과에 입학했으며 신학 공부의 준비로 종교학과에서 신학에 필요한 고전어와 신학의 기초과목을 모두 이수했다. 그렇지만 대학에서 가르치는 기독교 신학과 이성 사이의 괴리가 점점 커져서 대학을 졸업할 때에는 신학에 대한 매력을 완전히 상실해버렸고 졸업 후에는 철학 쪽으로 진로를 바꾸려고 마음먹고 있었다. 그런데 나의 이러한 개인 신상을 잘 아는 동료 교사 한 분이 어느 날 저녁에 내 손을 잡고 을지로 4가에 있는 세운상가 건물 4층으로 이끌고 가서 한 교실로 밀어 넣었다. 그 곳이 중앙신학교라는 야간 신학교의 교실이라는 것을 그 날 처음으로 알게 되었고 안병무 교수와 허혁 교수의 이름도 처음으로 듣게 되었다. 그날 청강한 과목이 무엇이었는지 지금은 전혀 기억이 나지 않지만 강의를 듣는 중에 나는 이미 신학이 이런 것이라면 다시 해 볼만 하다고 생각하게 되었으며 수업이 끝나는 즉시 교무처로 가서 입학수속을 밟았다. 이렇게 하여 나의 신학 수업이 새로이 시작되었다. 결과적으로 말하면 이번에는 비직업적인 신학 수업으로 그친 것이 아니라 신학을 전문 직업으로 하는 길로 접어들게 된 것이다. 졸업한 후에 독일로 가서 공부하게 되고, 귀국하여 신학대학에서 교수직을 맡게 되는 행운도 안병무 선생님의 은덕이 없이는 불가능했을 것이다. 선생님과의 이 우연한 만남으로 오늘의 내가 있게 되었다.

스승의 내연 깊은 철학이 담긴 가르침, 진정한 명강의

누구나 다 동의하는 바이지만 안 선생님의 강의는 명강의다. 그렇지만 선생님은 유명한 학자들의 현란한 학설들을
폭포수같이 쏟아내면서 지식의 완벽한
구색을 과시하는 것을 최고 목표로 삼는
그러한 유형의 강의를 하시는 분이 아니
었다. 또한 유명한 이론들을 소개하는 지
식의 중개상 노릇을 하시는 분도 아니었
다. 선생님은 수백 년에 걸쳐서 얽히고설
킨 복잡다단한 문제의 핵심 쟁점을 예리
하게 포착하여 자기 자신의 언어로 쉽게

안병무 선생

풀어내는 특유한 재능을 발휘하셨다. 어떤 학설을 단순히 전달하는 것이 아니
라 그것을 먼저 스스로 완전히 소화하여 자기 자신의 표현 방법으로 비판적으
로 진술하는 강의를 하셨다. 그러기 때문에 그의 말 한 마디 한 마디는 날선
검처럼 듣는 이의 가슴속 깊이 꿰뚫고 들어왔다. 선생님의 강의 시간에 우리는
말 한 마디라도 놓칠세라 시종일관 숨을 죽이고 경청했다.

안병무 선생님은 이른바 지식의 앵무새를 제일 멸시하셨다. 누가 아무리
이 사람 저 사람의 학설을 청산유수처럼 뇌까릴 수 있을 만큼 풍부한 지식을
소유했다 하더라도 거기에 자신의 비판적 이해를 곁들이지 않으면 그 사람은
지식의 앵무새에 불과한 것이다. 가령 세미나 시간의 어떤 발제가 정보제공
면에서는 아무리 내용이 충실하다 하더라도 발제자의 비판적 견해가 첨가되
지 않거나 미흡한 것이면 절대로 좋은 평점을 받을 수 없다는 것이 철저한
원칙이었다.

가야금의 명수는 듣는 이의 심금을 울리는 소리를 자아낸다. 그러한 소리는
단지 가야금의 현과 몸통이 진동해서 나오는 소리만일 리가 없다. 그것은 가야

금 타는 이의 손가락 끝의 진동이 그의 팔뚝을 통하여 그의 내장 전부가 가야금과 함께 공명을 일으키는 소리여야 할 것이다. 선생님의 성서해석은 어떤 유명한 주석서의 내용을 그대로 옮겨 놓거나 교의학 교과서에 실려 있는 교리를 그대로 끌어대는 것이 아닌, 모래밭에서 무 뽑아내듯이 술술 나오는 것도 아닌, "나의 하나님, 나의 하나님, 어찌하여 나를 버리셨습니까?" 하는 십자가에 달리신 예수의 처절한 절규처럼 온몸을 쥐어짜는 실존적 고뇌라는 여과장치를 거쳐서 스미어 나오는 것이었다. 그의 실존적 고뇌는 단순히 파리한 지성인의 어떤 고매한 정신적 번뇌에 머무는 것이 아니었다. 그의 실존은 무역사적인 진공 상태에서 고립해서 허우적거리는 단독자로 고립되어 있는 존재가 아니었다. 안병무 선생은 60년대에서 70년대로 넘어오면서 이른바 실존신학에서 민중신학으로 위대한 방향전환을 단행했기 때문에 그에게 있어 실존적 고뇌라는 것은 민중의 삶의 고난에 동참하는 것과 별개가 아니었다.

서울 인근의 산에는 약수터마다 새벽에 물을 뜨려고 온 사람들이 장사진을 이루고 있다. 수질 급수의 높이와 기다리는 사람들의 길이는 정비례한다. 유감스럽게도 좋은 것으로 평판이 있는 약수터일수록 솟아나오는 물의 양이 적으며 장마철에도 물의 양은 변함없이 일정하다. 왜냐하면 좋은 약수는 땅속 깊숙이 스며든 물이 오랜 시간에 걸쳐서 두꺼운 바위 층을 통과하면서 여과되어 나오기 때문이다. 이와 달리 비가 오면 당장 물이 콸콸 나오는 우물의 물은 건수라고 하여 음료수로 이용되지 않는다. 나는 선생님의 가르침을 약수에 비기고 싶다. 그의 가르침은 남의 것을 이것저것 주어모아서 퍼내는 건수가 아니다. 그의 가르침은 그의 가슴속 깊은 곳에 맺힌 민중의 고난이라고 하는 여과 장치를 통과하여 나오는 것이기 때문에 약수가 목마른 이의 갈증을 해소시키듯이 활력이 넘친다.

제자들을 아끼셨던 완벽주의자

선생님은 완벽주의자이셨다. 그는 특히 자기 자신에 대하여 단 하나의 허점도 허용하지 않으셨다. 두 고수 검객이 맞대결 할 때에는 단 한 순간의 허점을 보여서도 안 된다. 단 순간의 허점이라도 그것은 곧 패배를 뜻하는 것이다. 선생님은 강의를 하거나 세미나를 지도하거나 설교를 하는 어느 경우에도 단 한 순간이라도 방만하게 넘기는 법이 없이 전력을 집중하셨다. 어느 날 밤 강의 시간이었다. 나는 맨 앞줄에 앉아 있었다. 그런데 선생님의 바지 앞이 열려 있었다. 그래서 나는 쪽지를 적어서 선생님께 살짝 건네 드렸다. 선생님은 내 쪽지를 받아서 교탁 한 쪽에 밀쳐놓고 강의를 계속하셨다. 나는 선생님이 내 쪽지가 별 것 아닌 것이라고 짐작하고 읽어보지 않았다고 짐작하고서 다시 쪽지를 적어 드렸다. 이번에 한 쪽으로 밀쳐놓고 여전히 강의를 계속하시는 것이었다. 나는 더 이상 어찌 할 도리가 없어서 그냥 강의를 들었다. 강의 시간이 종료되자 그때서야 선생님은 나에게 "이거 지퍼 고장 났어!"하고 말씀하셨다.

선생님의 결벽증은 소문이 날 정도로 유명하다. 특히 학생들과의 관계에서 선생님의 결벽증은 거의 완벽에 가깝다고 할 것이다. 그것은 아마도 학생들을 아끼는 애정의 표현 방법이었다고 볼 수도 있을 것이다. 선생님은 단 한 번이라도 학생으로부터 다방에서 차 한 잔이라도 대접받으시는 경우가 없었다. 언제 어느 자리에서도 학생의 호주머니에서 단 한 푼이라도 나오는 것을 절대로 허락하지 않으셨다. 중앙신학교 시절에 야간 강의가 끝나면 나는 선생님과 함께 택시를 타고 귀가하는 경우가 종종 있었다. 나는 선생님께는 학생이라 하더라도 그 당시에 교직에 종사하는 직업인이었기 때문에 경제적으로도 여유가 없는 편이 아니었다. 그럼에도 불구하고 선생님은 한 번도 내가 택시비를 부담하는 것을 허락하신 적이 없었다. 정규직에 종사하는 나 같은 늙다리 학생에게 그렇게 하셨다면 무일푼의 젊은 학생들을 어떻게 대하셨는지는 불문가지이다.

외국 유학생들이 공통으로 겪는 고민의 하나는 고국에서 해외 여행차 모처럼 방문하시는 은사님을 모시는 일이다. 아무리 시간적으로 바쁠 때라 하더라도 만사를 제쳐 놓고 은사님을 이곳저곳 모시고 다니면서 관광 안내를 해 드려야 하고 또 경제적으로 아무리 쪼들리는 형편이라 하더라도 내색하지 않고 모든 비용을 부담해야 한다. 거의 대다수의 은사들은 이러한 대접이 아주 자연스러운 당연한 일로 여기고 떠나버리고 나면 고통은 가난한 유학생의 몫으로 고스란히 남는 것이다. 아마 80년도 여름이었을 것이다. 하이델베르크에서 장거리 전화가 왔다. 안 선생님이 독일에 방문 오신 것이었다. 내용인즉 선생님께서 내가 있는 곳으로 오시는 것이 시간적으로 여의치 않으니 구경도 하는 겸 하이델베르크로 내려올 수 없겠느냐는 것이었다. 나는 곧바로 하이델베르크로 내려가서 선생님을 뵈었다. 선생님은 하이델베르크 대학의 이곳저곳으로 안내하시면서 자세히 설명도 해 주시고 또 아름다운 넥카 강변에 있는 철학자의 산책로를 거닐면서 여러 가지 이야기를 해 주셨다. 저녁에 하이델베르크 역에서 헤어져야 했다. 인사를 드리고 돌아설 때에 선생님은 당신의 주먹을 얼른 내 주머니 속으로 찔러 넣으셨다. 그리고서 내 등을 떠 밀어셨다. 나는 무슨 일인지 직감했지만 번거롭게 사양을 하거나 감사의 인사를 늘어놓는 것은 선생님의 취향에 어긋나는 일이라 생각했기 때문에 그대로 돌아서서 기차에 몸을 실었다. 마인츠에 도착하는 즉시 나는 한국 유학생들을 소집했다. 나는 그들을 시내 음식점으로 데려가서 한 턱 대접했다. 그러면서 나는

"우리 선생님이 오늘 나에게 돈을 듬뿍 주셨다"고 자랑을 했다. 그들은 모두 이구동성으로 "너희 학교 선생은 참 좋구나!" 하면서 부러워했다.

몇 년 후에 선생님께서 다시 독일에 오셨다. 당시 선생님은 건강에 매우 주의하셔야 할 형편이었다. 그럼에도 불구하고 이번에는 난방시설, 침실 등 여러 가지 불편한 점들을 개의치 않으시고 우리집에 오셔서 하룻밤 묵고 가시겠다고 하셨다. 나는 선생님의 따뜻한 정을 눈물겨울 정도로 듬뿍 느낄 수 있었다. 선생님이 굳이 이러한 불편을 마다하지 않으신 데에는 내 공부의 진도를 독려하시려는 깊은 뜻이 숨어 있었다. 선생님은 이전부터 늘 나의 게으름을 호되게 꾸중하셨다. 이번에 우리집에서 하룻밤 묵으신 것은 이제 특별한 비방을 하나 내리시기 위해서였다. 그것은 아내에게 내린 특별 지시였다. "이제부터는 남편이 게으름을 피우면 매일 밤 인두로 사정없이 지져, 지져" 천만다행히도 독일에는 인두라는 물건이 없기 때문에 지짐을 당하는 고문은 받지 않았지만 선생님의 이 애정 어린 독려에 힘입어서 나는 배전의 속력을 내어서 곧 공부를 끝마칠 수 있었다. 선생님의 사랑을 생각하면 가슴이 저미어온다.

학위 논문을 제출한 후에 나는 선생님께 편지를 올렸다. 이제 의무적으로 해야 하는 공부가 끝났으니 1년 쯤 독일에 더 머물면서 진정으로 내가 하고 싶은 공부를 하고 귀국하고 싶다는 의향을 말씀드렸다. 선생님으로부터 호통이 날아왔다. 지금이 어느 때인데 그러한 한가한 소리를 하고 나자빠졌느냐고. 나는 애초의 계획을 포기하고 서둘러 귀국했다. 선생님은 그 때에 해직 상태에 계셨지만 내가 들어가서 일할 곳을 마련해 놓으셨다. 만일 내가 그때에 선생님의 지시를 따르지 않고 내 고집대로 하여 1년 후에 귀국했더라면 한신대학 신학과 교수가 되는 기회를 영원히 상실해버렸을지도 모른다. 왜냐하면 내가 부임한 지 한 학기 후에 선생님께서 복직하시게 되었으니 선생님께서 정년은퇴 하실 때까지는 공석이 없을 것이기 때문이다.

　선생님은 나의 전문 학문과 인생의 진로를 정해주신 스승이다. 그렇지만 선생님과 나 사이의 사제관계는 대학입학 적령기의 청년이 자발적으로 어떤 대학을 선택하여 찾아가서 자의로 맺게 된 그러한 사제관계가 아니다. 그 당시에 나는 교사 생활을 하면서 신학공부는 염두에도 없었고 오히려 철학공부에 관심을 두고 있었던 참이었다. 그리고 중앙신학교라는 것도, 선생님에 대해서도 아는 바가 전혀 없었다. 그런데 정말 말 그대로 우연하게 선생님을 만나게 되었다. 이 만남은 내 인생의 진로를 바꾸게 했다. 내 전체 삶의 절반인 후반부는 이 만남의 각본에서 연출된 것이다. 이 만남은 참으로 우연이었다. 그렇지만 내가 내 삶을 감사하게 생각하는 한 나는 이 만남이 절대로 우연이 아니었다고 생각하지 않을 수 없다. 선생님이 살아 계실 때에 이 놀라운 만남을 두고 한 번도 고마움을 마음껏 표시하지 못한 것이 못내 아쉬움으로 남는다.

　"선생님, 우리의 만남은 우연이 아니었습니다. 선생님, 고맙습니다."

김창락
1936년생/서울대학교 영어영문학과 졸업, 고려대학교 대학원 철학과 졸업, 중앙신학교 졸업, 독일 Johannes-Gutenberg 대학교 신학부 졸업/한신대학교 신학부 교수 봉직 후 정년 은퇴/한국 신약학회 회장 역임, 한국 민중신학회 회장 역임/현 제3시대 그리스도교 연구소 소장
대표 저서로『귀로 보는 비유의 세계』『갈라디아서 주석』『다마스쿠스 사건—무엇이 일어났는가?』등 다수

인품과 삶과 학문이 하나이셨던
백영 정병욱 선생

● 이혜순

정병욱(鄭炳昱, 1922~1982)

경상남도 남해 출생
연희전문문과, 서울대학교 국어국문학과 졸업, 서울대학교 대학원 문학박사
부산대학교 교수, 연세대학교 교수, 서울대학교 교수로 재직
서울대학교 박물관장, 학술원 정회원 역임
한국출판문화상, 외솔상, 3·1문화상 수상, 은관문화훈장 추서
대표 저서로『국문학산고』『시조문학사전』『한국의 판소리』등 다수

용서를 구하며

　백영 정병욱 교수가 보여주신 스승상의 집필은 내가 감당할 수 있는 몫이 아니다. 선생의 제자 중에는 댁에서 숙식을 함께하던 이들도 있고 학문적 후계자로 공인된 분, 선생이 친 자녀처럼 사랑을 주시던 제자가 있어 선생의 진면목은 아마 이러한 분들이 더 잘 드러낼 수 있을 것이다. 무엇보다 나는 선생을 연구실과 강의를 통해서만 인식하던 터여서 선생이 보여준 스승상은 단지 한 면에 치우칠 가능성이 크다.

　그럼에도 백영 선생에 대한 글이 내게 주어졌을 때 즐겨 이를 담당하려 한 것은 스승상이 어느 경우에도 학문적 가르치심이 중심에 있고, 지금까지 내 학문의 기반이 되는 시각을 주신 분이 바로 선생이라는 생각에서다.

　나는 1960년에 서울대학교 문리과대학 국문과에 입학했다. 면접시험 때에는 일석 이희승 선생과 심악 이숭령 선생이 계셨던 것이 기억나고, 백영 선생이 그 자리에 계셨는지는 잘 모르겠다. 처음 수강 신청을 하기 위해 선생께 도장을 받으러 갔을 때 수석이구나, 열심히 하라고 내게 말씀하시던 생각은 난다. 그러나 그 후 어떻게 해서 내가 1학년 때부터 선생의 연구실에 들어가 4년 졸업 때까지 공부할 수 있게 되었는지는 기억이 분명하지 않다.

　그러나 무엇보다 4년간 백영 선생의 연구실을 지키는 행운을 갖게 되었으면서도 한심스럽게도 나는 그 분의 개인적인 삶이나 생각과 꿈을 잘 몰랐다. 돌아가신 후에야 나는 늘 선생께 차 한 잔 대접하지 못했던 자신을 자책했다. 그래서인지 만약 선생께서 내가 이 글을 쓰는 것을 아신다면 과연 즐거워하실지 두려운 마음이 들어 먼저 엎드려 용서를 구하고 싶다. 단지, 이번 기회가 백영 선생의 저술이나 일화 등을 다시 한 번 꼼꼼히 되새겨 보며 학은을 감사드리는 축복의 시간이 되었음을 고백한다.

육친애와 함장(函丈)

선생님은 그의 생애에서 가장 의미 있는 일로 윤동주와의 교유와 그의 시집 발간을 들으셨는데, 실제로 백영 선생에 의해 살아남게 된 윤동주의 작품은 한국문학사를 새롭게 쓰게 한 소중한 자료가 되었다. 현재 용정 대성중학교 윤동주기념관에서 두 분의 사진이 전시된 데에서도 보이듯이 선생과 윤동주의 관계는 특별했고, 윤동주에게서 받은 시집이 갖는 무게를 이미 충분히 아시고 있었던 것은 사실이지만, 선생 자신이 학병으로 나라를 떠나야 했던 그 힘들었던 시기에 이 책을 고이 간직했다가 끝내 세상에 드러내기까지 바친 정성은 참으로 눈물겨운 것이다. 이것은 백영이 '관계'의 삶, 그것이 사제 간이든, 동료 친우 간이든 이를 소중히 하던 그의 삶의 실체를 보여주는 것이다.

백영 선생이 스승 도남과 가람에게 지극했던 것은 이미 잘 알려진 바이고, 국어국문학계나 학과 교수님들과의 우의가 돈독했던 것도 두 말할 필요가

윤동주 선생과 정병욱 선생(사진 제공: 정학성 교수)

없지만 그의 연구실을 찾는 이들이 다양한 전공의, 다양한 연령의 분들이라는 것도 놀라웠다. 그중 양정 교장을 지내신 당시 식물학과 조교이셨던 엄규백 선생, 현대문학 강의를 하시던 이어령 선생과 같은 젊은 후배들, 영문과 송욱 교수, 생물학과 정영호 교수 같으신 비국문과 동료분들이 특히 기억에 남는다. 단순히 가까이 지내신 데에서 더 나아가 선생은 그 중 어려움에 처했던 이들에 대한 지원을 아낌없이 폈다. 당시 송욱 선생이 시단에서 받고 있었던 비판에 맞서 그의 시가 전통적인 운율과 맥이 닿고 있음을 입증하여 그가 한국 시단의 이단아가 아님을 밝힌 글을 내가 기자로 있었던 문리대 신문 「새세대」에 실으셨던 기억이 난다. 기성학자들의 견해에 정면으로 대결하다가 대학에서 배척과 불이익을 받으셨던 이어령 선생의 진가를 인식하고 그를 적극적으로 옹호해주신 분도 선생이시다.

특히 백영 선생의 연구실에는 언제나 제자들로 법석이고 있었다. 선생은 제자들의 어려운 형편을 늘 걱정하셨고, 그들의 취직을 위해 뛰어다니는 수고를 마다하지 않으셨다. 졸업생 중 선생의 은덕을 입지 않은 사람이 드물 것으로, 나도 예외가 아니었다. 백영 선생의 추천으로 이화여대에 자리를 잡게 되었고, 그 후 35년간 이 대학에서 봉직하다가 지난 8월 퇴임했으니 내 학문의 기반과 성장 중심에는 백영 선생이 있었다. 학생들의 작은 과제나 발표에서 잘된 것을 뽑아 칭찬해주시면서도 과장하지 않으셨다. 선생은 내가 보기에 칭찬을 함부로 남발하시는 분이 아니었으나 장래성이 있는 사람에 대해서는 특별히 격려하셨다. 연구실에서 하루는 어떤 학생의 「관동별곡」인가에 대한 분석이 참 좋았다고 칭찬하시면서 앞으로 더 열심히 하라고 격려하셨는데, 그때 칭찬 받은 학생이 성균관대의 임형택 교수이시다. 제자들이 선생을 추억하는 글에는 백영 선생에게 육친애를 갖고 있었던 사람들이 적지 않았음이

연구실에서 정병욱 선생
(사진 제공: 정학성 교수)

드러난 것은 이 때문일 것이다.

선생은 제자들과 학교 밖에서는 속 깊은 이야기를 주고받으신 것으로 보이는데, 가까운 제자들뿐만 아니라 각 학년별 모임에도 참석하시어 술잔을 나누며 함께 춤을 추시기도 했다. 그러나 어느 제자나 모두 학교에서 다시 선생을 뵈올 때는 늘 어려워하고 언행을 조심스럽게 했다. 나중에 들은 이야기이지만 제자들 사이에서는 백영 선생의 연구실을 공포 분위기로 규정하기도 했다는 것이다. 나 역시 선생의 연구실을 지키는 시간이 길어질수록 선생을 더 어려워 했다. 이것은 아마도 백영 선생이 말이 없으셨고, 희로애락의 표현이 그렇게 크고 분명하게 드러나시지 않기 때문일 수도 있다. 나는 4년간 선생께서 큰 소리를 치시거나 호방하게 웃으시는 것을 모두 보지 못했다.

그래서일까 백영 선생을 생각하면 늘 함장(函丈)이라는 단어가 떠오른다. 『예기』에는 먹고 마시는 손님이 아니라면 자리를 펴는데 한 길 간격으로 해야 한다고 했다. 주석을 보면 이 한 길 거리는 가르침을 청하고 주는 상황을 의미하는 것으로 풀이되어 후에 스승의 의미와 동일시된 것이다. 전통적인 예법에서는 남녀, 부부, 귀신의 섬김 모두에 거리 개념이 강조된 것이 사실이지만, 아마 이 점이 가장 명시적으로 드러난 것이 '함장'일 것이다. 이러한 거리를 나는 백영 선생에게서 가장 분명하게 느낀다. 백영 선생이 말씀이 별로 없으셨고 태도가 학처럼 고고하셨다는 것은 선생을 회억한 이들에게서 나온 공통적인 묘사이다. 그런데 이 점은 바로 그의 엄격한 거리두기와 무관하지 않을 것이다.

1964년 2월 26일 서울대 졸업식날 국문과 졸업생들과 함께
아랫줄 한복 입은 이가 필자, 그 뒤 어머님과 심악 이숭령 교수
맨 뒷줄 왼쪽부터 이기문 교수, 정병욱 교수, 전광용 교수

    나는 선생이 하버드대학에 가서서 혼자 방을 지키고 있었던 때를 제외하고 대학생활 내내 백영 선생과 함께 한 셈이다. 사년 내내 나는 연구실 서가의 책을 자유롭게 접했고, 논문 지도도 남보다 더 많이 살뜰하게 받은 셈이어서 선생은 점차 편모슬하에서 자란 내게 아버지 같은 존재로 육친애를 느끼게 했다. 그렇지만 나는 한 번도 선생께 농담을 하거나 어리광을 부리거나 버릇없이 굴지 못했을 만큼 선생과 나 사이에는 언제나 일정한 거리가 있었다. 선생이 떠나신지 25년이 된 재작년 기일에 묘소를 참배하기 위해 모여든 사람들이 여전히 많은 것을 보고 놀랐는데, 아마도 백영 선생이 보여주신 어버이 같은 제자 사랑과 함께 늘 사제 간의 거리를 엄격히 지키셨던 그 스승상 때문이 아닐까 생각해 본다.

인품이 학문에도 반영되다

　나는 선생의 거리두기와 육친과 같은 제자 사랑이 그의 학문에 그대로 투영
되었음을 이번에 확인하게 되었다. 그의 거리두기는 학문에서 비판정신으로
나타났거니와, 선생 자신도 남이 해 놓은 일이 과연 얼마나 옳았는가를 따지려
고 요모조모로 재는 버릇이 있음을 토로한 바 있다(『달팽이의 자화상』, 1968).
그래서 더러는 욕을 먹기도 하고 때로는 학계를 떠들썩하게 한 일도 있음을
고백한 바 있는데, 요모조모 따진 대표적인 글이 아마 그의 「아카데미즘의
위기」(1957)일 것이다. 이 글에서 비판한 대로 '원칙'이 실증에 기반해서 추출
된 것이기 보다 그 원칙을 맞추기 위해 자료에 대한 무분별한 자의적 해석이
가져오는 문제는 지금도 여전히 되풀이되고 있는 현상이어서 그 글은 현재에
도 시의성을 지닌다. 특히 「용비어천가」의 기본형으로 제시된 자수는 각 장의
작품이 갖고 있는 자수의 평균인데, 그럼에도 이렇게 해서 나온 평균 자수율이
이 작품의 어느 장에도 적용되지 않는다는 것에서 그동안 가장 합리적인 판단
으로 믿어왔던 '평균'이 갖는 함정을 비로소 인식하게 되었다. 이를 통해 이제
그동안 진리로 믿어왔던 모든 것들에 대한 재검토가 필요함을 깨닫게 된 것은
당시 막 대학에 첫발을 디뎠던 내게는 큰 충격이었다.

　선생은 수업 시간에 언제나 그간의 자신의 논저나 평문에 대한 재비판을
학생들에게 요구하셨다. 이것은 그의 비판정신이 얼마나 투철한가를 보여주
신 것이지만, 동시에 선생님의 비판이 어느 개인에게 향한 것이 아닌, 진정한
학풍의 형성을 위한 것이라는 점을 확실히 보여주신 것이다. 1학년 국문학개
설 시간에 학생들에게 가장 강조하신 것이 비판정신이었다. 아직 학문의 초기
단계에 들어간 학생들의 입장에서 이러한 비판은 무리일 수도 있었으나 한

가지 확실한 것은 이러한 비판의 연습이 연구자의 길에 들어선 후 알게 모르게 범하게 되는 잘못을 스스로 예단하여 조심스럽게 주제에 접근하는 신중한 자세를 키워주었다는 사실이다.

그 비판은 제자들에게도 마찬가지였다. 그러나 잘못을 꼼꼼하게 지적하고 비판하시면서도 마지막에는 다시 일어날 힘을 주셨다. 내 석사논문의 초고를 읽으시면서 잘못 쓴 철자와 한자를 모두 끄집어 내셨는데 그중 가장 치명적인 착오가 용이하다의 '용'자를 얼굴 '容'이 아닌 쓸 '用'자로 쓴 것이다. 얼굴을 들지 못하는 나에게 이런 방대한 테마를 이만큼 할 수 있는 사람이 누가 또 있겠느냐고 한마디 해주셨다. 아마 내가 좌절하지 않고 다시 시작하는 기운을 얻은 것은 그 마지막 한마디 말씀 때문이었을 것이다. 그 후 미국 유학에서 철자 하나하나의 착오를 무섭게 잡아내는 영문과 교수들로부터 살아남을 수 있었던 것은 용이의 잘못을 되풀이하지 않겠다는 결심 덕분이다. 비판은 새로운 시작의 기반이었다.

그러나 돌이켜 보면 내가 선생께 배운 것은 오히려 융합과 조화의 정신으로, 나는 이러한 정신을 엄격했던 거리두기와 함께 제자들에게 보여주신 따뜻한 육친애의 학문적 발현으로 인식한다. 여기에는 한글과 한문, 동양과 서양, 고전과 현대의 융합과 조화가 모두 포함된다. 백영 선생은 한글 중시자이고 우리 고유의 풍류와 고전적 전통을 중시하던 분이었다. 어느 글에서인가 아름다운 우리 말, 쓰기 편한 우리글을 팽개치고 외국 말, 외국 글을 숭상하는 망령들에게 비싼 세금을 물리고 법으로 다스려야 한다고 주장한 적도 있고, 누구를 위한 한문 교육인가와 같은 글에서는 한글세대를 위해 한문 대신 한글 교육의 강화를 강조하기도 하셨다. 그러나 선생은 국문학의 개념 규정에서 중국한문학과 한국한문학을 구분하고 한국한문학이 당연히 국문학의 하나임을 분명

1968년 취리히국제학술회의장에서 (왼쪽부터) 정병욱, 이옥, 김석득, 최영희 선생
(사진 제공: 정학성 교수)

히 하셨다. 『국문학전사』에 한문학을 부록으로나마 첨부하셔서 당시 정리가
제대로 되지 않았던 한문학 연구의 디딤돌을 세워주신 분도 바로 백영 선생이
었다.

60년대 전후는 학생들이 외국문학에 대한 호기심과 열기가 컸으나 다른
한편 국문학과에 다니면서 제 나라 문학을 무시하고 외국문학 강의실이나
기웃거리고 다닌다고 하면서 이러한 분위기에 대한 국문학과 교수들의 반감
역시 거셌던 시기였다. 그러나 선생께서는 특히 학문적으로 1950년대 이후
미국에서 활발히 전개된 신비평을 받아들여 그간 문헌 고증이나 주석에 치중
해온 우리문학 연구를 접근하는 새로운 시야를 개척해 주시기도 했다. 고전을
전공하셨지만 서가에는 영문서적이 많았고 이것은 물론 교환교수를 다녀 온
이후 더 많아지게 되었다.

신비평의 분석적 방법은 주로 현대문학에서 원용되는 것이어서 백영 선생
의 그러한 관심은 자연스럽게 현대문학과 고전문학의 연속성으로 나타났다.
이어령 교수와의 대담으로 이루어진 『고전의 바다』는 문헌연구가 주류를 이루던 60년대 한국 고전문학에 대한 분석적 접근으로 큰 관심을 받았다. 다음은 이어령 선생의 회고이다.

> 내가 선생님을 모시고 한국일보에서 고전의 바다 대담을 하였을 때 선생님은 이런 말씀을 하셨다. 지금 고전 관계 선생들이 고전의 바다에 나가지 말라고 야단들이야. 고전을 전공하지 않은 이군과 무엇 때문에 그런 대담을 하느냐고 말야. 주위에서 압력을 받고 있는 것을 나도 짐작은 하고 있었지만 그것을 아무렇지도 않게 받아 넘기시고 속 좁은 사람들의 이야기니 귀담아 둘 것 없다고 말씀하시면서 끝까지 그 대담 기획을 일 년 가까이 밀어주신 것이다.

도남학술상을 심사하시면서 백영 선생의 주장에 의해 현대문학 전공자를 선정했다는 일화를 들은 적도 있다. 도남 선생의 고전문학 연구는 그 자체가 목적이어서가 아니라 현대문학의 배경을 알기 위해서라고 선생이 강조했다는 것이다. 더 중요한 것은 도남의 입장을 선생께서 그대로 이어 받으셨다는 것인데, 이로 보면 백영 선생의 학문세계는 국학과 서구, 고전과 현대로 완고하게 굳어진 학문 연구의 벽을 넘어서는 조화와 융합으로 요약할 수 있을 듯하다.

삶의 체험에 기반한 학문

백영 선생의 학문은 동양과 서양, 고전과 현대뿐만 아니라 생활과 유리되지 않았고, 실제를 떠난 공허한 이론에 근거하지도 않았던 점도 꼭 언급되어야 한다. 여러 동료 제자들의 회고담에서 한결같이 술회된 것이기도 하지만 선생은 직접 판소리 창을 잘 부르셨고, 춤도 서양 춤이건 전통 춤이건 아주 잘 추시었다는 것은 잘 알려진 사실이다. 다른 분들은 이를 선비의 풍류라고 간주하지만, 나는 그것이 단순한 풍류가 아닌, 선생이 지향하셨던 삶과 학문, 이론과 실제 사이의 융합이라고 생각한다. 이러한 점은 그의 『한국고전시가론』 머리말에 잘 나타나 있다.

> 시는 학문의 꽃이라고 한다. 그만큼 시는 쓰기도 힘들고 이해하기도 힘들다고 할 것이다. 시를 이해하기 위해서 기울인 노력에 비하면 얻은 것은 너무나 적었다. 때로는 허탈감에 빠져 술도 퍼마시고 미친 듯이 춤도 추었다. 그러는 가운데 우리의 고전 시가는 나의 피가 되고 살이 되고 또한 내 느낌의 바탕이 되었는지도 모르겠다. 절간에서 울려퍼지는 새벽 종소리를 듣고 향가를 생각하기도 했고, 구성진 시나윗 가락에서 별곡을 연상하기도 했다. 탈군들의 재담에서 사설시조의 표현을 따질 수 있겠다는 영감을 얻기도 했고 계곡을 타고 흐르는 물줄기를 보고 판소리의 장단을 연장하기도 했다.

김완진 교수는 백영 선생의 「구음으로 본 별곡여음구연구」(1976)라는 논문이 그의 일생에 걸친 국악에의 침잠을 바탕으로 하여 형성된 것으로 다른 사람에게는 이만한 자료를 주어도 그것을 가지고 자신 있게 요리해 낼 방도가 없을 것이라고 단정하셨다. 국악의 이론적 겉핥기가 아닌 실제적 체험이 있는 분만이 이런 논문을 쓸 수 있기 때문이다.

아카데미즘이 딱딱한 것이 아니며, 감성의 훈련은 학자들에게도 요구된다는 점을 확인해주신 것은 나를 포함하여 학문에 뜻을 둔 이 시대의 사람들도 귀담아 들어야 할 말씀이다. 그의 첫 번째 저작인 『국문학산고』 차례 제목을 봐도 이 점이 드러난다. 제1부 평론 논문은 앙가아쥬망: 전통의 모색, 아르바이트: 고전의 탐구로, 제2부 수상, 수필, 기행은 나귀의 사색: 수상, 뻐꾸기의 전설: 수필, 오리 발자국: 기행으로 제명되었다. 아마 나라면 전통의 모색, 고전

1980년 3·1문화상 수상소감을 발표하는 정병욱 선생
©정학성

탐구, 수상, 수필, 기행을 오히려 제목으로 내세워 책에 무게를 주려 했을 것이다. 선생은 학문을 삶과 유리된 것으로 성역화 시키지 않으셨다. 이것이 바로 실학이 아니겠는가.

도남 같으시고 가람 같으신 스승 백영

「나의 스승 가람과 도남」(1972)이라는 글에서 백영 선생은 도남을 엄격, 가람을 정치라 정의하시면서 "이러한 엄격하신 스승, 정치하신 스승, 엄부와 자모 같으신 두 분 스승님을 모셨던 필자는 언제나 자랑스럽고 행복하였다. 그리고 두 분께서 갖추고 계신 그 좋은 점을 어떻게든 본받아서 후배들에게 이어 줄 것인가가 필자의 좌우명이 되어 있음을 밝혀둔다"고 하였다. 그러나 나는 선생께서 원하신 대로 두 큰 스승이신 도남의 엄격함, 가람의 정치함을 모두 잘 본받아서 우리 후학들에게 그 모습을 남겨주셨다고 생각한다.

그러나 엄격과 정치는 앞에서 기술한 대로 육친애와 함장, 비판과 융합과 같은 맥을 형성하지만 이것은 선생이 단순히 이 양면을 갖고 있다는 의미는 아니다. 백영 선생은 이 두 가지를 하나로 융합하여 선생만의 스승상을 형성해 놓은 것으로 나는 믿는다. 선생의 그 스승상이 참으로 그리워지는 요즈음이다.

이혜순
1942년생/서울대학교 국문학과 졸업, 동 대학원 석사(정병욱 교수의 지도)/미국 일리노이 대학 비교문학석사, 국립대만사범대학 중국문학박사/이화여대 국문학과 교수 재직/한국일보 출판문화(편집)상, 이화학술상 수상/현 이화여대 명예교수
대표 저서로 『조선통신사의 문학』 『고려전기 한문학사』 『조선조 후기 여성지성사』 등

보내드릴 수 없는 길에 오르신 은사님

정판룡 선생

김병민

정판룡(鄭判龍, 1931~2001)

전라남도 담양군 출생
1938년 중국으로 이주, 흑룡강성 주하현(지금의 상지시) 하동촌 정착
연변대학 조문학부 졸업, 소련 모스크바대학 박사
연변대학 교수, 부총장 재직
중국조선 · 한국문학연구회 이사장, 길림성문학예술계연합회 부주석,
중국비교문학연구회 이사 등 역임
연변조선족자치주정부 우수작품상, 길림성영재(英才)훈장,
한국 KBS 해외동포상 학술상 등 수상
대표 저서로『세계문학략사』『제2차 세계대전이후의 세계문학』
『외국문학강좌』『고향을 떠나 50년』등 다수

은사님의 영전에 서서

정판룡 은사님을 먼 곳으로 떠나보내고도 며칠 동안 나의 눈앞에는 은사님과 함께 했던 생활정경들이 영화 필름 마냥 뇌리를 스쳐 지나가곤 했다. 그 가운데서도 특히 가슴을 걷잡을 수 없게 하는 것은 임종 전 선생님과 나눈 감격적인 이야기들이다. 요즘 허전하고 아픈 마음을 달랠 길 없어 은사님의 댁을 몇 번 찾아갔으나 분명 은사님은 맞아주지 않았고, 은사님의 유해가 뿌려진 임민호 총장님 동상이 모셔진 북쪽 솔밭을 거닐어도 역시 은사님은 나타나주시지 않는다. 그럼에도 불구하고 은사님이 계시던 댁은 그처럼 친절한 곳이었고 은사님의 유해가 뿌려진 교정의 솔밭은 나에게 아픔을 달랠 수 있는 유일한 곳이기도 하다.

은사님 댁에 가면 소탈한 모습으로 동서고금의 이야기며 학교를 꾸려가는 문제점을 논하시던 은사님의 모습이 떠오르고 은사님의 유해가 뿌려진 교정의 솔밭을 찾아가면 민족 사회와 학교 발전의 현실과 미래상을 두고 교단에서, 회의석상에서 열변을 토하시던 우렁찬 목소리가 들리는 듯싶다. 와병하신 날부터 우리 제자들은 은사님의 영결식, 그날이 닥쳐 올까봐 얼마나 조심스럽게 하루하루를 보냈던가. 생의 마지막까지 평화롭고 자애로운 모습을 남기시고 열반을 거쳐 하늘 저 나라로 떠나가신 은사님. 한번 가면 다시는 돌아올 수 없어서 영결이라 했던가? 하지만 그 누가 은사님께서 우리 제자들을 영영 떠나가셨다고 하겠는가? 아니, 은사님은 영원히 우리와 함께 계실 것이고 또 우리와 함께 계셔야 할 것이다.

사람은 살면서 꼭 한번은 죽게 됨은 누구나 잘 알고 있지만 그것을 받아들이고 사는 사람은 별반 없다. 그렇기에 많은 이들이 죽음의 변두리에 당도했을 때 낙관적으로 죽음을 받아들이지 못한다. 혹자는 절망과 비관으로, 혹자는 상심과 고뇌로, 또 혹자는 자포자기로 죽음을 받아들인다. 하지만 주위의 사람들은 떠나가는 이들의 이 모든 소행을 부정적으로 평가하지 않는다. 인생은 한번이고 한번 가면 다시 오지 않기 때문이리라. 아마 인간의 최대 관용은 여기에 있는 것 아닐까. 그러나 모든 사람들이 자기의 죽음을 소극적으로 대하는 것은 아니다. 일부 사람들은 자신의 죽음을 자연의 이치로 받아들이면서 삶에 대한 득도와 달관의 경지를 보여줌으로써 살아있는 사람들에게 아름다움과 희망, 신심과 용기를 주기도 한다. 은사님은 바로 득도와 달관의 경지에서 한 점의 흐트러짐도 없이 피안의 세계로 꿋꿋이 걸어가시는 영원한 스승임을 제자된 나로서는 너무나 잘 알겠다.

문학교수로서, 외국문학 연구자로서 은사님은 생전에 동서방 문학을 아우르는 맹주로 활약하셨으며 외국문학사 저술에서 처음으로 유럽 중심주의를 탈피하여 중국 학계에서 그 획기적인 의의를 평가받았다. 일찍 구소련 유학을 마치고 귀국하신 은사님은 60년대 초에 당시 성행되던 외국문학사에서 동방문학이 배재된 폐단을 감안하여 다른 대학의 교수들을 조직하여 동방문학사 집필을 끝냈다. 하지만 문화대혁명이라는 동란 속에서 출판은 엄두도 내지 못하다가 4인방이 청산되자 다시 24개소 대학의 외국문학 전문가들을 조직하여『외국문학사』(전 4권, 1981~1983)를 편찬, 출판하여 외국문학 학계에 큰 영향을 일으켰을 뿐만 아니라 학계에서 확고한 위치를 확립하기도 했다. 이 저서는 유럽 문화중심주의를 제일 먼저 탈피한 학술저서로, 주편으로서의 그의 돌파성적인 학술성과인 동시에 참신한 학술시각을 보여주기도 하였다.

1999년 5월 7일은 기억하기도 싫은 날이다. 이날 은사님은 불치의 결장암에 걸렸다는 진단을 받으셨다. 이 소식이 학교에 전해지자 연변대학교 손동식

총장님 집무실에서는 학교의 몇몇 간부들과 의료진들이 모여 치료대책을 토의하였고 본인에게 알릴 것인가 알리지 않을 것인가를 협의하던 끝에 알리지 않기로 하였다. 논의 끝에 내가 은사님이 계시는 학교 복지병원으로 갔을 때는 부인 왕유(王瑜) 교수님께서 이미 은사님께 소식을 알려드린 뒤였다. 얼굴에 다소 불안한 기색은 있었지만 그래도 웃음기가 어려 있었고 예전대로 호방하고 대범한 어조로 "나이 70이 되면 중병에 걸리기 마련인데 뭘 그리 놀랄게 있소?"라고 말씀하시면서 구름같이 모여드는 문병객을 맞이하였다.

사실 은사님께서 암 진단을 받았을 때 병원 측의 처리에 대하여 불만을 가진 사람들이 없지 않았다. 처음엔 맹장염 겸 장경색증(腸梗塞症)으로 진단되어 병원에서 수술했고 그 과정에 암으로 의심되는 병증이 발견되자 일부를 떼내어 조직검사를 하였는데 이것이 암의 확산되는 가능성을 높이게 되었다고 한다. 후에 북경에 있는 301병원(중국인민해방군 총병원)에서 입원치료를 받게 되었는데 그 병원 측에서도 이를 문제점으로 제기하기도 했었다. 이와 관련하여 복지병원의 수술진은 물론 연변대학교 지도부에서도 교수님 내외분께 거듭 사과하였는데, 이에 대하여 교수님은 전혀 개의치 않은 태도를 보여주어 사람들을 탄복하게 하였다. 문병객 중 어떤 사람들이 이 문제를 제기할 때면 늘 "아니 내가 학교복지병원에서 수술하겠다고 주장하여 한 것인데 그분들이 무슨 책임이 있단 말이요. 잘 해준다는 것이 그만 실수가 생겼으니 이런 말을 절대 입 밖에 꺼내지 말아주오"라고 정색하며 말씀하셨다. 뿐만 아니라 왕유 교수님께서도 여러 번 나에게 이 일로 하여 학교복지병원이 영향을 받게 해서는 안 된다고 신신당부하셨다.

제1부총장으로 재임할 당시는 물론 퇴임한 후에도 은사님은 학교복지병원을 일으켜 세우기 위하여 외자와 기자재 인입, 의료진들의 외국 고찰을 위하

정판롱 교수와 부인 왕유 교수

여 온갖 심혈을 아끼지 않으셨으며 병원의 발전에 지대한 관심을 가지셨고, 의료진들의 명예에 조금이라도 손상이 갈까봐 신경을 쓰셨다. 북경에서 한 단계의 치료를 마치고 연길로 돌아오셨을 때도 선생님은 방문 온 학교복지병원 관계자들의 부담을 덜어주기 위하여 더욱 열정적으로 대해 주었으며 심지어는 왕유 교수님과 함께 복지병원 관계자들을 식당으로 불러 함께 식사하면서 고무, 격려해 주셨다.

마지막까지 쏟은 제자에 대한 애정

은사님께서 암으로 북경의 301병원에 입원했다는 소식이 전해지자 북경에 있는 제자들과 학자 동료들 그리고 조선족 유지인사들은 줄을 지어 병문안을 왔다. 특히 전국정치협상회의 상무위원회 부주석이신 조남기 장군, 국가민족 사무위원회 리덕수 주임 등도 친히 찾아와 따뜻하게 위문했고 치료 대안을 마련하였다. 덕분에 은사님의 결장암 수술은 명망 높은 외과의사가 집도해 비교적 순리롭게 진행되었다. 그러나 병원 측에서는 이미 암세포가 확산된 상황이므로 약 3개월 정도밖에 살 수 없다고 했다. 그때 우리들은 이러한 현실을 전혀 받아들이고 싶지 않았고 심지어 이러한 결론을 내린 의료진들에게도 원망이 갔다. 하지만 곧 닥쳐올 현실에 대처할 준비를 암암리에 해가는 수밖에 없었다.

그러나 사경에 처한 은사님은 연변대학교 선생들을 만나서는 학교의 교육개혁, 개교 50주년 행사준비 등을 자세하게 문의하셨다. 특히 은사님께서 가장 가슴 아파하신 것은 박사과정 제자의 박사학위 논문 심의에 참가하지 못하는 것이었다. 병세가 제일 위급하던 때에 은사님은 방문한 선생들에게 "박사연구생의 논문심의는 당사자로 놓고 보면 평생의 큰일인데 지도교수가 참석 못하니 얼마나 섭섭해 하겠소. 이것이 나의 제일 큰 아픔이란 말이요"라고 말씀하셨다. 박사과정 제자인 이애순 씨의 박사학위 논문심의를 앞두고 교수님은 이처럼 안타깝게 속을 태우셨다. 교수님은 방금 수술을 마쳐 거동조차 하기 힘든 형편에서도 친히 논문심의회의 심사위원장 교수에게 전화를 걸어 박사학위 논문에 대한 자신의 평가와 의견을 전달하였다. 논문심의회에서 학위논문 심의를 순조롭게 끝낸 이애순 씨가 이튿날 비행기 편으로 북경에 계시는 교수님의 눈앞에 나타났을 때 너무도 기쁘고 감격해 말씀도 잘 잇지 못하셨다고 한다. 스승에 대한 제자의 사은심도 기릴만하지만 제자에 대한 스승님의 사랑의 마음은 너무나 찬연하다 하겠다.

제자에 대한 사랑의 마음을 타오르는 촛불에 비한다면 스승님의 사랑은 불꽃의 가장 밝은 부분에 비해야 할 것이다. 그 뒤에도 스승님은 한국 국적 제자의 논문 심의를 성공적으로 진행하기 위하여 온갖 심혈을 기울이셨고 몇 차례나 직접 한국에 있는 제자에게 전화를 걸어 논문에 대한 수정 의견을 주시어 제자의 마음을 얼마나 감동시켰는지 모른다. 한국 국적 제자인 김형중 씨는 끝내 훌륭한 논문을 써내어 박사학위를 받았고 스승님께 너무나 감사해하여 박사학위 수여식에 참가하러 올 때는 젊은 부인과 아들까지 데리고 와서 선생님께 깍듯이 인사를 올렸다. 그 뒤에는 또 문일환, 이광일 등 제자들의 박사학위 논문을 직접 심의에 교부시키지 못함을 한스러워 하셨다.

이 모든 것을 지켜보는 제자들은 그 누구인들 스승님의 사명감에 젖지 않을 수 있으며 그 누구인들 스승님의 병세에 조금이라도 무심할 수 있으랴? 그렇기에 학부장 김호웅 선생, 부학부장 윤윤진 선생은 스승님께서 화학약물 치료를 받으실 때면 간호 인원을 깐깐하게 배치하였는데 첫날에는 학부장, 이튿날엔 부학부장, 그 아래 순위로 학부와 기타 부문의 교원들이 줄지어 나섰다. 심지어 60을 넘겨다보는 교원까지도 선생님의 병간호에 자진하여 나섰다. 실로 아름다운 사제 간의 풍경이라 하겠고 이로써 이 세상을 오가는 인정의 따사로움과 소중함을 알 수 있었다. 은사님께서는 평소에 제자들에게 줄줄만 아는 분이셨지 종래로 제자들에게서 그 무엇을 받으려는 생각은 하지 않으셨던 것 같다. 선생님께서 뿌린 인정의 꽃씨가 연변대학교의 화원에서 아름다운 꽃으로 활짝 피어나고 있는 것이라고 하겠다.

은사님은 1950년대에 중국 정부의 파견으로 구소련 모스크바종합대학에 유학했었는데 그 당시 중국에서 파견한 유학생 가운데서 제1인자로 후보박사학위를 획득하셨고(당시 구소련에서 중국유학생에게 수여하던 최고의 학위, 중국정부에서는 박사로 인정) 중국학술계에서 세계문학 최고전문가로 인정받았다. 연변대학에서 박사양성 코스가 마련되자 은사님은 한국문학 박사과정 지도교수로 수많은 박사를 양성하셨다. 제자들의 앞날과 성장을 위하여

정판룡 교수님과 제자들(왼쪽부터 필자, 이암 선생, 정판룡 선생, 김관웅 선생)

한 사람씩 외국에 유학과 연수를 보내주셨고, 외국에 보낸 다음 구체적인 요구를 제기하기도 하였다. 첫 박사과정 학생들을 모집하신 후 흐뭇해하시던 모습이 지금도 눈앞에 생생하다. 중국에서 양성하는 첫 박사인만큼 절대 양성수준이 떨어져서는 안 된다고 하시면서 손수 영어책을 사주시던 일을 생각할 때마다 가슴 뿌듯해나며 게으른 자신에게 채찍질하게 된다.

은사님은 인간에 대한 진정한 사랑을 갖고 계셨기에 바다같이 넓은 흉금을 지닐 수 있었으며 바다같이 넓은 흉금을 지니셨기에 절대로 남을 쉽게 비평하거나 비난하시지 않는다. 교수님은 수많은 박사, 석사를 키워냈으나 그의 호된 비판을 받아본 제자는 거의 없을 것이다. 교수님은 사나이의 호방한 성격을 갖추었으되 결코 거친 마음은 없으며 도도한 기품으로 말씀만은 많되 절대로 남을 비하하는 말씀은 하시지 않는다. 선생님의 호방하고 도도한 남성미 뒤에는 잔잔하고 인자한 여성미가 숨어 있었음을 우리들은 늘 가려볼 수 있었다.

조선족, 민족에 대한 애정과 열정

　제자에 대한 사랑은 대학원생에만 국한되지 않고 학부생들에게도 쏟아졌다. 스승님께서는 모든 것을 민족의 교육사업과 문화사업에 바쳐왔고 이 세상을 떠난 다음에도 자신이 지향했던 일들이 대대손손 잘 되기를 소망했던 것이다. 하기에 스승님은 자신이 소장했던 모든 도서는 학교에 기증하셨고, KBS해외동포상 학술부문상 상금으로 '정판룡학생장학금'을 마련하셨으며 병환에 계시는 동안 부조 받은 돈을 푼돈도 남김없이 장학금에 보탰다. 뿐만 아니라 운명하시기 며칠 전까지도 병원 침대에서 손수 생활이 어려운 학생들에게 장학금을 나누어 주셨다.

　중국에 살고 있는 조선족을 위하여 구소련 유학을 마치고도 편벽한 곳에 자리 잡은 연변대학을 찾아 민족교육에 몸을 담그신 은사님은 품위 높은 학자적인 인격으로 뭇사람들의 존경과 지지를 받으며 민족 교육 발전을 이끌어나가셨고 조선족사회, 나아가서는 민족 군체에 대한 불같은 사랑을 지니고 민족교육과 문화 예술의 발전을 지도하셨고 불철주야로 줄기차게 글을 쓰셨다. 몇 백만자에 달하는 그이의 학술저서와 회고록, 기행문, 수필, 평론 등 글에는 중국 조선족문화에 대한 끝없는 사랑을 지녔던 한 민족 지성인의 뜨거운 숨결이 굽이치고 있다. 그이의 존재는 그대로 조선족 문화의 하나의 봉우리이기에 손색이 없을 것이다. 은사님께서 쓰신 장편 회고록『고향 떠나 50년』(한국에서는『내가 살아온 중화인민공화국』이라는 제목으로 출판)은 중화인민공화국의 역사 및 조선족의 역사 그리고 연변대학의 발전 역사를 대서사시적인 화폭으로 그려냈다. 뿐만 아니라 민족 역사의 거대한 흐름에서의 한 지성인의 정신사적인 체험을 생생하게 보여줌으로써 중국 조선족에게 있어서 하나의 역사교과서의 역할을 수행하였다.

은사님께 받은 일생의 은혜

은사님께서 암 진단을 받고 북경병원으로 가시게 될 때, 박사제자 가운데서 내가 나이가 가장 많아 의례 모셨어야 했지만 학교일로 부득이 한국을 방문해야 할 사정이 생겼다. 한국 방문을 마치고 그 길로 북경에 가서 교수님을 뵈려고 계획했었는데 집에서 불길한 소식이 날아들었다. 대학 입시를 앞두고 있는 딸이 입시 신체검사에서 불치병에 걸렸다는 진단을 받은 것이다. 그리하여 나는 부득불 귀국 경로를 고쳐 급급히 연길로 돌아왔고 딸을 데리고 북경종양병원으로 떠나게 되었다. 북경에 도착한 이튿날 딸의 입원 수속을 마치자 곧바로 은사님이 계시는 병원으로 달려갔다. 때는 이미 큰 수술을 거친 뒤여서 몹시 수척해 보였고 나를 맞이하는 은사님의 얼굴에는 쓸쓸한 그늘이 비껴 있었다. 아마 큰 수술까지 마쳤으니 몹시 실망하시는구나 하고 생각하였다. 내가 병 치료에 보태라고 그의 며느리에게 금일봉을 드렸을 때 은사님의 그늘진 얼굴에는 이미 이슬이 맺혀 있었다.

은사님은 나를 보고 "아니, 내가 자네를 도와주어야 하는데 일이 거꾸로 되어서는 절대 안 되지. 자네 딸이 중병에 걸렸으니 이젠 큰일 났소. 나 같은 사람은 살만큼 살았으니 죽으면 되지만 그 애는 어찌하겠소. 딸을 치료하자면 큰돈이 필요할 텐데 돈도 별로 없는 당신이 거지가 될 수밖에 없소. 당신이 거지가 될 것을 생각하니 내가 눈물이 나오"라고 말씀하시는 것이었다.

정판룡 교수님과 필자

  그 말씀을 듣는 순간 나는 가슴이 뭉클한 느낌을 받았으며 당시의 기분 같았으면 스승님 앞에서 한바탕 통곡이라도 하고 싶었다. 그러나 나는 침묵으로 슬픔과 눈물을 삼켰다. 그것은 존경하는 스승님께 나로 인하여 고통을 더해드리고 싶지 않았고, 또한 스승님 앞에서 제자로서 나의 연약함을 보여드리기 싫었기 때문이었다. 딸을 데리고 북경종양병원에 있는 사이 나는 이틀에 한 번씩 꼭 선생님을 방문하였다. 방문할 때마다 선생님께서는 딸의 병 치료에 대하여 상세하게 물으시며 잘 다독여 주라고 말씀하셨다. 그럴 때마다 나는 돈 많은 동서가 있어 치료비용 쯤은 문제없다고 거듭 설명하였으나 별로 나의 말을 믿어주시지 않는 기색이었다.

  그 뒤 교수님께서는 북경병원에서 퇴원하고 연변병원에서 치료를 받게 되었는데 왕유 교수님과 함께 딸이 즐겨먹을 만한 과일과 음식들을 사가지고 세 차례나 우리집을 방문하셨으며 앓고 있는 딸애를 보고 힘을 내라고 하시면서 여러모로 고무·격려해주셨다. 어찌 이뿐이랴. 왕유 교수님은 나의 딸의 병 치료를 염려하시여 친히 남경에 편지를 하여 직접 약을 사가지고 제자의 집을 찾아 왔었다. 그 일이 있은 후 나는 약값을 드리려고 몇 번이나 왕유 교수님께 연락을 드렸으나 그때마다 수포로 돌아가고 말았다. "이것은 정 선생님의 뜻이므로 절대 거절해서는 안 된다"라고 교수님은 말씀하셨다. 그 뒤 딸의 병이 기적적으로 완치되었다는 소식을 전해드렸을 때 그렇게 기뻐하시던 모습이 지금도 눈앞에 생생하다. 제자인 나는 선생님의 사랑을 얼마나 받았는지 이루 형언할 수 없다. 하지만 융통성이 별로 없는 나는 말로나 행동으로나 선생님의 은혜에 보답하지 못하였을 뿐이다.

교수님은 농촌에서 온 내가 대학을 졸업하자 국내의 명문대학에 연수를 보내주셨고 그 뒤엔 외국으로 유학을 보내주셨으며 또한 박사연구생으로 받아 주시여 학문의 길에 떳떳이 나설 수 있게 해주셨다. 사신과 싸우시는 와중에도 딸의 병마저 염려하시니 제자된 나로서는 실로 몸둘 바를 모를 정도였다. 딸이 중병으로 앓으면서부터 나는 스승님과 친지, 친구와 동사자들에게 얼마나 많은 부담을 끼쳤는지 모른다. 교수님께서 나의 딸을 얼마나 염려하셨던지 문병 갔던 한 분은 교수님의 집을 나서자마자 약품과 부조금을 들고 바로 나를 찾아왔다. 알고 보니 교수님이 너무나 염려하시기에 찾아왔다고 한다. 선생님께서는 무엇 때문에 나에게 이처럼 관심을 가져주시는지 감이 잡히지 않을 때가 많았다. 지금 생각하면 선생님께서 나를 측은히 여겨 그처럼 관심을 주신 것 같다. 내가 막 대학을 졸업했을 때 나의 큰 형님이 교수님과 만난 자리에서, 동생은 아버지의 얼굴을 보지 못하고 자랐다고 말했을 때 교수님께서는 불쌍하게 자란 사람을 잘 키우겠으니 안심하라고 말씀해주셨던 일이 새삼스럽게 기억난다. 세상을 살아감에 있어서 인정 빚이 제일 큰 빚이라고 하는데 나는 친지, 친구, 동사자는 물론 스승님께도 크나큰 인정 빚을 졌으니 내 삶의 죄스러움을 이루 형언할 수가 없다.

　은사님은 중병에 계셨을 때에도 하루하루의 일과가 더없이 빼곡히 짜여 있었다. 정기적으로 병원에 가서 약물 치료를 받아야 하고 여러 가지 학술모임과 사회단체의 초청에 응하여 연설을 하셔야만 했다. 연변대학교 개교 50주년을 맞이하여 진행한 조선언어문학부의 기념행사 때 선생님께서 힘겨운 몸으로 참석하셨는데 그때 연설을 통해 조문학부의 역사적 공적과 앞으로 나갈 방향을 명확히 제시해 줌으로써 수백 명 청중들의 심금을 울렸다. 그 후 대우호텔에서 문인들과 예술계 인사들을 상대로 하신 연설에서는 조선족 문학예술의 발전을 명확하게 진맥하셨다.

　교수이면서 문학평론가인 은사님은 수십 편의 평론 문장을 발표하여 조선족 문학의 역사와 현실에 대하여 조명함으로써 조선족 문학발전에 대한 선도적인 역할을 다하셨고 나아가 저서『중국조선족과 21세기』에서 중국 조선족의 문화 발전을 총체적으로 조명하면서 21세기에 나아가야 할 진로를 천명하였다. 중국 조선족의 문화적 신분, 문화 심리에 대한 은사님의『며느리론』은 매우 형상적으로 이 문제의 본질에 접근했다.

　중국에 사는 조선족으로 보면 남이나 북이나 모두 우리 조선족의 뼈가 묻힌 고향이며 고국이다. …… 마치 멀리 시집간 딸이 친정집에 돌아와 보니 서로 원수가 된 친정 부모님들이 딸에게 저마다 하소연을 하는 것과 같다. 그러므로 우리는 부득이 이북의 눈치도 보아야 하고 이남의 눈치도 보아야 하며 또 우리가 살고 있는 중국의 눈치도 보아야 하는 그런 난감한 처지에 처할 때가 많다.

글과 학문에 대한 열정

은사님은 몸소 집필진을 조직하고 주필을 맡으셨던『한국백과사전』의 출판기념행사를 훌륭히 끝내셨고 그 후에는 조선백과사전의 편찬 계획을 세우셨다. 더욱 사람들을 놀라게 하는 것은 매일같이 시간을 짜내어 글을 쓰신 점이다. 이처럼 일을 찾아하시는 모습을 두고 제자들이 너무 무리하지 마시라고 말씀드릴 때면 늘 "이젠 살 날이 많지 않으니 앞으로 일을 하면 얼마나 할 수 있겠소. 사람이 사는 목적이 무엇이겠소? 결국 일을 좀 하자는 데 있으니 숨이 붙어 있는 한 일을 해야 하지 않겠소"라고 대범하게 말씀하셨다. 교수님은 조선족 문화의 살아있는 증인이 되시겠다고 하시면서 매일같이 작가, 문인들의 일화를 쓰셨다. 몇 년 전에 작고하신 시인 허룡구 교수가 너무 불쌍하다고 하시면서 아직 살아있는 내가 그의 일화를 써주는 것이 스승된 사람의 도리라고 하시면서 밤새워 쓰셨고 이외에 평론가 전국권 교수 등의 문단 일화도 부지런히 쓰셨다. 타계하시기 전에는『나와 나의 아내』라는 장편 회고록을 집필하고 계셨다.

은사님의 따뜻했던 인간애

작년 연변작가협회 송년회 때 교수님은 많은 사람을 만날 수 있는 기회라고 하시며 불편한 몸을 끌고 직접 참석하셨다. 여류 작가들이 모인 상에 가서 축배를 해주셨는데, 한 작가가 다른 여성을 사귀어 보신 적이 있으시냐는 당돌한 질문을 했고 이에 교수님은 어찌 한 여성만 사귀었겠는가고 재치 있게 대답하셨다. 누구인지 물으니 교수님은 "러시아 여성일 수도 있고 중국 여성일수도 있지, 이제 글로 써서 보여주지"라고 대답하여 조용하던 좌석이 웃음으로 넘쳐났다. 이처럼 선생님은 유머감각이 뛰어날 뿐만 아니라 남녀노소 막론하고 그 누구와도 대화를 가질 수 있는 분이셨다.

당시 은사님께서 집필하고 계셨던『나와 나의 아내』가 복고(腹稿)로 있은 지는 퍽 오래되었다. 은사님께서 왕유 교수님과의 사랑 이야기를 쓰시는 이유는 결코 단순하지 않았다. 일찍 어느 한 제자가 선생님께 평생의 사랑이야기를 쓰시라고 권유한 바 있었는데 그때 은사님은 왕유 교수와 함께 살아온 생활 이야기를 쓰고 싶다고 하셨다.

"조선족 남성이 한족 여성과 결혼하여 끝까지 산다는 것은 결코 쉬운 일이 아니요. 나이가 들수록 서로 자기 민족에 대하여만 철저히 가버리게 되는데 여기에는 서로의 이해와 양해가 필요한 것이요. 조선족은 중국에서 사는 만큼 앞으로도 일부 사람들은 한족과 결혼하게 될 것이므로 나의 체험담이 그들에게 좋은 보기가 될 것이요."

이처럼 교수님은 자기라는 차원을 넘어서 민족문화의 차원에서 자신의 일생을 검토하고 계셨다. 병상에 홀로 누워 계실 때도 가끔 대도시에서 자랐지만 남편만을 믿고 구소련 유학을 마친 후 대도시의 명문대학 교수직을 포기하고 연변까지 달려온 왕유 선생님의 앞날을 근심하셨다. "나는 가면 그뿐인데 남방 태생의 한족 여성으로 나만 믿고 연변까지 따라온 왕유가 홀로 남아 어떻게 살아갈는지……. 아들딸도 신변에 없으니 말이요" 그래도 왕유 교수님은 남편만을 위하여 온갖 정성을 다하셨고 자기의 앞날에 대해서는 별로 깊은 고려를 하지 않으셨다. 왕유 교수님의 '위대한 단순성'은 그가 당년에 연변으로 달려오던 때와 전혀 다를 바가 없었다. 하지만 은사님은 왕유 교수님께 진 빚을 다 갚지 못할까봐 우려하고 계셨다. 여기에는 인간사랑에 집착하는 교수님의 또 하나의 마음을 가려볼 수 있다. 복통을 참아가며 회고록을 열심히 쓰신 이유는 바로 여기에 있지 않을까? 자신의 일생을 문화적으로 조명해 보려는 의식의 저변에는 인간애의 따사로움이 있는 것이다. 생명이 있는 한 끝까지 인간애에 집착하려는 여기에 교수님의 영원성이 있는 것이라 하겠다.

은사님께서 타계하시기 전날 아침 7시, 내가 방문 갔을 때 머나먼 무석시에서 간호하러 온 은사님의 동서 임 선생이 반겨주었다. 은사님께서 나와 호웅 선생을 찾더라고 하면서 참 잘 왔다고 하였다. 내가 은사님의 귓전에 "선생님, 제자가 왔습니다. 제자들이 보고 싶지 않으십니까? 힘을 내 주십시오"라고 말씀드렸을 때 은사님께서는 단 한마디 "꿈속에서도 동무들이 보고 싶소"라고 간신히 말씀하시고는 눈을 감으셨다. 그날 저녁 9시, 다시 병실을 찾아갔을 때는 이미 혼미한 상태여서 대화를 나눌 수 없었다. 한 시간 남짓이 지켜보다가 병실을 나오면서 밤 편히 주무시라고 말했을 때 겨우 머리만 끄덕일 뿐이었다. 이것은 나와 은사님의 마지막 대화였다. 그 이튿날 호웅 선생과 함께 찾아갔을 때는 이미 완전히 혼수상태셨다. 지금 생각하면 더 많은 시간을 내어 은사님과 함께 더 많은 이야기를 나누고 더 많은 가르침을 받지 못한 것이 큰 후회로 남는다. 아마 이리하여 선인들은 효성은 살아생전에 하는 것이라고 말한 것이 아닐까 한다.

병세가 날로 악화되어도 은사님은 좀처럼 약해진 모습을 제자나 주변 사람에게 보여주지 않으셨다. 이로 하여 제자들은 더욱 가슴 아픔을 느끼게 되었다. 생과 죽음 사이에는 종국적으로는 큰 차이 없다. 그러나 생의 세계에서 죽음의 세계에로 넘어 가는 데는 인간의 가장 심각한 체험이 동반된다. 은사님께서는 그런 심각한 체험 중에서도 자신을 부단히 승화시키면서 득도와 달관의 최고 경지에 오르셨다. 위대한 인간애는 영원한 것이다. "민족 구성원 개개인을 사랑할 줄 모르는 사람이 어떻게 민족을 사랑할 수 있으며 자기 민족을 사랑할 줄 모르는 사람이 어떻게 나라를 사랑할 수 있으며 나라를 사랑할 줄 모르는 사람이 어떻게 전 인류를 사랑할 수 있겠소?" 이것은 은사님께서 입버릇처럼 하시던 말씀이다. 콩트는 "인간성 외에는 진실이란 없다"고 말한 바 있다. 은사님께서는 민족 구성원 개개인에 대한 사랑을 지녔기에 민족을 사랑할 수 있었고 민족에 대한 불같은 사랑을 지녔기에 나라를 사랑할 수 있었으며 나아가서 이 세상의 모든 사람을 사랑할 수 있었다. 아마 은사님처럼 지구촌 가는 곳마다 피부색을 달리하는 친구가 그렇게 많은 사람은 드물 것이다. 이것이 바로 은사님의 득도와 달관의 경지일 것이다. 교수님께서 걸어오신 길, 은사님께서 해놓으신 일들에 대해서는 이 민족의 역사가 잘 기억해둘 것이라 믿어 마지않는다. 문화에서의 명인(名人)에 대한 연구는 민족문화 현장을 점검하고 미래의 문화 발전을 전망함에 있어서 필요 이상인줄로 안다. 은사님은 민족을 위해서 필요한 존재였고 또한 자신만이 할 수 있었던 모든 일들을 훌륭히 해놓으셨다. 그렇기 때문에 그는 민족 구성원 모두로부터 애정과 흠모를 받을 수 있었고 나아가서 역사가 기리는 인물로 남게 되었으며 따라서 학문적 연구 대상이 되었다. 먼 훗날 사람들이 정판룡은 과연 누구냐고 묻는다면 역사는 이렇게 말할 것이다. 정판룡, 그이는 그대로 민족의 역사요, 그이는 그대로 민족의 문화라고……

2001년 10월 2일, 타계를 5일 앞두고 은사님은 당신의 고희기념모임에서 제자들에게 단 한마디 부탁을 하셨다. "사람은 살아서 남에게 좋은 일을 많이 해야 하오. 제자들도 모두 남을 위해 좋은 일을 많이 하기를 바라오" 지금도 밤하늘을 올려다 볼 때마다 은사님께서는 지금쯤 무얼 하고 계실까 생각하게 된다. 아마 하늘나라 저 세상에서 사랑하는 제자들의 품속에 반짝이는 별을 따 주리라 생각하고 계실 것이고, 민족 문화의 물결이 세차게 부딪쳐 흐르게 하기 위하여 은하수를 끌어내리려 끝없이 구상하고 계시리라.

김병민
1951년생/연변대학 조선언어문학학부 졸업, 조선 김일성종합대학박사원 문학준박사학위, 연변대학 대학원 문학박사학위/연변대학 조선언어문학학부 학부장·부총장 등 역임/국가급 우수교학성과상, 한국 용재학술상 등 수상/현 연변대학 총장, 전국인민대표대회 대표, 아시아한국학학회 회장 등
대표 저서로『조선중세기 북학파문학연구』『조선문학사-근, 현대부분』『민족 문학에 대한 통합적 조명』등 다수

『스승』간행의 제안은 긴내 김태준 교수가 먼저였다. 정해년을 넘기기 전에 오늘날 스승이 사라져버린 허전한 젊은이들에게 뭔가 다사로운 읽을거리를 제공해 주고 싶은 충동에서 의견의 일치점을 찾은 것이다. 사실 긴내 선생과 나는 성격이 많이 다르다. 그러면서도 오랜 세월 각별한 우정을 나눌 수 있었고 『여행과 체험의 문학』(일본편, 중국편, 국내편)과 『한일문화교류사』 등을 공편자로 함께 할 수 있었던 이면에는 그 생각과 지향점의 어우름이 같았기 때문이라 생각된다.

먼저 『스승』의 선정 기준과 안배 문제를 두고 의견을 조율하여 33명의 대상을 선정하였으나 필진 문제로 또 한 차례 어려움을 겪었다. 직접 경해에 접한 필진을 원칙으로 하였으나 그렇지 못한 경우는 학문적 연관성을 중요시하였다. 원고 청탁 과정에서도 집필자의 사정으로 그간 몇 분이 교체되었으며, 병환으로 원고를 받을 수 없어 27분의 원고로 일단 마무리하였다.

출판사로 보내온 원고는 편집자 두 사람이 함께 읽고 편집 방향을 잡고 출판을 위한 의견을 교환하였다. 국학(문사철)을 대상으로 하였으나 절반 이상이 국어국문학이어서 역사·철학 분야가 소홀해진 느낌이다. 『스승』의 대상 독자를 대학생 청소년으로 정하고 편집하였으나, 수합된 원고를 편집자가 읽으면서 새삼 스승의 정신세계에 많은 감명을 받았다. 여성 필집이 세 분뿐인 것은 아쉬운 일이나, 정양완 교수의 '아버지이며 스승인 담원 선생'의 회억과 고담한 언어의 선택, 남상민 원장의 석주선 선생에 대한 절절한 그리움, 이혜순 교수의 정병욱 스승에 대한 언어 선택과 문장력에는 매료됨이 적지 않았다. 또한 바쁘신 가운데도 옥고를 보내주신 고려대학교 홍일식 전총장님, 대구한의대의 변정환 총장님, 멀리 중국 연변대학에서 본서의 취지에 적극 찬동하여 옥고를 보내주신 김병민 총장님께 각별한 감사의 말씀 드린다. 또 원고 청탁에 기꺼이 응해주신 임동권, 강신항 교수님을 비롯한 김석득, 최승범, 신동욱, 성백인 등 여러 교수님께도 편집자를 대신하여 고마움을 전한다.

그 밖에 또한 집필자의 도움을 얻어 스승과 관련된 많은 시각 자료들을 수집 정리하여 독자에게 도움이 되게 하였으며, 부득이한 한자어는 괄호 속에 처리하였다.

모쪼록 이 책이 새해 무자년에 스승을 잃어버린 젊은 세대들에게 사제의 정을 일깨워주는 신선한 읽을거리로 제공되기를 바란다.

논형 편집진 여러분의 노고에도 감사의 뜻을 전하고 싶다.

2008년 4월
소재영